当代中国国家治理丛书

国家"211工程"重点建设项目资助
江苏高校优势学科建设工程资助项目
江苏省重点学科政治学一级学科资助项目
马克思主义生态文明理论与江苏生态文明实践协同创新中心资助项目
江苏省"十二五"重点图书出版规划项目

丛书主编 赵晖

陈辉 著

公共行政分析
——理论范式与实践逻辑

南京师范大学出版社
NANJING NORMAL UNIVERSITY PRESS

图书在版编目(CIP)数据

公共行政分析:理论范式与实践逻辑 / 陈辉著. —南京：南京师范大学出版社，2016.12

（当代中国国家治理丛书）

ISBN 978-7-5651-2571-3

Ⅰ.①公… Ⅱ.①陈… Ⅲ.①行政学－研究－中国 Ⅳ.①D63

中国版本图书馆 CIP 数据核字(2016)第 052622 号

书　　名	公共行政分析:理论范式与实践逻辑
作　　者	陈　辉
责任编辑	张　春
出版发行	南京师范大学出版社
地　　址	江苏省南京市宁海路 122 号（邮编：210097）
电　　话	(025)83598919（总编办）　83598412（营销部）　83598297（邮购部）
网　　址	http://www.njnup.com
电子信箱	nspzbb@163.com
照　　排	南京凯建图文制作有限公司
印　　刷	江苏凤凰通达印刷有限公司
开　　本	660 毫米×970 毫米　1/16
印　　张	15.75
字　　数	254 千
版　　次	2016 年 12 月第 1 版　2016 年 12 月第 1 次印刷
书　　号	ISBN 978-7-5651-2571-3
定　　价	48.00 元
出版人	彭志斌

南京师大版图书若有印装问题请与销售商调换
版权所有　侵犯必究

总 序

新中国建立以来,经济、政治、文化、社会和生态等各方面均发生了巨大的变化。以改革开放为分水岭,新中国的发展分为两个阶段。改革开放以前,中国建立和实行一套计划经济体制以及与之相适应的政治体制、行政体制、文化体制和社会体制。实践证明,计划经济条件下以高度集中的政治体制为单一重心的国家治理方式经过30年的曲折发展,已然不能适应当代中国经济社会发展的需要。

改革开放以来,国家治理呈现出若干显著特征:(1)经济体制改革推动政治体制的适应性改革,政府管理由计划经济体制的管理逐渐转向市场经济体制的管理。(2)现代化条件下的国家治理方式经历了一个不断深化的过程,改革的重点由精简机构、党政分开到转变职能、政企分开,再到注重效率、责任行政、服务型政府的构建。(3)政府角色和管理方式逐步转型,从过去完全是管制型政府、全能型政府,转变为一个能够注重社会管理、注重服务质量的政府;由过去完全的社会资源的分配者逐步转变为资源的保护者、调控者和公共物品的提供者;行政行为由控制结果、权力主导转向过程管理、规则透明、服务主导。

国家治理方式改革虽然取得了一些实效,但是一些深层次的问题并未得到根本解决。当前的主要问题在于:(1)政府职能转变相对滞后的局面没有得到改变,政府在提供公共服务方面,和公众的需求相比,还存在着明显的差距,主要表现为对公共服务职能重视不够,公共服务投入不足,公共服务体制僵化,质量不高。(2)将国家治理成果完全量化,强调数字化的政绩,忽视社会全面、协调、可持续发展。在经济增长论英雄观念的长期主导下,公共服务理念并未引起一些地方领导的足够重视,招商引资、上项目、征地、筹措资金、经济规划等问题成为政府决策的主要议题,一些亟待解决的重大民生问题被忽视,形式主义、官僚主义、政绩工程等问题未能得到有效的遏制。(3)尚未建立公共服务型财政体制。目前中国的财政体制基本还是"建设财政"和"吃饭财政",其中用于经济建设的费用明显偏高,而用于社会服务的费用偏低。公共支出被过多地投入竞争性和盈利性领域,而涉及公共安全、公共卫生、教育事业、社会保障和基础设施方面的财政投入不足。(4)国家机构改革依然没有跳出"精简—膨胀—再精简—再膨胀"的循环,政府部门设置过多,部门之间职能交叉、权责不清、部门利益化比较突出等。

解决当前国家发展中存在的深层次问题的根本路径就是,在整个中国特色社会主义民主政治的框架下,依法治国,全面构建现代化的国家治理体系与提升现代化的国家治理能力。推动今日中国国家治理研究须坚持三条基本方法论。

1. 西方治理理论必须与中国本土化相结合

20世纪70年代以后,西方国家因为国家机构的庞杂僵化和效率低下等问题,将治理理论引入了政治学领域,其中突出表现为管理理论的更新。以奥斯本为代表的学者,主张在政府等公共部门广泛采用私营部门成功的管理方法和竞争机制,强调文官对社会公众的响应力和政治敏感性,倡导更加灵活、富有成效的管理。其后以登哈特为代表的一些学者,又提出了新公共服务理论,认为政府的职责是服务而非掌舵,追求公共利益是政府的最终价值。新公共服务理论将公民置于整个治理体系的中心,推崇公共服务精神,重视政府与社区、公民之间的对话沟通与合作共治,试图实现政治与行政、民主与效率在更高层次上的统一。这些理论不仅有力推动了西方国家公共行政的转型,也为推动当下中国公共行政转型提供了有力的理论支撑。

然而,西方国家治理理论,从一般理论设计到学科体系安排,都是以该国的国情与实践为背景和分析基础的,其理论设计和学科体系的安排必须解决两大问题:一是对该国现实的国家治理中的现象与问题进行理论解释，以解除人们认识上的困惑；二是对该国未来的国家治理活动进行理论指导，防止具体的治理实践活动误入歧途。可见，西方的国家治理理论实际上是该国国家治理活动中各种实践活动在理论层面的反映和诉求，其理论设计和学科体系安排与该国国情是紧密契合在一起的。加上不同国家的文化差异，导致国家治理理论中的基本概念的使用都被深深地打上了本国文化习惯的烙印。对于这种与某国国情相适应的公共行政理论，我们不能简单地照搬照抄过来，我们的正确态度只能是将其作为研究分析的素材和思路，结合我国的国情和我国的国家治理实践要求，进行必要的理论和理论体系的再创造。为此，我们要立足中国国情，坚持将西方国家治理理论与中国具体实践相结合，着力将西方先进的治理理论与中国传统文化相结合，科学、合理地批判、借鉴和吸收西方国家治理活动发展中所形成的基本理论，并以此来指导当前中国国家治理现代化的伟大实践，推进西方国家治理理论的中国化，为实现中国的国家治理现代化目标作出贡献。

2. 抓住政府理念转型建设这一关键议题

政府理念转型是贯穿当下中国国家治理的关键议题，是中国国家治理现代化的基本方向，是现代化国家治理方式的理论路径与现实目标。我国的政府理念属于传统型行政管制理念，政府是公民的管理者，公民处在政府政治权力的统一管制之下，并未将公民及其他社会组织视为对等的主体。同时，还认为政府职能无所不包。管制政府通常是所谓的"全能型政府"，政府权力渗透到经济社会生活的方方面面，然而在提供公共产品和公共服务方面却缺乏物质保障。由于传统的管制行政模式缺乏调动公众积极性的有效手段，束缚了经济社会的健康发展，社会财富贫乏，公众的生活只能维持在较低的水平，民生陷入困境。市场化改革以来，由于政府在医疗、教育、就业、住房等问题上把一些本该由政府承担的职能推向市场，而市场的作用也不是万能的，因为市场机制在公共产品和公共服务供给上会失灵，于是种种民生问题凸显出来，教育、医疗、社会保障、住房等成为民众普遍且持续关心的问题，已到了非解决不可的地步。

要解决这些问题,根本的出路在于以全新的国家治理方式,推动实现政府职能的切实转变,并进行相应的机构改革,即从传统的国家管理转变为现代化的国家治理,打造真正的服务型政府。服务型政府就是要为社会服务,为公众服务,这不仅仅是对政府公共服务职能和社会管理职能的强调,也是对社会主义市场经济条件下政府管理本质、政府职能和管理方式的要求,包括政府如何服务于中国经济和社会的可持续发展,如何适应基本公共服务均等化要求,如何有效解决重大的民生问题等。

3. 促进社会治理与政府改革的有效互动

在国家治理现代化中,体制改革和社会治理都要经受考验,一切都要为适应内外的压力和挑战而进行积极的变革。当下中国正在经历一场伟大的现代化社会治理运动,即从农业的、乡村的、封闭的半封闭的传统型社会,向工业的、城镇的、开放的现代型社会转型。当代中国社会治理的实质就是如何完成经济、政治和思想文化等领域全面性的社会变革,完成由传统农业社会向现代工业社会、传统计划经济体制向社会主义市场经济体制、封闭型社会向开放型社会转变的社会变迁和社会发展,实现"中国式"的现代化。当下中国的社会治理对政府改革提出了紧迫的要求和严峻的挑战:公民对行政知情和参与的权利意识凸显,对于行政机构和行政者公正、关怀、善治与精细化服务的诉求和期待不断上升,而行政领域的信息透明度仍然不高,许多涉及群众切身利益、发展与福祉的问题未能得到足够的重视和解决;当代行政的系统性与交互性不断增强,而现实中"自上而下"的单向式行政模式难以满足新形势与复杂环境下社会治理科学性与精细化的需要;新兴领域不断涌现,导致现有的行政监管盲区也不断扩大,而目前的行政资源、技术手段和制度保障严重不足,难以适应社会发展的需要;现实中不断涌现的众多公共问题和社会矛盾日益尖锐突出,亟待更优的行政管理和行政决策来解决和完善。在此背景下,中国宏观的国家治理理念与方式要尽快适应社会治理活动中变化的趋势,加快体制机制的改革,通过自身的改革积极回应社会治理的现实需求,强化政府的社会管理和公共服务,真正把政府自身的重心转移到医疗、教育、社会保障等民生领域中来,使公共行政成为实现社会转型目标的强大动力和重要保障,让中国的社会治理和社会发展从此进入到一个制度文明的新时代。

推动当代中国国家治理现代化是一项长期而艰巨的任务。遵循上述三条基本方法论,真正实现传统国家管理向现代国家治理转型,就必须在行政理念转型、政府形象塑造、政府绩效优化、公共政策创新、政府职能转变等方面下功夫。这几个方面构成了当前中国国家治理的核心课题。

转变治理理念是传统国家管理向现代国家治理变迁的前提。传统国家管理倾向于把效率视为政府行政管理的最终目的,从而常常使自己陷入单纯工具理性的泥潭。由于过分强调对效率和工具理性的追求,公共行政无力反省自身的根本价值,将其变为执行与管理的工具,以致它不但无力担负起捍卫民主政治价值的责任,也无法实现提升公民道德水准的使命。坚守以民主、平等、自由、秩序、公共利益为核心的公共精神,推动公共行政以为最广大人民群众的根本利益服务为终极目标,是现代国家治理的价值体现,也是走出传统国家管理困境的必由之路。

国家治理中,政府是政策制定与决策的主导与核心。政府形象既是政府活动的产物,又是政府治国理政的前提和资源。如果政府在社会公众心目中的形象比较良好,这种形象就会转化为政府履行职能、提高公共服务能力的积极资源。反之,就可能会妨碍政府履行职能,甚至削弱政府的公信力和执行力。政府良好的形象需要政府的各级部门和政府中的公职人员通过自己的不懈努力来塑造。一个政府全心全意服务于公众,坚持依法行政,勇于担当责任,处处节约廉洁,有较高的执行力,它就具有树立良好形象的基础。因而,必须把各级人民政府的行政权力纳入法治化的轨道,建设法治政府;同时加强对行政权力的监督和制约,建设责任政府。

良好的政府形象要建立在公共服务的优质绩效上。在现代国家治理理念下,需要探索的是科学、合理的政府绩效优化管理,即政府绩效管理必须立足于优化政府公职人员的服务行为和质量,必须优化政府部门行为和服务的质量,必须优化政府整体行为和公共服务质量,制定绩效战略,明确各个层面的绩效目标,来达到优化政府绩效的目的。

公共政策是保证国家治理现代化进程的重要基础条件。公共政策的制定和实施是服务型政府的一项经常性工作。顺应体制转轨的需要,作为治国理政重要手段的公共政策必须创新,而且政府优良的形象和良好的绩效也要依赖于公共政策创新。公共政策创新的任务就是要致力于消解政策冲突、政策风险、政策负排斥、政策执行偏差、政策终结受阻、政策供给滞后等公共行政转型的难题。

政府职能转变是国家治理现代化的关键环节,其成败直接关系到国家治理转型的成败。总体而言,政府职能就是处理公共问题,包括经济调节、市场监管、社会管理和公共服务等,大量非公共性的问题应让位给市场,让位给社会。因此,必须转变政府职能,推进政府治理创新,从根本上理顺政府与市场、政府与社会的关系,强化政府公共服务职能,实施民生战略,提升政府公共服务能力,构建民生型政府。

基于以上考虑,我们不揣浅陋,编写"当代中国国家治理丛书"。本丛书的作者均为南京师范大学公共管理学院的教师。丛书从不同视角对当代中国国家治理进行解读,试图更加深刻地揭示当代中国国家治理的历史背景、动力机制,深入探究当代中国国家治理的价值向度和内在规律。然而囿于学术水平,一些观点可能存在疏漏和不当之处,我们热诚欢迎学界同仁和广大读者的批评指正。

本丛书的出版得到了江苏高校优势学科建设工程项目的资助;南京师范大学出版社徐蕾女士、张春女士对丛书的出版倾注了大量的支持、关心和帮助;本丛书吸收了学界同仁的研究成果,在此一并表示衷心感谢。

南京师范大学公共管理学院　赵晖
2015 年 12 月 12 日于随园

前　言

　　人只不过是一根苇草,是自然界最脆弱的东西;但他是一根能思想的苇草……因而我们全部的尊严就在于思想。

——(法)帕斯卡尔

　　一切宗教、艺术和科学都是同一棵树上的不同分支;其目的都是为了让人类的生活趋于高尚。

——(美)爱因斯坦

　　公共行政是一门古老而全新的科学。早在东方的西周时代就曾记载:"周公行政七年,成王长,周公反政成王,北面就群臣之位";"召公、周公二相行政,号曰'共和'"。① 这里的"行政"可以理解为"行其政令""行其政事"。西方关于公共行政的最早描述,可以追溯到先知摩西与叶忒罗关于"选立百姓官长"的对话。

叶忒罗:你向百姓做的是什么事呢? 你为什么独自坐着,众百姓
　　　　从早到晚都站在你的左右呢?
摩　西:这是因为百姓到我这里来求问神。他们有事的时候就
　　　　到我这里来,我便在两造之间施行审判,我又叫他们知
　　　　道神的律例和法度。
叶忒罗:你这做得不好。你和这些百姓必都疲惫,因为这事太
　　　　重,你独自一人办理不了。现在你要听我的话,我为你
　　　　出个主意……要将律例和法度教训他们,指示他们当行
　　　　的道、当做的事;并要从百姓中拣选有才能的人,就是敬
　　　　畏神、诚实无妄、恨不义之财的人,派他们做千夫长、百

---

① 司马迁.史记[M].长沙:岳麓书社,1988:25,29.

夫长、五十夫长、十夫长,管理百姓。叫他们随时审判百姓,大事都要呈到你这里,小事他们自己可以审判。这样,你就轻省些,他们也可以同当此任。

由此可见,叶忒罗的建议极具洞察力,体现了公共行政的基本原则:拣选和训练人员;授权与加力法则;重视律法的治理。十夫长、五十夫长、百夫长、千夫长各自处理自己分内的事,摩西则处理"难断的案件"。摩西听从了叶忒罗的建议,以律法为准绳,对组织管理进行流程再造,通过分层治理,驾驭组织,初步形成了早期以色列的科层制结构,如图1所示。

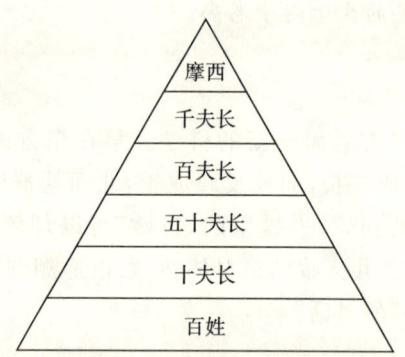

图1 现代科层制结构的起源

公共行政的"全新"则在于作为一门真正意义上的科学,公共行政学产生于19世纪中后期,强调将管理的科学与艺术应用于公共行政领域,以优化公共服务。公共行政学的使命在于实现国家繁荣昌盛与个人幸福自由,其发展沿革有两条基本的线索:其一,以伍罗德·威尔逊、泰勒、法约尔、古里克、马克斯·韦伯等人为代表,贯穿古典行政学派的核心思想是"理性化"(rational)观念,以实现行政效率的最优化,其中韦伯是理性化思想的集大成者。理性化最初的含义包括适度(moderation)与节制(limitation),而后是指人们受理性的引导,通过推理(reasoning)、辩论(debate)、协商(deliberate)与合作(collaborate)应对危机,解决问题。韦伯认为理性主义是指一切行为皆服从于理性目的,做出有节制的注重实用的决定,而理性的国家则是基于专业官员制度和理性的法律之上的。①古典行政学派的"理性化"包含了三个基本要素:按章办事,依赖于法律,将管理的规则视为具有脱离人类情感(emotion)的客观实在性;以效率和经济为主要目标,结果具有可计算性;以及非人情因素的专业化管理方式。赫伯特·西蒙的有限理性行政模型,奥斯本与盖布勒的"再造政府"新公共管理理论,则进一步拓展了非人格化的公共行政学追求科学、效率的研究思路。

另一条路径则是以乔治·弗雷德里克森、文森特·奥斯特罗姆、罗伯特·登哈特、珍妮特·登哈特等人为代表,重视行政学的"公共性"(public)。奥斯特罗姆强调在公共行政的实践中运用"民主""社群"的思想,从而提升人类社会的公共福祉;罗伯特·登哈特认为,"公共行政是为了追求公共的社会价值而对变迁进行管理的过程"②;弗雷德里克森直接将公共行政的精神界定为"Benevolence",认为其建立在"对所有公民的乐善好施的道德基础之上"。③ 这里的"Benevolence"类似于孔子的"仁",所谓"仁者爱人","夫子之道,忠恕而已"。事实上,东西方公共行政的理念与实践亦有其相通之处,西方国家的公务员制度就来源于中国的科举制度。④ 有鉴于此,本书力图建构一项具有全球化眼光,融合理论与实践,立足于多学科分析的公共行政研究。本书以理论观照实践,先分析中国行政学的理论范式研究,再从政治与行政相互关系的视角,分别从技术化行政与民主化行政,即行政的工具理性与价值理性的角度展开论述,而后从行政行为入手,分析了政府廉政、教育行政、地方行政、人事行政与社会治理五个层面的内容。本书的分析框架如图2所示。

---

① [德]马克斯·韦伯.经济与社会:下卷[M].林荣远,译.北京:商务印书馆,1997:720.

② 原文为:Public administration is concerned with managing change processes in pursuit of publicly defined societal values. 参见 Robert B. Denhardt. Theories of Public Organization. Fifth edition. Cengage Learning Asia Pte Ltd., 2008:18.

③ 乔治·弗雷德里克森将"公共"界定为共同(common)的利益,相互的关心(care),与心智的成熟(maturity)。参见[美]乔治·弗雷德里克森.公共行政的精神[M].张成福,等译.北京:中国人民大学出版社,2003:19,204.

④ 1983年,美国总统卡特任内的人事总署署长艾伦·坎贝尔(Alan Campbell)教授在北京讲学时曾言:"当我接受联合国的邀请来中国向诸位讲文官制度的时候,我感到非常惊讶。因为在我们西方所有的政治学教科书中,当谈到文官制度的时候,都把文官制度的创始者归于中国。"参见付小均.公共行政学经典理论导引与案例[M].北京:中国人民大学出版社,2011:30.

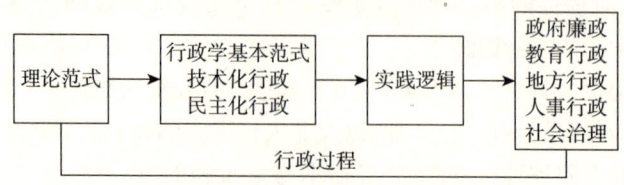

图 2　本书的分析框架

全书除前言和结语外,共分十章,主要内容如下。

第一章,"范式与范式转型:中国行政学研究"。当代中国行政学自 20 世纪 80 年代恢复以来,围绕其学科基本范式的演变,主要经历了行政管理范式、公共行政范式与公共管理范式的变迁。在随后的时段内,中国的行政学研究迅速发展,在学科建设、人才培养以及公共服务方面皆具规模。但是中国行政学发展到今天亦面临着一系列问题,只有厘清问题的本质,方可为中国公共行政学的发展探寻出一条可能的新路径。

第二章,"技术化行政:内在理路与逻辑"。技术化行政以管理主义为其基本的内在理路,以提升组织效率为其目标导向,寻求运用普适性的技术化方法来推进组织管理的变革,体现了行政的工具理性。其中,大部制改革的体制机制是基于因特网平台电子技术的发展,实现组织专业化分工与跨部门协同的整体性治理,体现了当代技术化行政发展的内在逻辑。本章从理论分析的视角回溯技术化行政变迁的基本轨迹,思考如何运用概念、推理和量化分析对组织进行有效管理与公共服务的供给,进而实现组织发展与创新,这对于推进国家治理体系和治理能力现代化具有重要的理论价值。

第三章,"民主化行政:思想谱系与制度运行"。以公平为核心,追求公众参与的民主化行政,重在探究行政的价值理性。民主的思想谱系聚焦于民主话语的萌芽、形成及其发展的变迁历程,由此探究民主思想的内在结构以及民主制度有效运行的实践机制。民主依靠法治来维护,其运行机制体现了权力运行的双重向度:一方面反映了权力的归属,其实质是主权在民,即"民有";另一方面反映了权力的行使,将权力委托给由社会选举的少数人所组成的政府来治理,此种委托代理的关系则形成了"民治"。民主思想的谱系为理解当代中国民主制度建设提供了可资参考的镜像,注重法治建设、维护公众权利、回应公众诉求构成了深入推进中国式民主治理的有效路径。

第四章,"腐败与治理:香港反腐败体系的形塑与发展"。腐败治理与政府廉政建设是公共行政学的重要议题。有效治理腐败的关键在于形成不敢腐、不能腐、不想腐,即执法、预防、教育有机联系与有效运行的制度机制。本章以香港地区的腐败治理为案例,说明了腐败是社会发展的毒瘤,科学有效地打击贪腐,亟须健全惩治和预防腐败的体系,建立与发展科学而有效的反腐败组织体系,从而将权力关进制度的笼子里。

第五章,"行政与教育:新中国成立初期院系调整研究"。新中国成立初期,高等教育行政管理的重大变革是在大规模经济建设之发轫、思想改造和"以俄为师"的前提下进行的。它以1952年6月中旬至9月下旬中央人民政府实施的"院系调整"为代表。这是中国高等教育行政管理体制上的一个重大转折,对教育管理的影响十分深远,它确立了教育行政机构直接管理学校的体制,改变了民国以来的大学生态与制度。本章回到历史的场景之中,从梳理院系调整的缘起入手,在此基础上厘清院系调整的过程与影响,以期为当前大学教育的行政管理与改革提供借鉴与启示。

第六章,"地方行政:地方政府管理体制改革研究"。新中国成立初期,共和国在借鉴苏联政治、经济模式的基础上,以法律条文的形式基本确立了我国地方政府管理体制的格局:以党管干部委任制为核心,以行政命令体制为主体,以意识形态体制为推动力,构成了一个相对稳定的操作系统和组织结构。它具有高度集权、计划管理、党政不分等特点,这种地方政府治理体制基本适应了新中国成立初期尖锐的政治条件和特殊的建设任务的需要,并促进了国民经济的恢复和发展。改革开放以来,随着"简政分权"政策的实施以及"财政包干"体制的改革,中央政府持续地向地方下放权力,使地方政府具有较大的资源决策权和使用配置权。经济全球化的迅猛发展使得地方政府的施政平台与管理权限进一步扩大,本章在实证的基础上首先分析当前地方政府在运行过程中凸显的主要问题,而后从体制变迁的视角阐释应对的策略与方法,探究善治的实现路径。

第七章,"人事行政:公务员考录制度研究"。公务员考录制度是人事行政的核心。本章通过对江苏省公务员分级分类考录现状的研究,深入分析公务员分级分类考录的主要内容,主要围绕江苏省公务员录用考试分级分类测评体系研究,分析省、市、县、乡等不同层级职位的特点,厘清各个层级岗位职责权限,确立不同层级岗位的基本能力素质特征;江苏省公务员录用笔试分级分类设置研究,在分类别、分层级的考试测评体系研究的基础上,研究设置适合于不同类别、不同层级的公共科目;江苏省公务员录用面试分级分类设置研究,对江苏省历年公务员考录结构化面试题目的信度、效度和基于测评要素的分级分类面试题型、命题规律进行研究,依据结构化面试技术的优势和特点,探讨形成不同层级、不同类别的公务员面试测评要素结构。

第八章,"人力资本:基于江苏人才国际化战略的实证分析"。随着全球化的深入发展,经济提升与科技进步的核心在于以人力资本为先导的软实力的竞争,从而实现发展方式由投资拉动型向创新推动型的转变。只有实现劳动力成本优势向人力资本优势的转变,才能真正实现经济与社会的可持续发展,其中人才国际化战略的实施是关键。本章强调转变行政职能,改善教育投资,提升教育质量,建立健全人才国际化的公共服务体系。本章以人才国际化建设为中心展开实地调查,充分运用近年来各地探索的经验成果,并吸收国内外人才国际化建设的最新理论和研究,提出了有效推进江苏人力资本国际化的政策设计与路径选择。

第九章,"政府与社会:社区治理分析"。改革开放以来,随着经济体制的转轨,单位制的解体,组织摩擦、社会冲突与危机不断涌现,城市成为现代化建设的重要载体,也成为各种利益与社会矛盾的焦点。天下之治,始于里胥。随着政府治理重心的下移,现代城市社区承载着越来越多的社会管理与整合功能。拓展城市基层民主,加大源头治理力度,形成缓解社会矛盾的减压阀,才能有效地促进社会的公平正义。本章认为,民主自治和社区组织建设,有利于社区的稳定与发展,有利于把社区民众参与社会管理的积极性调动起来,使得基层社会中公民之间、公民与组织之间处于互信和互助的良性状态,成为构建社会稳定与提升政府合法性的重要基石。

第十章,"国家与市场:城市社会治理研究"。城市治理是当前中国社会治理中最重要的一环,它的基础和逻辑起点是城市基层治理,其治理逻辑体现为国家的逻辑与市场的逻辑。国家的逻辑有助于贯彻执行国家的政策意志,但却阻碍了基层社会自主治理与提供服务的活力与创造性;市场的逻辑发挥了治理主体的积极性,但是各主体追求自身利益的最大化,往往导致了整体利益的最小化。以 N 市网格化治理为例,研究结果表明:城市基层治理必须要跳出"国家—市场"非此即彼的"一元治理"逻辑,转向国家、市场与社会多元主体边界清晰且合理互动的"复合治理"逻辑。在这种尊重自主性的制度设计中,基层社会场域不是只有一个单一的权威中心,而是通过民主的协商与沟通机制,保障各自的权益,实现社会共治与治理绩效的优化。

公共行政既是一项职业,也是一个研究领域,应重视理论之"学"(learning)与实践之"行"(doing)的交融,即学中做(do by learning)与做中学(learn by doing),从而将知、行有机结合起来。社会科学发展的一条重要路径在于,通过"旋转门"的方式,打通思想与现实、理论与实践、学术研究与经世致用之间的边界。因此,公共行政学是以真实世界的问题为导向,运用多学科的研究方法,探求治理艺术的科学,是科学性与艺术性的集中体现,它将科学之真与艺术之美有机结合,在求真与求美的过程中,实现人生之善。公共行政学的跨学科性就在于真实社会的复杂性。公共行政的复杂特质导致公共行政学的多途径研究导向,例如美国著名行政学家罗森布洛姆将公共行政的研究分为三层,即从管理、政治与法律这三种不同的视角来理解公共行政。

本书以理论范式与实践逻辑来统领公共行政,探究技术化行政与民主化行政的源流与演进及其相互交织。一方面着力提升读者的理性分析与辨析能力,因为行政管理的实质在于决策力与实践力,值得重视的是分析应先于实践,辨析应先于决策;另一方面在理论阐发中聚焦行政实践,寻求实践的智慧与国家治理能力的优化。治理能力是解决现实问题,提升行政效率,实现美好生活的能力。当然,对于问题的解决,大多数时候简单的办法往往并不奏效,任何问题的答案亦会导向下一个问题的产生。我们需要不断地追问、探究与分析,找到有效解决问题、平衡优化各方利益的交汇点,再付诸实践与反思,从而实现公共行政学的使命:有效政府与民主社会。

目 录

总 序 …………………………………………………………… 1

前 言 …………………………………………………………… 1

第一章 范式与范式转型：中国行政学研究 ………………………… 1
  一、范式与范式转型 ………………………………………… 1
  二、我国的行政学研究范式 ………………………………… 4
  三、研究的思路与方法 ……………………………………… 7
  四、小结 ……………………………………………………… 10

第二章 技术化行政：内在理路与逻辑 …………………………… 12
  一、技术化行政 ……………………………………………… 12
  二、整体性治理 ……………………………………………… 16
  三、技术化行政与国家治理的整体性逻辑 ………………… 19
  四、小结 ……………………………………………………… 26

第三章 民主化行政：思想谱系与制度运行 ……………………… 28
  一、民主与科学 ……………………………………………… 29
  二、民主的思想谱系 ………………………………………… 30
  三、民主制度的运行 ………………………………………… 37
  四、小结 ……………………………………………………… 39

第四章 腐败与治理：香港反腐败体系的形塑与发展 …………… 41
  一、腐败治理研究的文献综述 ……………………………… 41

二、葛柏案与廉政公署的形塑 ……………………………… 52
　　三、廉政公署的制衡机制 …………………………………… 60
　　四、小结 ……………………………………………………… 61

第五章　行政与教育：新中国成立初期院系调整研究 ………… 63
　　一、院系调整的起源 ………………………………………… 63
　　二、院系调整的过程 ………………………………………… 66
　　三、院系调整的影响 ………………………………………… 70
　　四、小结 ……………………………………………………… 74

第六章　地方行政：地方政府管理体制改革研究 ……………… 76
　　一、地方政府管理存在的问题与原因 ……………………… 76
　　二、治理与善治 ……………………………………………… 81
　　三、地方政府治理体制变革的目标设计与政策建议 ……… 87
　　四、小结 ……………………………………………………… 89

第七章　人事行政：公务员考录制度研究 ……………………… 91
　　一、公务员考录制度概述 …………………………………… 92
　　二、公务员考录制度的理论基础 …………………………… 100
　　三、江苏省公务员分级分类考录实证分析 ………………… 103
　　四、政策建议 ………………………………………………… 126
　　五、小结 ……………………………………………………… 138
　　附：江苏省公务员分级分类考录制度实证研究调查问卷 … 140

第八章　人力资本：基于江苏人才国际化战略的实证分析 …… 154
　　一、全球化与人才国际化 …………………………………… 154
　　二、人才国际化建设的内涵 ………………………………… 159
　　三、江苏人才国际化建设的现状探究 ……………………… 165
　　四、江苏人才国际化体系的构建 …………………………… 168
　　五、推进江苏人才国际化的政策设计 ……………………… 173
　　六、"钱学森之问"的反思 …………………………………… 190

七、小结 ································· 197

第九章 政府与社会：社区治理分析 ············· 198
一、社会稳定面临的挑战 ····················· 198
二、社会稳定与城市基层民主 ··················· 200
三、社区治理分析 ························· 203
四、小结 ······························· 209

第十章 国家与市场：城市社会治理研究 ··········· 211
一、问题的提出 ·························· 212
二、城市社会治理的逻辑：基于N市X社区的案例分析 ······· 212
三、城市网格化治理研究 ···················· 217
四、中道的逻辑 ·························· 222
五、小结 ······························ 223

结语：实现行政之善 ························ 224

主要参考文献 ··························· 227

后 记 ································ 231

第一章 范式与范式转型：
中国行政学研究

当代中国行政学自1984年恢复以来,围绕其学科基本范式的演变,主要经历了行政管理范式、公共行政范式与公共管理范式的变迁。在随后的时段内,中国的行政学研究迅速发展,在学科建设、人才培养以及公共服务等方面皆具规模。全国MPA培养单位由2001年的24家发展至2015年的214家。截至2016年8月,我国共录取单双证MPA学生159 431人,年均录取10 629人,共授予学位99 597人,年均授予学生7 114人。这为我国公共行政部门培养了大批优秀人才,提高了我国公共行政管理的水平与能力。但是中国行政学发展到今天也显然面临着一系列问题,本章以多学科的研究方法对相关问题加以综合研究,旨在通过对中国行政学范式变迁的解读,分析当代中国行政学建设所面临的问题的实质,以此探寻行政学发展的路径与方式。

一、范式与范式转型

范式与范式转型是20世纪社会科学发展领域内一种重要的理论规范和方法论。1962年,美国科学史家托马斯·库恩在其《科学革命的结构》一书中,首次从学术史的角度明确提出了关于范式(paradigm)的中心观念。所谓范式,就是一组共有的方法、标准、解释方式或理论,或者说是一种共有的知识体系。[①]

根据库恩的理论,科学的成长并非直线积累的,相反地,它大体上循着传统与突破的方式在进行。库恩在《科学革命的结构》中对"范式"有着详细而复杂的讨论。广义的"范式"指一门科学研究中的全套信念、价

---

① Thomas S. Kuhn. The Structure of Scientific Revolutions. Chicago,2012:11.

和技术(entire constellation of beliefs, values, and techniques),因此又可称为"学科的模式"(disciplinary matrix)。狭义的"范式"则指一门学科在常态情形下所共同遵奉的范例(shared examples),是"学科范式"中最重要的核心部分。在库恩看来,所谓科学的革命,就是一种范式向另外一种范式的转换,他认为,科学发展中出现的危机使新的范式的产生成为必然,从而导致了这种范式的转换。在一个公认的范式中,科学家们的活动被称为"常态科学"(normal science),即都是在一定的模式的指引之下发展的,这种活动通常是"解谜"(puzzle-solving)的常态工作,也就是增加业已得到承认的知识储备。这种常态科学会一直延续下去,直到反常出现为止。反常最终会导致"技术上的崩溃"(technical breakdown),亦即"危机"一词的确切含义,随之而来的就是一场将要产生的新范式的革命。例如,威尔逊和韦伯的官僚制行政理论构成了传统公共行政学研究的主要范式。传统公共行政原则相互之间存在的矛盾以及因此而引发的危机起源于传统公共行政理论所内含的范式的不足,即注重对官僚体制(bureaucracy paradigm)的分析,忽视了对非正式组织和行政过程的研究。西蒙的理论可以被视为对传统公共行政理论的挑战,抛弃了所谓的行政原则以及政治—行政二分法,指出了传统行政学研究方法及研究主题的不足,引入科学方法论来研究行政行为尤其是决策过程,主张采用行为主义关于严格区分事实与价值的研究方法,重视行政行为的研究范式(information-processing paradigm)。"西蒙对威尔逊传统的挑战对公共行政研究是很重要的,他用效率标准拒绝了这一预设:等级组织的完善就是效率。"①库恩的"范式说"和"危机说"与本书的论旨密切相关。为探寻当代中国行政学的研究范式,我们首先扼要回眸中国公共行政学知识的生产与变迁。

中国是一个行政早熟的国家,秦汉时期就已建立了中央集权的政府,历代统治者十分重视从历史中汲取资政的经验与理念。在东西方的行政管理实践中,古代中国曾产生过颇具价值的行政管理思想,其智慧的火花在人类文明进步的历程中仍清晰可辨。距今 2 000 多年前撰写的《左传》

---

① [美]文森特·奥斯特罗姆.美国公共行政的思想危机[M].毛寿龙,译.上海:上海三联书店,1999:51.

中,有"行其政事,行其政令"等关于"行政"的记载。中国古代思想家孔子曾提出"为政以德,譬如北辰,居其所而众星共之",以及"礼之用,和为贵"等以德治国的和谐思想。老子提出应"顺其自然,无为而治",有所为、有所不为的政府治理理念。始于隋唐时期的科举取士奠定了一整套完备而程序化的选官体制,这对现代西方文官制度的创设有着直接而深远的影响。古代中国虽然形成了内容丰富的行政管理思想和经验,但没有形成系统的理论,亦未把行政管理作为一门科学来加以抽象系统的研究。中国现代意义上的行政管理学是从西方国家引进的。19世纪末20世纪初,我国一些学者就开始翻译和引进一些著名的行政管理学著作。当时较有影响的出版译著有《行海要术》《行政纲目》《行政学总论》《行政法撮要》等。从20世纪30年代开始,我国学者陆续发表了一些行政管理研究专著,其中1935年张金鉴出版的《行政学之理论与实际》一书,为中国最早的系统研究行政学的著作。在理论研究发展的同时,行政管理学也步入了我国高等院校的殿堂,江康黎的《行政学原理》被列为大学教科书。新中国成立前,各大学政治学系及培训学校大都开设了行政学课程,并有一定数量的留学生出国深造。不仅如此,行政管理学的传入也开始与我国行政实践相结合,促进了近代中国的政治发展。例如,孙中山先生提出并实践了五权分立以及中央与地方均权的思想,组建了近代中国第一个资产阶级民主政府。1934年国民政府设立了"行政效率研究会",后更名为"行政效率促进委员会",并发行了《行政效率》半月刊杂志。随后,我国成立了行政学会,并加入了国际行政科学学会(IIAS)。

新中国成立后,行政管理学本应成为大力发展的学科,但1952年中国高等教育院系调整,将行政学专业取消,这在相当程度上严重影响了中国行政学知识的积淀与生产。邓小平曾提出:"我们已经承认自然科学比外国落后了,现在也应该承认社会科学的研究工作(就可比的方面说)比外国落后了。我们的水平很低,好多年连统计数字都没有,这样的情况当然使认真的社会科学的研究遇到极大的困难。"[①]中国行政学的复兴,在学术史上意味着该学科是在消失后的重建。

---

① 邓小平.邓小平文选:第2卷[M].北京:人民出版社,1994:181.

二、我国的行政学研究范式

自 20 世纪 80 年代行政学在中国恢复以来,其研究范式主要有以下三种。

1. 行政管理范式

1978 年以后中国进入改革开放和现代化建设的历史时期,现代化建设和改革开放的双重驱力,迫切要求加强行政管理的科学研究。1982 年至 1984 年中国行政改革过程中所暴露出来的缺乏系统的科学理论指导的缺陷,对恢复和发展行政管理学提出了现实要求。这就从知与行两方面为恢复和发展行政科学创造了充分的条件。

行政管理范式是中国行政科学恢复以后一段时期内所特有的范式。该范式的研究以行政效率为核心,形成了以行政环境、行政职能、行政组织、人事行政、行政领导、行政立法、行政文化、财务行政、行政决策、行政执行、行政监督为中心内容的结构框架,将"行政"界定为"国家权力机关的执行机关依法有效管理国家事务、社会公共事务和机关内部事务的活动"。这其中以国家行政机关为主体,社会公共事务为客体,以依法行政为其本质特征,把探索建立具有中国特色的高效行政管理体系作为目标。1985 年《中国行政管理》杂志创刊,1988 年中国行政管理学会成立。随后,经国务院批准成立了培训国家高级公务员的国家行政学院,一批培养地方政府公务员的行政学院也陆续成立,全国有副省级以上地方行政学院 46 所。北京大学、武汉大学、中国人民大学等全国多所高等院校创办了行政管理系和专业,形成了行政管理专业本科至博士的完整培养体系。

麦克库尔德(McCurdy)指出:"有三个特征可以作为学科成立的证据:首先是有一套核心的价值、知识和理论,它们通常是与享有学术领域声誉的创立者联系在一起的;其次是有可分解的或有实际意义的现象,如组织,可供研究;第三是有某些附带物,如以此命名的学派或大学系科、学会和年会、热诚的专家,至少还要有一份杂志,最好还有一个政府部门,或更理想的是总统行政办公室的一个特殊机构。"① 据此可以看出,在这一

---

① [美]戴维·约翰·法默尔.公共行政的语言:官僚制、现代性和后现代性[M].吴琼,译.北京:中国人民大学出版社,2005:35.

范式背景下,行政学确立了其独立的学科地位。

这一范式以行政效率为核心,梳理行政原则,指导行政实践,构建了行政管理学相对独立的合法性地位。它注重对正式政府组织机构的静态分析,但忽视对政府行为与管理过程的动态研究,忽视了中国行政管理过程的多样性与复杂性,行政效率标准被过分推崇,对政府行政职能定位存在缺失等,这些问题足以显示行政管理范式的内在危机。

2. 公共行政范式

公共行政范式在我国产生于20世纪90年代中期,被称为"社会治理中的一场革命"。社会主义市场经济体制目标模式的确立,行政机构改革及国家公务员制度的推行,为公共行政的产生提供了丰厚的实践研究领域,客观上推进了中国公共行政学的拓展。

这一范式的创新之处在于对"公共行政"中的"公共"作了全面的阐释。① 和私人行政相区别。"公共"是相对于"营利性的""私人的"或"企业的"行政而言。因而政府的行政活动注重向社会提供公共产品。② 明确了行政活动的目的和性质主要是为社会提供公共服务。③ 公共的性质决定了它应负有的社会责任和义务,其工作绩效不能简单地用利润或效率作为尺度。④ 强调公众的参与性与行政的公开性。[①] 因此,"公共行政"的内涵较"行政管理"要丰富得多,以法治化和市场化的有机统一构成了我国公共行政改革的基本方向,力求用新范式的指导思想来克服官僚制模式的弊端。

在此范式下进行的1998年政府机构改革,被称为"第七次革命",就其本质而言是转变政府职能,建立与社会主义市场经济体制相适应的公共行政体制,把政府职能转变到宏观调控、社会管理和公共服务方面。政府退出微观经济活动特别是国有企业的微观生产经营活动,加强对社会公共领域的管理和建设能力,撤并了大量专业和行业部委,国家不再直接经营管理企业,而主要是制定行业规划和行业法规。当时竭力推进政府体制改革的朱镕基总理曾言:"政府要管市场,但不能办市场。政府的角色要到位,不要错位。"根据高效、精简的改革目标,国务院机构由40个减少到29个,省级地方政府机构由114个减少到85个,人员从15.7万减至

[①] 郭济.中国公共行政学[M].北京:中国人民大学出版社,2003:2-3.

8.3万,减幅达47.1%。但由于未能厘清政府与企业、政府与市场、政府与社会等方面的职责关系,在解决土地征用、房屋拆迁、环境污染、企业重组改制和破产中,政府损害民众利益的问题时有发生。在教育、医疗、安全生产等方面,政府的公共服务与监管也存在着严重缺位。

这一范式固然总结了行政管理范式的不足,以政府职能改革为核心,按照效率优先、兼顾公平原则,建构与市场经济体制相适应的社会管理体制,但也暴露了政府公共责任严重缺失的内在危机。

3. 公共管理范式

公共管理范式是一种包括国家事务、政府事务、社会事务在内的,具有公益性、泛适性的管理范式。它强调政府、企业、公民社会的互动以及在处理社会及经济问题中的责任共负,其管理主体是多元化的。政府把原先由它承担的部分事务转移给市场、企业、各种私人部门和公民自愿团体,使它们承担了越来越多的原先由政府承担的公共事务管理与公共服务的供给。这就越来越强调政府与各种主体之间的合作、沟通与共识,而不应再坚持专属性和排他性,并更加注重政府与社会组织间的相互依赖关系。公共管理对象范围比公共行政更为广泛,事务更具体,并且借鉴私营部门的管理方式与方法,把市场机制引入公共管理领域,以此来提高政府管理的绩效。在此背景下,我国地方政府进行了多层次、多角度的绩效考评,积极推进电子政务建设,建立"一站式政务超市",2005年全国共建立行政服务中心4 159个、行政投诉中心5 458个。

公共管理范式作为由传统政府管理模式向现代政府治理模式转换的一种行政理念,其基本内涵是适应市民社会运行主体多元化的要求,政府改变传统的以管制为特征、以命令为内核的管理观念,逐步树立在市场原则、公共利益和认同之上的合作。它所拥有的管理机制不仅仅依靠政府的权威,还依赖于合作网络的权威。其权力向度是多元的、相互的,而不是单一的和自上而下的。善治的本质特征在于政府与市民社会之间形成良性的互动关系,其所包含的基本要素是合法性、透明性、责任性、法治、回应、有效。①

但是,公共管理范式以绩效为核心,注重量化评估,以技术理性为工

---

① 俞可平.治理与善治[M].北京:社会科学文献出版社,2000:8-10.

具,在一定程度上则落入了管理主义的窠臼。亦如奥斯特罗姆所言:"只关心管理,这忽略了制度分析的整个领域,也忽略了如何构造适当的制度安排来实现社群关系所包含的各种势力间的双利关系。"①各地 GDP 的考核指标、城市居高不下的房价、山西黑砖窑事件、一些地方政府的集体失语、公共服务均等化的缺失等,即为明证。

21 世纪以来,国际行政学界提出了一种新的理论范式,即整体性治理,其影响逐渐扩大,本书将在第二章从组织演进的视角具体阐释其发展的内在逻辑。

三、研究的思路与方法

尼采曾言:"当我们拒绝在语言的束缚下思考的时候,我们就不再能思考……理性的思想是依据我们不能摆脱的范式进行的阐释。"②本章的目的是在梳理中国行政学范式变迁的基础之上,诊断出存在的问题,而后运用有效的方法与路径解决问题。

在上述三种范式的转型背景下,中国公共行政学取得了不少进展,显示出它作为社会科学的重要基础和应用学科的价值与潜力。公共行政学的进一步发展,其学术的影响力与实践的应用性的展示,需要从以下两个环节入手。

首先,深化公共行政学研究的问题意识。爱因斯坦认为,提出一个问题往往比解决一个问题更重要,想象力比知识更重要。因为解决问题也许仅是一个数学上或实验上的技能而已,而提出新的问题、新的可能性,从新的角度去看旧的问题,却需要有创造性的想象力,而且标志着科学的真正进步。

中国公共行政学作为一门应用型学科,它的生命力在于回答解决中国政府改革与社会发展的现实问题:行政机制的改革,行政权力体系的创新,行政组织体制的运作,行政法治的健全;国家权力结构的调整,中央与地方的关系,党政关系;政府职能的转变,政府决策的民主化,公务员制度

---

① [美]文森特·奥斯特罗姆.美国公共行政的思想危机[M].毛寿龙,译.上海:上海三联书店,1999:163.
② [美]戴维·约翰·法默尔.公共行政的语言:官僚制、现代性和后现代性[M].吴琼,译.北京:中国人民大学出版社,2005:15.

建设,理顺政企关系、政社关系以及政府与市场的关系等。到目前为止,不少研究尚停留在对西方国家行政理论进行跟踪介绍的层面,侧重聚焦分析西方行政学理论,而对本土文化的差异性、原创性的真问题挖掘、思考与研究不够。公共行政学的研究需要深深植根于中国的现实土壤,拓展理论研究的广泛性和深延性,以使行政科学的理论研究能够回应、思考与指导现实中国的行政改革和发展。亚历山大·汉密尔顿指出,公共行政若想有效,"必须适合一个国家,就像个人量体裁衣;因此,对费城好的东西可能对巴黎是坏的,对圣彼得堡则是荒谬的"。① 因此,中国公共行政学的研究需要走出一条具有国际视野,同时又富有本土特色的学术发展之路。

其次,"工欲善其事,必先利其器",研究方法是学科立身之本、发展之径。研究方法的探讨在学科的知识累积、学科构建与学术发展中都居于至关重要的核心地位。科学研究的方法主要有:

(1)质化研究(qualitative analysis)。具体指从观察、参与观察、深度访谈到焦点团体讨论,通过这些方法来发现行政管理的原始资料,在第一手资料的基础之上构建研究的结果或理论。其获取知识的路径皆与特定的场景相联系,强调研究中的经验主义成分,聚焦案例分析,其优势在于对行政实践与制度的深描(deep description)。

(2)量化研究(quantitative analysis)。这是运用统计技术,考察事物"量"的规律性,从而把握事物性质的研究方法。它一般包括:建立理论假说,收集相关实证数据,用统计模型测试自变量与因变量之间的相关性,得出自变量与因变量是否相关、在多大程度上相关的结论,并进而推出其因果关系。

笔者对1987年至2007年国内行政学研究知名的大学学报(抽取的样本为:北京大学学报、清华大学学报、中山大学学报、复旦大学学报、中国人民大学学报和武汉大学学报)中的320篇行政学论文的研究方法作了技术统计。

统计数据显示,在研究方法的取向中,质化研究为22.1%,量化研究仅为3.7%。行政学者所采用的研究方法偏向于非经验式的研究,注重理论

---

① [美]尼古拉斯·亨利.公共行政与公共事务[M].项龙,译.北京:华夏出版社,2002:32.

描述与静态研究,比例达到74%。实践表明,非经验主义研究缺乏实证性,在精细而严谨的分析层面以及对大千世界的解释力与预测力方面有所不足。行政学的研究需要着力从现实的行政行为和行政关系出发,收集有关行政实践的大量实证材料,从中分析并验证事实和理论之间的关系。由于缺乏质化研究与量化研究的有机结合,以科学化、多学科化为主要特征的现代行政学研究方法尚未得到充分运用,公共行政学研究成果的可操作性与运用性,对政策分析、治理过程、行政程序和行政实践层面的深化研究等均存有欠缺。

正因为此,中国公共行政学研究的前瞻性与指导性亟须提升。改革开放以来,我国政府机构改革已进行了多次实践,虽然取得了一定的效果,但总的说来,机构改革所取得的成效仍有待提升。这其中不可否认的是政府机构改革的理论基础存在一定的问题,需要进一步反思我国政府体制改革的行政学思想基础,探讨它们如何能够有效提升人民的公共福利与政府的治理水平。市场经济时代,政府如何运用公共管理工具,改善公共行政的质量,实现行政的民主化与法治化,这是摆在中国公共行政学者面前的现实问题。法默尔曾言:"反思性的阐释是这样的一门艺术,它力图描绘出和运用我们借以理解和创造公共行政现象的方法所具有的解释学的、反思的和语言学的系列特征。"[1]消解公共行政学认识论和方法论的危机与梗阻,注重理论与实证研究,这是行政学发展的路径取向。

学术是天下之公器,是国家公民责任心之最后堤防。我们需要改进我们的学风,发扬求真务实、经世致用的实证理性,遵循科学的方法论,借鉴西方公共行政学中的合理内核,创建出既有本土性又具国际性意义的中国公共行政科学,而这首要的前提是必须立足于中国实际。亦如克鲁格曼所言:"我们的世界中,真正短缺的不是资源,更不是美德,而是对现实的理解和把握。……通向世界繁荣的唯一重要的结构性障碍,正是那些盘踞在人们头脑中的过时的教条。"[2]的确,尊重事实、反对教条,应当成为今天中国公共行政学者的基本理念。

---

[1] [美]戴维·约翰·法默尔.公共行政的语言:官僚制、现代性和后现代性[M].吴琼,译.北京:中国人民大学出版社,2005:17.

[2] [美]保罗·克鲁格曼.萧条经济学的回归[M].朱文晖,王玉清,译.北京:中国人民大学出版社,1999:231.

四、小结

　　了解事实,解释现象,预测未来,此为科学研究的三个目的。了解事实是首要步骤,亦是解释现象与预测未来的先决条件。唯有确切地了解事实,方可正确地解释现象,以及精确地预测未来。在这期间,厘清事实是行政学研究的关键。

　　当前中国行政学的知识生产应当着力加强方法论层面的创新,注重历史研究,运用历史比较,将宏观与微观相结合;注重实证研究与因果分析,拓展实地调查,采用问卷调查、数据统计、案例研究、深度访谈等手段与方式收集第一手资料,从中揭示行政实践的原则与体系,寻求解决问题的方法与手段,从而致力于理论的验证与构建。例如,如果政府的某种制度架构是导致腐败的根源,那么仅仅查处个别腐败分子并不能有效地遏止腐败。没有以法治为中心的制度资本的运作与民主程序的科学设计,高效、廉洁的服务型政府难以根本实现。以霍布斯的话来说,"契约,没有刀剑,就只是一纸空文",这就必须探究公共行政实施的机制。①

　　行政管理科学的应运而生是为了实现社会的公平、正义与效率。100多年前,杰出的美国学者威尔逊②在创立行政学时坦言:"我们只需用我们的宪法将其过滤,将其放在批判的文火上慢慢烘烤,并把其中的外国气体蒸馏掉。"③中国公共行政学新范式将立足于本土化,吸收前述三种范

---

　　① [美]文森特·奥斯特罗姆.美国公共行政思想的危机[M].毛寿龙,译.上海:上海三联书店,1999:105.
　　② "公共行政学之父"伍德罗·威尔逊被视为美国理想主义的代表,他认为:"国民政府对人民的服务必须更为广泛,不仅要保护人民免受垄断的危害,而且要便利人民的生活。……政府的职责就在于把为共同利益奋斗的人们组织起来反对追求特殊利益的人们。"威尔逊曾是普林斯顿大学最杰出的法学、政治学教授,他的《行政的研究》(*The Study of Administration*)被视为行政学发端的标志,他从大学教授、新泽西州长直至当选为美国总统,也反映了美国学界与政界之间的"旋转门"机制。他提出了"十四点和平计划",于1919年获得了诺贝尔和平奖。参见[美]理查德·霍夫施塔特.美国政治传统及其缔造者[M].崔永禄,王忠和,译.北京:商务印书馆,2010:302-303.
　　③ 原文为:We have only to filter it through our constitutions, only to put it over a slow fire of criticism and distil away its foreign gases. 参见 Woodrow Wilson. The Study of Administration. Political Science Quarterly, Vol.2, 1887.

式的合理内核,以问题意识为导向,运用质化研究与量化研究有机结合的科学方法,注重在对问题进行经验与实证分析的基础之上,设定研究假设并构建通则与理论,这是中国行政学良性发展的方法选择与路径依赖。

第二章 技术化行政：
内在理路与逻辑

技术化是行政组织产生、发展与变革的基本动因。派伊将现代社会组织的基础视为组织的技术。① 欧文·休斯认为，技术变革对政府管理存在着深刻影响，无论是在趋向公共管理的新形式方面，还是在脱离传统的官僚制方面，技术变革都应被视为主要的推动力之一。② 技术化行政是提升国家能力的关键。因此，有必要回溯技术化行政范式变迁的基本轨迹，并由此探究整体性治理有效优化技术化行政的路径选择与制度化策略。

一、技术化行政

工业革命以来，随着政府职能与行政机构的迅速扩大，政府腐败问题严重，行政效率低下，亟须一门新的科学来解决此难题，指导政府的行政实践。正是在这一背景下，1887年，美国学者伍德罗·威尔逊提出建立一门新的科学即行政科学（science of administration），以此来指导公共组织的实践。威尔逊认为，行政科学研究的目标在于两个方面：其一为政府职能，即政府能够适宜地并成功地做什么；其二为行政效率，即以低成本、高效地完成行政事务。行政的科学性构成了技术化行政的基本属性，科学性的基石在于试验。③ 技术化行政范式的隐喻在于将行政管理视为一

---

① [美]加布里埃尔·阿尔蒙德，西德尼·维巴.公民文化：五个国家的政治态度和民主制度[M].张明澍，译.北京：商务印书馆，2014：2.
② [澳]欧文·休斯.公共管理导论[M].张成福，王学栋，等译.北京：中国人民大学出版社，2007：16.
③ Woodrow Wilson. The Study of Administration. Political Science Quarterly, Vol.2, 1887.

门真正的科学。正如泰勒所言:"最好的管理是一种真正的科学,它建立在明确的法则、规章和原理之上。"①这是力求使行政学具有严密的逻辑性与普适性,从而使人类凭借理性思维进行决策行动,以技术工具破解管理的困境,促进人类美好生活的实现。

在此基础上,古德诺系统地阐释了政治与行政的两分法,确立了民治政府与高效行政,强调形成一套适度集权的行政体制以提升行政效率。为了使政府的日常工作能够顺利进行,政府组织必须掌握大量可供使用的信息和技术知识,以确保国家意志的执行。② 两分法开启了公共行政技术化与民主化的先河。

泰勒在管理制度体系上促成了"以科学技术取代经验成规",提出科学地培训与教育员工,减少无效工作,提升单位时间的产量,由此形成了科学管理的两个基本技术指标:动作研究和时间研究。③ 科学管理在于去除多余的动作,提高劳动的生产率(productivity),即单位时间的劳动产出量。伦纳德·怀特从科学管理所取得的巨大成就中,提出了这样的问题:在政府中,是否可以同样实行这种科学的方法?他认为行政是基于一系列共通技术的程序,以管理作为其基础,促使行政由艺术向科学的转化,构成了现代政府的核心问题。④ 马克斯·韦伯从现代性的视角,深入探究了技术化行政中的人员与制度:官员须"根据专业业务资格任命(不是选举)——在最合理的情况下,通过考试获得的、通过证书确认的专业业务资格";技术化行政体制具有"精确、稳定、有纪律、严肃紧张和可靠"的特点,"纯粹从技术上看可以达到最高的完善程度,在所有这些意义上是实施统治形式上最合理的形式"。⑤ 韦伯认为,技术化行政以理性化、预见性以及可计算化为基本原则。官僚制在技术上

---

① [美]罗伯特·登哈特.公共组织理论[M].扶松茂,丁力,译.北京:中国人民大学出版社,2011:43.
② [美]弗兰克·古德诺.政治与行政:政府之研究[M].丰俊功,译.北京:北京大学出版社,2012:61-62.
③ [美]弗雷德里克·泰勒.科学管理原理[M].马风才,译.北京:机械工业出版社,2007:27.
④ Herbert J. Storing. Leonard D. White and the Study of Public Administration. Public Administration Review, Vol.25, No.1, 1965.
⑤ [德]马克斯·韦伯.经济与社会:上卷[M].林荣远,译.北京:商务印书馆,1997:246,248.

将"可靠的法律规则以逻辑严密、机械古板的方式应用于实际的情境"①。从威尔逊、泰勒、韦伯到怀特为代表的古典公共行政学,其思想来源于这样的观念:"行政应是工具性、技术性的,应远离政治领域。"②在此基础上,英国政府颁布的《富尔顿报告》强调增加技术官员在文官中的比重,重视专业人才与管理技能的形成。

由此可见,技术化行政以管理主义为其基本的内在理路,以提升组织效率为其目标导向,寻求运用普适性的技术化方法来推进组织管理的变革。技术化行政的古典学派使得理性、科学与规制嵌入政府的行政之中,从而减少政府腐败、提升行政效率,有力地调配公共资源,引导经济与社会生活,这应对了工业革命以来经济与社会管理的复杂化对政府行政所提出的严重挑战。但是此种范式发展到极致,则体现为制度烦琐、高度等级化、权力集中,压制了组织活力,消解了行政人员的积极性,也固化了社会的活力,可见官僚制与官僚主义犹如硬币的两面。20世纪60年代,美国国防部长罗伯特·麦克纳马拉是技术化行政古典学派的代表者,笃信集中控制和计划制度能产生效率,于是越南战争期间,美军战地指挥员感到自己做出决定的权力悄然消失,军事指挥权力的重心逐渐上移,美军在越南战争中的具体行动要由远在万里之遥的国防部下达,结果使得战地司令员疲于奔命,美军在越战中付出了极为沉重的代价。③ 时至20世纪80年代,西方各国经济与社会的发展亦先后进入了"滞胀"时期。为解决此难题,技术化行政从古典公共行政范式发展到新公共管理范式。

新公共管理以经济学和企业管理为其理论基础,将分权化、市场化以及民营化作为其基本原则。从1979年至1993年,英国国有企业在国内生产总值中的比重从11%降至2%,就业人口从1980年的180万降低到

---

① [美]文森特·奥斯特罗姆.美国公共行政的思想危机[M].毛寿龙,译.上海:上海三联书店,1999:38.
② [澳]欧文·休斯.公共管理导论[M].张成福,王学栋,等译.北京:中国人民大学出版社,2007:23.
③ [美]戴维·奥斯本,特德·盖布勒.改革政府:企业家精神如何改革着公共部门[M].周敦仁,等译.上海:上海译文出版社,2006:189-190.

1994 年的不足 40 万。① 由此可见,新公共管理用市场化机制取代官僚制结构,崇尚自由竞争、成本效益核算,重视政府职能的重新定位,强调建立企业家型的政府,政府与社会之间形成委托—代理的关系。新公共管理"旨在促使政府变得更像商业组织,更加强调管理者角色的重要性"②。新公共管理的产生与发展,主要是应对古典行政模式官僚主义的内在缺陷,以企业精神改造公共部门,发展电子政府,提升行政效率,降低行政成本。但事实上,以市场化与绩效评估为驱动力的新公共管理仍然延续了技术化行政的基本理念,注重量化分析与技术理性。③

新公共管理发展到 20 世纪末亦面临新的挑战,其不足之处在于将政府等同于企业,以市场为原动力,行政权力分散化导致职能单一化、管理碎片化。英国学者希克斯认为,政府职能的单一化致使其在运作的体制机制环节产生了一系列问题:行政成本居高不下,错误行为集中化,对于如何改变行为的理解粗糙,思考短期利益,过于重视治疗而缺乏预防,由于缺乏协调使糟糕问题进一步集中化,评估对象的错误,负责对象的错误等。④ 新公共管理的碎片化、职能化,使其对于问题的源头、责任的承担者往往难以明确界定。在公共服务的外包过程中,由于私人承包商需要将利润添加到服务提供的成本中,这亦可能导致政府的公共支出更高。⑤

新公共管理强调市场、个人的理性选择、放松规制(deregulation),视政府自身为问题的来源,将国家的责任转嫁给公众与企业,但是"公地的

---

① [澳]欧文·休斯.公共管理导论[M].张成福,王学栋,等译.北京:中国人民大学出版社,2007:111.

② [英]克里斯托弗·胡德.国家的艺术:文化、修辞与公共管理[M].彭勃,邵春霞,译.上海:上海人民出版社,2009:3.

③ 陈辉.中国行政学的范式研究:回顾与思考[J].中国行政管理,2008(4).

④ 原文为:High cost, centralization of the wrong things, crude understanding of how to change behaviour, short-term thinking, too much focus on cure, too little on prevention, lack of coordination and exacerbated problems of "dumping", measuring the wrong things, accountability to the wrong people. 参见 Perri 6. Holistic Government. Demos, 1997:26.

⑤ 服务外包可以精简官僚制组织的规模,但是确保履行合同以及对合同进行有效监则要求公务员具有更高的技能,因此,民营化运行良好的时候可以带来收益,运行不良时则会搅乱公共财政,导致质量减退、成本增加。参见[澳]欧文·休斯.公共管理导论[M].张成福,王学栋,等译.北京:中国人民大学出版社,2007:207-208.

悲剧"说明了理性选择未必导致最佳结果,甚至可能引发系统的崩溃。①古典公共行政范式的科层制结构形成了对上的负责制,新公共管理的组织结构引入了市场化机制,崇尚自由竞争、成本效益核算、政绩考核等,这两种技术化行政的基本范式皆忽视了民众的公共诉求,即民生问题。

二、整体性治理

希克斯发现主导英国新公共管理变革的"3E"式绩效评估,过于关注成本—效益的测量,但是事关民众的就业、安全、医疗以及教育等民生问题,并未得到根本改善。② 这是古典行政抑或新公共管理的盲点之所在。当前中国亦存在相似的情况,国家统计局南昌调查队与南昌市统计局社情民意调查中心借助计算机辅助电话调查(CATI)系统,连续5年采取分层随机抽样调查,调查结果显示:养老、医疗、食品安全、教育等民生问题,始终是民众最为关注的热点议题。2015年的统计结果,如图2.1所示。

2016年,中国日报等媒体发起了"我向总理提问"网上调查,选出了十大问题,皆和民生紧密联系。排在第一位的是"加快推进医保全国联网",1 096万的网民选择了该问题,占投票总数的17.1%。医保全国联网的实现需要以信息技术为载体,构建跨省结算中心,在国家层面协调公共利益均衡分配的机制,打破碎片式的区域利益与条块分割。这也是深化国家治理机制变革的关键。

公共行政的实践表明亟须新的理论范式,以应对公共管理所面临的新挑战。整体性治理是在新公共管理的衰微与信息技术的发展,即数据时代

---

① 加勒特·哈丁设想了一个对牧民开放的公共草场,作为理性的个人,牧民会思考:在我的牛群中再增加一头牛,对我有什么效用?正效用是增加了一头牲畜,牧民获得了销售这头额外牲畜的所有收益,所以正效用接近于+1。负效用是增加了一头牲畜而造成额外的过度放牧。过度放牧的结果是由所有牧民来分担的,负效用仅仅是-1中的一小份。作为理性的个人,每个牧民都寻求个人利益最大化。唯一明智的、值得他追求的是为他的牧群增加牲畜。每个人都追求自己的最大利益,但所有人争先恐后的最终结果是系统的崩溃。参见 Garret Hardin. The Tragedy of the Commons. Science, Vol.162, 1968.

② 3E 是指经济(economy)、效率(efficiency)和效果(effectiveness)。参见 Perri 6. Holistic Government. Demos, 1997:33.

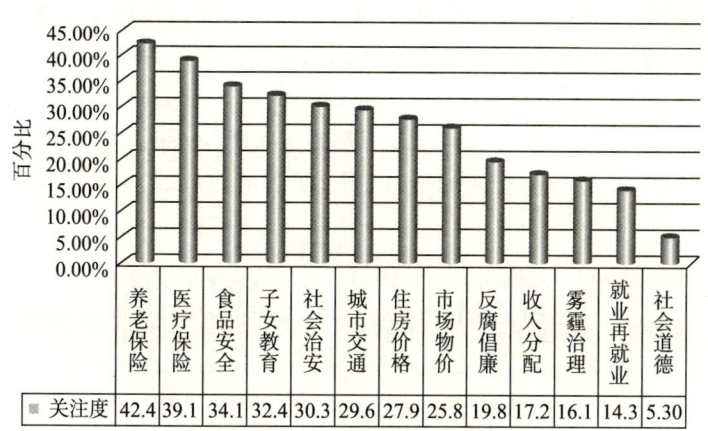

图 2.1 百姓热点调查

（资料来源：南昌市统计局，2015 年）

来临的背景下产生的新范式。① 整体性治理正是为了适应信息技术的发展，要求从分散趋向整体，应对政府管理的碎片化、非民生化等问题而产生的大理论（grand theory）②，将成为 21 世纪公共行政学研究的新范式。与古典公共行政范式依赖科层进行管理，新公共管理依靠服务外包不同，整体性治理以扁平化、跨部门、合作性为基础，关注教育、医疗、住房、食品安全、社会保障与生态环境等公众最为关心的问题。政府由碎片化的职能式结构转向整合性的网络式结构，通过对数据的挖掘与分析，使得行政管理逐步建立在预测与重视结果的基础之上，如图 2.2 所示。

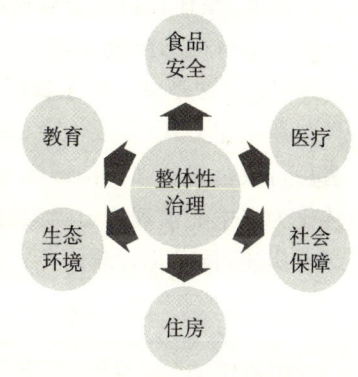

图 2.2 整体性治理的网络化模式

英国学者希克斯以"目标"与"手段"两个维度，从"相互冲突""相互一致""相互增强"三个层次分析了五种政府管理的形态，实证表明：贵族式

---

① 竺乾威.从新公共管理到整体性治理[J].中国行政管理，2008(10).
② 彭锦鹏.全观型治理：理论与制度化策略[J].政治科学论丛，2005(23).

17

政府、渐进式政府与碎片式政府在目标、手段上存在着相互冲突,以此获得政府自身的利益与"势力范围";协同政府意味着不存在冲突,是整体性政府的较低层面;整体性治理式政府则要求目标与手段之间的相互增强(mutually reinforcing),在专业分工基础上实行跨界合作,以增进公共利益,优化政府的绩效与管治能力,如图2.3所示。

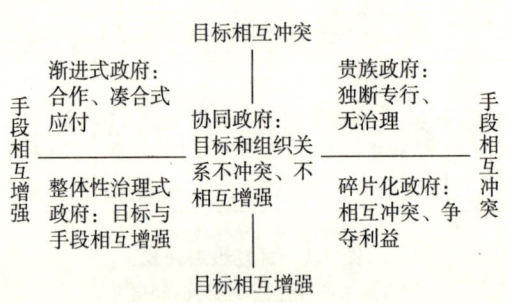

图 2.3 目标与手段的相互关系

(资料来源:Perri 6.Towards Holistic Governance:The New Reform Agenda)

因此,整体性治理使政府能观照全体,形成预防性、整合性、新的文化以及结果取向的政府,跨越政府层级、职能分裂的差距,提供给人民更好的服务。① 这是以人民主权理论为基础,创建多元共治、为民服务的体制机制和工作方式,形成沟通、合作与信任的权力网络。整体性治理是对前两种行政范式的综合抑或混合,由单一中心,例如"以经济建设为中心",转化为多中心治理之道,促进经济、政治、社会、文化与生态的协调发展。综上所述,技术化行政的范式转换,如表2.1所示。

表 2.1 技术化行政的范式转换

项目名称	古典行政学派	新公共管理	整体性治理
时 间	20世纪80年代以前	1980—2000年	2000年以后
运行机制	层级制	市场化	网络化
理论预设	政治/行政的两分法	公共选择理论	人民主权理论

---

① 彭锦鹏.全观型治理:理论与制度化策略[J].政治科学论丛,2005(23).

续表

项目名称	古典行政学派	新公共管理	整体性治理
管理方式	命令/服从型	分权/碎片化	协同/合作型
组织行为	规制型管理	以效益为核心	以民生为导向
基本结构	科层制结构	市场化结构	大部制结构
行政流程	遵守规范	顾客导向	服务公民

三、技术化行政与国家治理的整体性逻辑

国家治理的主体是政府,探讨政府如何有效应对社会公共事务的管理,尊重市场的自发秩序,弥补市场的缺陷不足,有助于构建更低成本、更高质量的服务型政府。大部制是政府改革的目标,亦是建立精干高效的国家治理体系,明晰权责关系,提升治理能力的关键。

大部制体现了技术化行政发展到整体性治理的组织载体:基于网络化与信息化技术的发展,应对风险社会的压力以及管理碎片化的挑战,采取组织整合、跨域合作的治理方式。当前实行大部制改革的主要国家有美国、英国、法国、德国、澳大利亚、日本、韩国、加拿大等。

我国行政体制改革已进入到大部制改革的深化阶段,即"稳步推进大部门制改革,健全部门职责体系"①。大部制改革的体制机制在于组织的专业化分工与组织间的综合协调相统一,以及基于因特网平台电子技术的发展,这体现了当代技术化行政发展的内在逻辑。中国的大部制改革肇始于2008年,是改革开放以来的第六次政府机构改革。针对行政职能的错位、职责交叉、政出多门、人浮于事、效率低下等问题,大部制强调转变政府职能,创新管理理念,对职能相同或相近的政府机构进行跨界整合,合理配置调控部门职能,加强能源环境管理机构,整合完善工业和信息化、交通运输行业管理体制,整合社会管理和公共服务部门,形成职能有机统一的大部门体制,即"宽职能、大部门"的组织结构和运行机制。经过此次改革,国务院由28个组成部门减至27个,涉及调整变动部门15个,其中正部级机构减少4个,新组建工业和信

---

① 中国共产党第十八次全国代表大会文件汇编[M].北京:人民出版社,2012:26.

息化部、交通运输部、人力资源和社会保障部、环境保护部、住房和城乡建设部,如表2.2所示。

表2.2 大部制改革的部门

政府现部门	原机构调整
工业和信息化部	由原国防科工委、信息产业部、国务院信息化工作办公室、国家烟草专卖局组合而成
交通运输部	由原交通部、民航总局、国家邮政局组合而成
人力资源和社会保障部	由原人事部、劳动和社会保障部整合而成
环境保护部	由原国家环保总局升格而成
住房和城乡建设部	由原建设部发展而成

由于政府职能转变未能根本到位,部门合并后政府间关系有待理顺。2013年,国务院围绕转变职能和理顺职责关系,继续推进大部门制的改革,实行铁路政企分开,整合加强卫生和计划生育、食品药品、新闻出版和广播电影电视、海洋、能源管理机构。改革后,国务院正部级机构减少4个,其中组成部门减少2个,国务院由27个部门减至25个。2015年,中国与西方主要大部制国家中央政府机构的设置比较,如图2.4所示。

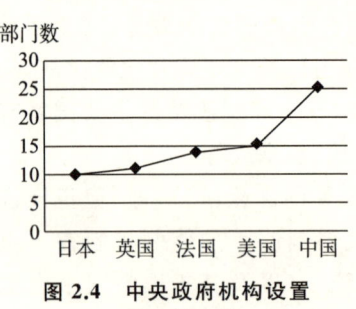

图2.4 中央政府机构设置数目的比较

相较而言,我国政府机构的部门设置仍然较为庞大,特别是机构改革往往会陷入分合的窠臼,即"精简—膨胀—再精简—再膨胀",出现"一放就乱,一乱就收,一收就死"的两极悖论,究其原因在于缺乏对政府职能与行政产出的科学分析。如我国食品安全监管的职能分散在质检、卫生、林业、农业、工商以及海关等7个部门,质检部门的职能是关注食品生产,工商部门的职能是关注食品流通环节,卫生部门的职能是关注食品检疫等,多头分段管理,既有重复监管,又存在监管的盲点,造成了监管的困境,近年来瘦肉精、地沟油、问题奶等食品安全问题层出不穷,即源于此。政府管理的碎片化导致食品安全问题层出不穷、屡见不鲜,这亦如"九龙治水"。事实上,环境问题治理不力的原因亦如出一辙。整体性治理的逻辑类似于"人体的各种生理系统能够自动自发地处理各种维护生命存续所必需的生理功能"①。美国由医生、律师、科学家等专业人士所组成的食品药品监督管理局(U.S. Food and Drug Administration)负责美国食品、药品、化妆品与医疗器械的全程管理并且权责明晰。这种大部门制的整体性治理覆盖生产、流通、消费各环节的监管体系,将宏观设计、战略决策、整体运行与微观监督有机结合,使得美国食品药品监督管理局(FDA)在美国以至全球获得了良好的声誉,素有"美国人健康守护神"的美称。美国政府在国家与社会安全方面的创新举措则是由2001年"9·11"事件所引发的。由于信息壁垒和缺乏合作导致五角大楼和世贸中心遭受攻击,美国联邦政府随后对政府机构进行的重大改组是在海岸警卫队、移民和归化局及海关总署等23个联邦政府机构合并基础上,建立起国土安全部(DHS),工作人员17万多名,年预算额接近400亿美元,主要职责为保卫国土安全,防止恐怖活动及相关事务,其跨界组合的大部制组织囊括了美国海关与边境保卫局(U.S. Customs & Border Protection)、美国移民局(U.S. Citizenship & Immigration Services)、美国海岸警卫队(U.S.Coast Guard)、联邦应急管理署(Federal Emergency Management Agency)、美国移民与海关执法署(U.S.Immigration Customs Enforcement)、美国特勤处(U.S. Secret Service)、交通安全管理署(Transportation Security Administration)等7个执法部门。为了打破地区执法机构之间的壁垒,州政府开发了精密的信息系统,例如,科罗拉多州的司法信息一体化网络就链接起包括执法、诉讼、法院、成人劳教和青少年劳教在内的5个州级刑事司法机构,共同构建了一个虚拟的刑事司法信息系统。②

由于行政管理的职能不清所导致的多头管理、权责不清、信息闭塞、缺乏共享机制、日常监管乏力,是近年来中国公共危机频发、应对机制失灵的重要原因。2015年天津港"8·12"特别重大火灾爆炸事故的

---

① 彭锦鹏.全观型治理:理论与制度化策略[J].政治科学论丛,2005(23).
② [美]斯蒂芬·戈德史密斯,威廉·埃格斯.网络化治理:公共部门的新形态[M].孙迎春,译.北京:北京大学出版社,2008:15.

肇事者瑞海国际物流有限公司存在着复杂而错位的多角管理关系，其注册办公地址在东疆保税港，但其实际经营地却在天津港集装箱物流中心区域。东疆保税区管委会和天津港都属于正局级，根据2014年天津滨海新区安全生产监督管理局出台的文件《区安监局关于对原塘汉大地区中央和市属重点企业进行直接或综合监管的通知》，瑞海公司及其仓储设施出租方爱兰德公司均在滨海新区安监局监管企业名单中，责任单位是区安监局及塘沽分局。但是瑞海公司2014年、2015年两次获得的港口经营许可资质，均由天津市交港局和天津市交通委负责审查，并非滨海新区安监局。① 天津港公安局（包括消防支队）是交通运输部派驻天津港的行政执法和刑事司法机关，受天津市公安局和交通运输部双重领导，业务上归属天津市公安局管理，人事工作则由天津港集团管理。若仅从经济建设的指标来看，天津港所在地滨海新区的绩效考核无疑是高的，2014年滨海新区的地区生产总值（GDP）比上年增长15.5%，达到8 760.15亿元，占天津市GDP总量的55.71%。② 但是，围绕港区管理相互交织的碎片化管理所出现的交通、港口、海关、安监、规划、海事等单位部门条块分割、结构混乱、监管不力、横向交流乏力等，亦导致巨大的灾难。

因此，国家治理要跳出官僚制与市场化的窠臼，关键在于将整体性治理嵌入组织的变革之中，弱化部门分割，避免政出多门与职能交叉，提高行政效率，降低行政成本，从而因地制宜地推进政策调整与结构变革。例如，无锡市堰桥街道有工业企业近1 700家，其中600多家企业位于工业园区。以往街道办事处与西漳科技创业园分别对园区内外企业进行准入审批、项目引进、资金扶持、管理监督等，结果出现园区内外政策不均衡、工作不协调，影响资源配置效益。安监、环保、统计、科技、经贸等各个职能部门，分散在各个地方办公，由相关街道领导分头负责，形成了"管理分散、机构重叠、职能交叉、政出多门、监管不严"的局面。企业遇到问题需要花费大量时间与精力奔波在各个部门之间，涉

---

① 涂重航，等.瑞海氰化钠仓储乱局[N].新京报，2015-08-16.
② 2014年天津市地区生产总值（GDP）为15 722.47亿元，比上年增长10%，GDP低于滨海新区经济增速。参见天津市统计局.2014年天津市国民经济和社会发展统计公报[EB/OL]. http://www.stats-tj.gov.cn/Item/24795.aspx.

及部门间权属交叉问题,需要逐级上报给各自的分管领导,通过召开会议等方式来解决,耗费了大量精力与时间。2015年堰桥街道将23个部门整合成工业、建设、党建、稳定四大部,实施合署办公,打破部门壁垒。其具体措施为:园区与安监、环保、统计、科技、经贸等5个部门合并成一个"大工业部",并集中至园区办公;街道城投公司、村镇办、拆迁办、安置办、物业办、城管局等6个部门,合并为一个"大建设部";组织、宣传、工会、妇联等7个部门,组建为一个"大党建部";综治办、信访办、司法所等5个部门组成一个"大稳定部",为群众提供信访、调解、法律援助等一条龙服务。源源汽轮机有限公司负责人来到大工业部咨询有关新项目建设情况,大工业部就项目备案、进口设备退税、环境影响评估、安全评估等手续与负责人共同商讨工作方案,半个月即帮助其完成了项目落户的相关手续,这比以往时间缩减了一半。大部制形成后,对相关项目实施统一监管,改变了"政出多门"的现象,并且整合资源,实现了人员精简以及社会效益与经济效益的提升。① 南京市建邺区在街道成立综合行政执法大队,通过"构建执法协调体制,扩展街道执法权限,打破'条块分割'格局",改变"多头执法"问题,按照执法权力清单划定权力行使边界,健全综合执法制度,强化信息技术运用,实现执法流程公开透明。建邺区政府通过向街道综合行政执法大队下放权力或委托执法的方式,使街道的执法项目和执法权限大幅扩展,现有派驻执法事项152项、联系执法事项60项、联合执法事项33项等。街道的"增权"使得区级部门"条上执法"和街道"块上执法"相互融合,逐步改变了"管得着的看不见、看得见的管不着"等执法问题,并结合"12345"热线工单、媒体曝光、居民投诉等难点热点问题,重点在市容环卫、城市绿化、市政建设、违章搭建、油烟扰民、环境保护、餐饮服务等领域推进综合执法,从而提高了基层治理的执法效率与公众满意度。据统计,开展综合行政执法以来,居民投诉率同比下降了30%,"12345"热线重复投诉工单量亦下降了40%。② 因此,大部制组织变革的基本机制在于运用信息技术的发展,突破官僚制,满足公众的需求。大部制深化发展的路径设计,从组织的纵向

---

① 苏为东.基层"大部制"改革提升行政效能[N].无锡日报,2015-05-18.
② 郑文.街道综合执法改革的建邺探索[J].群众,2015(7).

结构来看，在于减少政府的层级，向地方分权；从组织的横向结构来看，在于跨界重组，实现整体性治理。

因此，大部制改革的整体性逻辑在于吸收技术化行政的两种基本范式，即古典公共行政的层级制与新公共管理的市场化，形成混合型治理结构，将市场激励与跨部门管理有机融合，这有利于组织创新，突破官僚制，降低交易成本，在组织适应、合作协调、适度激励与行政控制环节皆显示其独特的价值，如表2.3所示。

表2.3　治理结构的比较分析

属性	治理的结构		
	市　场	混　合	层　级
激励强度	++	+	0
行政控制	0	+	++
自主适应	++	+	0
合作性适应	0	+	++
契约强度	++	+	0

注：++＝强；+＝一般；0＝弱。
资料来源：Oliver E. Williamson, Comparative Economic Organization.

罗森布鲁姆认为，公共行政是"运用管理、政治以及法律的理论和过程来实现立法、行政以及司法部门的指令，为整个社会或者社会的局部提供所需的管制与服务功能"[1]。这是一个公共性与全面性的界定。整体性治理仍然延续了罗森布鲁姆对公共行政的分析，公共行政管理者参与公共政策的制定与执行，并根据社会整体的需要进行资源的分配。[2] 其结构在于按照自上而下的纵向结构建立科层管理，并根据新兴的各种网络建立起横向的合作治理，将层级与市场两者相结合，直接面向社会，由对上级的逆向负责制转向对上级与公众的双重负责制，从而有助于提升

---

[1]　[美]戴维·罗森布鲁姆，罗伯特·克拉夫丘克，德博拉·戈德曼·罗森布罗姆.公共行政学：管理、政治和法律的途径[M].张成福，等校译.北京：中国人民大学出版社，2002：5-6.
[2]　[美]戴维·罗森布鲁姆，罗伯特·克拉夫丘克，德博拉·戈德曼·罗森布罗姆.公共行政学：管理、政治和法律的途径[M].张成福，等校译.北京：中国人民大学出版社，2002：12.

政府的治理绩效,优化其运行的体制机制。

深化大部制改革的整体性逻辑并不是通过增加对市场、组织与个人的控制来发号施令,而是注重向中间层下放公共资源与权力,使得中间层政府与基层政府承担起有效监管与执行的管理职能,通过设立目标与竞争不断优化其治理能力与实际业绩,增加公众满意度,从而使政府产出可以将市场激励与层级管理加以有效的耦合交融。

赫尔伯特·西蒙认为,技术的发展(technological advances)推动了组织的形成与发展,并且为组织重要的新活动提供潜能。[1] 例如,江苏句容城市治理的设计是将 QQ 群、GPS 定位、微信群三位一体,建立"微城管"智慧平台。市民用手机扫描二维码,立即出现"微城管"。市民可以直接通过此平台对城市管理进行举报、投诉以及建言。在市民的建议下,该市 20 多个小区增加了 500 多个车位,有效缓解了停车难的问题。"微城管"开通以来,发布各类信息 1 000 多条,接受民众投诉 300 多件,95%的事项得到妥善处理。[2] 网络技术的发展推进了组织结构与管理的深刻变革,政府与社会之间、纵向政府层级之间以及横向政府部门之间的联系更加快捷、便利与直接。基于因特网技术在线提供服务与办结事项,国家公务员考录技术流程的设计,从招考公告的发布、考生准考证打印、考生的录取公示皆在网上进行,形成线上治理(online governance)的实践,使得政府与考生的联系更为便捷。整体性治理的流程公开、信息透明,可以规避传统行政所出现的设租、寻租与暗箱操作,保障公众的知情权,实现社会的公平正义,打破阶层固化。以笔者近年来对江苏省公务员考录的实证调研为例,在有效回收的 1 112 套问卷中,针对公务员考录的公平性评价中,非领导职务公务员认为公务员考录公平或者较为公平的比率为 95%,非领导职务公务员的直接上级认为公平及比较公平的比率为 92%。[3]

随着信息技术的深刻发展,技术化行政在 21 世纪历经三个过程:第一,以因特网平台向公众提供信息服务;第二,在线办理公共事务;第三,

---

[1] Herbert Simon. Public Administration in Today's World of Organizations and Markets. Political Sciences & Politics,Vol. 33,No.4,2000.

[2] 侯静,等.句容"智慧城管"便民又亲民[N].新华日报,2015-09-13.

[3] 陈辉.公务员考录制度实证研究:基于江苏的分析[J].江苏大学学报,2013(1).

基于共享信息系统,按照公民需求,使政府部门和信息系统得以链接形成公共服务的一体化,建立跨域互动的整体性治理结构,在组织层面则体现为大部制的形塑与发展,推动公共管理从碎片式的部门管理走向整体性治理。

四、小结

人类文明从农业社会发展到工业社会,再至信息社会;公共行政从以竹简、丝帛等为往来文件,发展至纸张文牍以及基于因特网平台的电子政务等,技术化是推动生产发展与社会变革的基本动力,技术的发展既使得人类社会成为高度联系的统一体,也使得社会风险不断加深。"头痛医头、脚痛医脚"的碎片式的公共管理难以适应风险社会的挑战,为解决此难题,需要打破旧的传统,建立新的理论范式。

治理是上下互动、合作共治的协商过程,以公共利益、法治化、分权化为导向;统治则是自上而下的单一性管制过程,以官僚体制、科层化、集权化为原则。从技术化行政的发展轨迹来看,整体性治理是在古典公共行政范式与新公共管理范式的基础上形成的政府、社会与市场良性互动的网络化治理结构,将跨界整合与层级互动有机融合是其治理的基本方式,如图2.5所示。

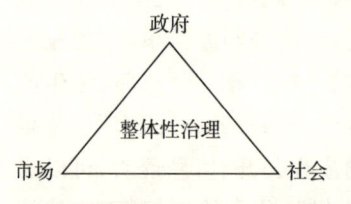
图2.5 整体性治理的互动机制

市场化治理结构是以价格为基础的优胜劣汰,政府治理结构是以权力为基础的层级体制,整体性治理结构则在于政府、市场与社会之间的相互信任与合作,在权力分配的多维节点之间实现动态的平衡,以弹性而富有韧性的社会契约调动不同主体的积极性与创造性。

国家治理的整体性逻辑一方面要求深化行政体制改革的顶层设计,另一方面要求着力推进整体性治理机制在中间层与基层社会的形塑与发展。这就需要通过简政放权,视民生为导向,以技术为推动力,从而突破部门利益与条块分割,优化组织效率和执行力,提供多元化的公共服务,形成合作性知识与行动的网络。① 因此,深入分析技术化行政的内在理路,探究整体性治理的逻辑,关注公共行政的结果与责任,尊重社会治理的探索和创新,应当作为国家深化改革的突破口与政策选择。

---

① 美国哈佛大学戈德史密斯教授等人认为"合作性知识网络"的优点来自于互动性媒介的建立,即各种供政府机构与其伙伴进行沟通、合作和共享知识的电子空间。以美国联邦航天航空管理局为例,员工、顾客和承包商在协调项目、日常决策和规章制定过程中要面对极其复杂的困难。该局使用大量电子工具建立了一个知识服务网络,从 20 个商家或节点获取知识,涉及 100 个工作团队和 3 000 名用户。通过信息技术平台的合作大幅缩短了运行周期,节省了大量的时间和经费。依靠技术维系,构建了互动的实践团体。通过网络互动,社团可以为组织发展带来真正的、可计量的利益。参见[美]斯蒂芬·戈德史密斯,威廉·埃格斯.网络化治理:公共部门的新形态[M].孙迎春,译.北京:北京大学出版社,2008:96.

第三章 民主化行政:思想谱系与制度运行

公共行政学的历史伴随着学术思想的不断追问与论争,这突出体现在行政过程的内在属性存有两种不同的导向。其一是以效率为核心,追求价值中立的技术化行政,探究行政的工具理性,即正确地做事(do things right);其二是以公平为核心,追求公众参与的民主化行政,探究行政的价值理性,即做正确的事(do the right things)。马克斯·韦伯指出,官僚体系可以为正义,也可以为邪恶所利用,究竟如何利用则取决于机构中的成员及领导。① 管理学大师彼得·德鲁克认为,效率是"以正确的方式做事",而效能则是"做正确的事"。效率和效能不应偏废,但这并不意味着效率和效能具有同样的重要性。我们当然希望同时提高效率和效能,但在效率与效能无法兼得时,我们首先应着眼于效能,然后再设法提高效率。② 由此可见,公共行政的效率性当以民主为导向,民主化行政体现了行政的价值理性。因此,奥德威·蒂德认为在行政中,"民主必须被看作一种积极的、挑战性的哲学和一个实践性的项目",③一种充满活力的行政必须植根于对个人和群体的动机以及欲望的理解。④ 由此揭示了民主在行政管理中的显著地位与作用。本章重点探究民主的思想谱系,并在此基础上构建民主制度有效运行的分析框架。

---

① [美]加里·万斯莱.公共行政与治理过程[J].中国行政管理,2002(2).
② Peter F. Drucker. The Effective Executive: The Definitive Guide to Getting the Right Things Done. HarperCollins Publishers, 2006.
③ New Adventures, p.130. 转引自颜昌武,马骏.公共行政学百年争论[M].北京:中国人民大学出版社,2010:69.
④ [美]罗伯特·登哈特.公共组织理论[M].扶松茂,丁力,译.北京:中国人民大学出版社,2011:53.

民主的思想谱系(genealogy)聚焦于民主话语的萌芽、形成及其发展的变迁历程,由此探究民主思想的结构以及民主制度有效运行的实践机制。民主依靠法治来维护,其运行机制体现了权力运行的双重向度:一方面反映了权力的归属,其实质是主权在民;另一方面反映了权力的行使,将权力委托给由社会选举的少数人所组成的政府来治理,从而形成了委托—代理的关系。民主化行政的思想为理解当代中国民主制度建设提供了可资参考的镜像,注重法治建设、维护公众权利、回应公众诉求构成了深入推进中国式民主治理的有效路径。

一、民主与科学

"五四"新文化运动以倡导民主与科学为己任,以激烈的反传统方式将民主与科学视为推进现代化的主要思潮。陈独秀在《新青年》杂志撰文,认为:"本志同人本来无罪,只因为拥护那德莫克拉西(democracy)和赛因斯(science)两位先生,才犯了这几条滔天的大罪,要拥护那德先生,便不得不反对孔教、礼法、贞节、旧伦理、旧政治。要拥护那赛先生,便不得不反对旧艺术、旧宗教。要拥护德先生又要拥护赛先生,便不得不反对国粹和旧文学。……我们现在认定只有这两位先生,可以救治中国政治上、道德上、学术上、思想上一切的黑暗。若因为拥护这两位先生,一切政府的迫压,社会的攻击笑骂,就是断头流血,都不推辞。"[①]

金耀基认为,象征五四的"民主"与"科学"已成为中国文化的新传统,但是这种新传统并非很强固,特别是民主,基本上未脱离知识人的"理念价值"层次,对于非知识层的大众影响是微弱的,甚至是不存在的。[②] 在新文化运动时期,"科学"在刊物中所使用的次数不仅远多于"民主",更为重要的是"科学"皆具有正面价值,而"民主"往往有负面含义。[③] 时至今日,科学在中国已成共识,但对于民主的认识却呈多重面相。笔者以为需

---

① 陈独秀.本志罪案之答辩书[J].新青年,1919:6(1).
② 金耀基.中国现代化的终极愿景[M].上海:上海人民出版社,2013:54.
③ 《新青年》杂志中,"科学"出现了1 658次,"民主"出现了1 067次,《新青年》后期,"民主"多用作负面引用;《每周评论》中,"科学"出现了110次,"民主"出现了37次;《少年中国》中,"科学"出现了917次,"民主"只有159次。参见金观涛,刘青峰.观念史研究[M].香港:香港中文大学出版社,2008:248-249.

要回到民主的源头,对民主的思想谱系进行梳理,接引源头活水,方有助于探究民主实践的分析框架。

二、民主的思想谱系

福柯将谱系学视为琐细而极需耐性的文献梳理,重在处理各种凌乱、残缺、几经转写的古旧文稿,故而谱系需要细节知识、大量堆砌的材料,扯去一切面具,从而揭示出被遮蔽的特征。[①] 民主的思想谱系聚焦于民主话语的萌芽、形成及其发展的变迁历程,由此探究民主思想的结构以及民主有效运行的实践机制。

1. 民主的产生与试验

从词源学上看,民主概念源于公元前15世纪的古希腊语,16世纪由法语引入英语。民主(democracy)由 *demokratia* 演变而来,其基本含义为由人民(*demos*)治理(*kratos*),即公民直接参与立法、司法的政治活动。雅典政治家克利斯梯尼创立了"部落和民主制度"[②]:从10个部落中产生500人议事会成员,议事员一生只能担任两次,一次为期1年;设立陶片放逐法(Ostracism),在每年春季的公民大会上表决应行放逐的威胁雅典民主制度的政治人物。投票的时候,由参加会议的雅典城公民将被放逐的人的名字划在陶片上,得票最多的人即为当年放逐的人选。陶片放逐法有利于体现雅典公民的意志,维护统治阶层内部的协调一致,避免武力冲突,但是由于作为个体的公民其看法未必深思熟虑,而且容易受到政治家的蛊惑,结果导致了城邦暴力、腐败与冲突的加剧。伯里克利将雅典的民主政治概括为:政权掌握在全体公民手中,而不是在少数人手中;解决私人争执的时候,每个人在法律上都是平等的;遵守法律,是因为法律使我们心悦诚服。[③] 伯里克利以后的雅典民主制渐渐蜕变为"多数人的暴政",随着伯罗奔尼撒战争中雅典的战败,民主在雅典的试验走向衰败,公元前399年苏格拉底因其哲学思想被雅典民主派处死。也缘于此,柏拉图终其一生反对暴民式的民主,主张给予充分明智与正义的人以政治权

---

① [法]福柯.福柯集[M].杜小真,译.上海:上海远东出版社,2002:146-165.
② [英]约翰·邓恩.民主的历程[M].林猛,等译.长春:吉林人民出版社,1999:8.
③ [古希腊]修昔底德.伯罗奔尼撒战争史[M].北京:商务印书馆,2008:147.

力,他认为一个"混合型"的政府将会产生稳定,而极端的压制或放任都将导致社会的不稳定。①

"政治学之父"亚里士多德首先系统阐释了作为政府治理体制的民主,并且区分了两种基本类型的民主:由人民直接统治(direct rule by the people)的民主,基于宪政和保护个体权益(based on constitutionalism and the guarantee of individual rights)的民主。② 在此基础上,亚里士多德将正宗的政体与变态的政体作了区分,其标准为是否服务于公共利益(public interests),即僭主政体为君主政体的变态,寡头政体为贵族政体的变态,平民政体为共和政体的变态。政治学上的善就是"正义",正义以公共利益为依归。亚里士多德的基本结论为:按绝对公正的原则来评判,凡照顾到公共利益的各种政体就是正当或正宗的政体,而只照顾统治者利益的政体就是错误的政体或正宗政体的变态(偏离)。这类变态政体都是专制的,而城邦是自由人组成的团体。③ 由中产阶层所组成(formed by citizens of the middle class),为了崇高的行为,而不仅仅是友谊而存在的(exits for the sake of noble actions, not of mere companionship)城邦才是最好的政治社群。④ 唯有以中产阶层为基础,才能组成好的政体,因为中产阶层具备节制、中庸的美好品德。⑤ 因此,我们可以认为,亚里士多德将好的民主与"正义""公共利益""自由"紧密结合在一起,而坏的民主则与"偏离""私利""极端"相互勾连。

2. 民主的复兴与发展

18世纪欧美资产阶级大革命标志着民主时代的到来,卢梭与托克维尔的民主思想为民主革命及其发展提供了理论纲领。卢梭的民主思想主要体现在以下几个方面:① 重视自由。他认为,"人是生而自由的,但却无往不在枷锁之中","放弃自己的自由,就是放弃自己做人的资格,就是

---

① 邓正来. 布莱克维尔政治学百科全书[M]. 北京:中国政法大学出版社,2002:578.
② Everett Carll Ladd. The American Polity: The People and Their Government. W. W. Norton & Company, 1987: Preface.
③ [古希腊]亚里士多德. 政治学[M]. 北京:商务印书馆,1965:181-182,152,135.
④ Jay M. Shafritz, Karen S. Layne, Christopher P. Borick. Classics of Public Policy. Pearson Education, 2002:3.
⑤ [古希腊]亚里士多德. 政治学[M]. 北京:商务印书馆,1965:208-209.

放弃人类的权利,甚至就是放弃自己的义务"。① ② 界定了公意与众意的区别。"公意只着眼于公共的利益,而众意则着眼于私人的利益,众意只是个别意志的总和。"他进一步认为,公意是让人民获得幸福的保障:"当我们看到在全世界上最幸福的人民那里,一群群的农民在橡树底下规划国家大事,而且总是处理得非常明智;这时候,我们能不鄙视其他那些以种种伎俩和玄虚使得自己声名远扬而又悲惨不堪的国家的精明吗?"② ③ 认为民主体现为公民自治的素养。"一个从不滥用政府权力的人民,也决不会滥用独立自主;一个经常能治理得很好的人民,是不会需要被人统治的。"③

卢梭未能意识到民主在大国实现的可能性,他所设想的民主政府的实现须在很小的国家,这样使民众容易集会,便于认识所有其他的公民,并且有淳朴的风尚,地位与财产的高度平等,很少有奢侈等。卢梭敏锐地察觉到民主制度的脆弱性问题:

> 没有别的政府是像民主的政府或者说人民的政府那样地易于发生内战和内乱了,因为没有任何别的政府是那样强烈地而又那样不断地倾向于改变自己的形式的,也没有任何别的政府是需要以更大的警觉和勇气来维持自己的形式的。正是……在自己的一生中天天都应该在自己的内心深处背诵着一位有德的侯爵在波兰议会上所说的话,"Malo periculosam libertatem quam quietem servitium"(我愿自由而有危险,但不愿安宁而受奴役)。④

因此,卢梭的民主思想是错综复杂的,甚至投射出内在的紧张、冲突和张力:一方面,他的思想中带有某种专制主义色彩,"任何人拒不服从公

---

① [法]卢梭.社会契约论[M].何兆武,译.北京:商务印书馆,1980:8,16.
② [法]卢梭.社会契约论[M].何兆武,译.北京:商务印书馆,1980:135.
③ [法]卢梭.社会契约论[M].何兆武,译.北京:商务印书馆,1980:88.
④ [法]卢梭.社会契约论[M].何兆武,译.北京:商务印书馆,1980:89,90.

意的,全体就要迫使他服从公意";①另一方面,他亦强调,"即使最强者也不能总是强大得足以永远做主人,除非他把权力转化为权利以及把服从转化为义务","要寻找出一种结合的形式,使它能以全部共同的力量来卫护和保障每个结合者的人身和财富,并且由于这一结合而使每一个与全体相联合的个人又只不过是在服从自己本人",②从而奠定了权力正当性以及自由主义的契约基础。

托克维尔的《论美国的民主》是人类历史上首部系统论述民主制度的专著,贯穿该书的主要问题在于:"为什么法国革命导致了恐怖与反革命,而美国革命带来了自由民主?"他认为,其实质在于不同的法律、思想、民情和道德。③

托克维尔将民主视为人类历史中最为连续(sustained)、古老(long-standing)和永恒的趋向(permanent development),提倡有节制和合法的自由使人民各得其所,民主是建筑在平等大厦上的自由,体现在平等参与公共事务的决策。因此,民主意味着"公平"与"民主的治理"。

托克维尔准确地预言了民主在未来社会的发展及其内在价值,他始终坚持的一个观点是:"民主即将在全世界范围内不可避免地和普遍地到来。"④他认为:"公民的自由联合将会取代贵族的个人权威,国家也会避免出现暴政和专横……我还可以预见,如果我们不及时建立绝大多数人的和平统治,我们迟早要陷于独夫的无限淫威之下。"⑤

托克维尔运用比较研究的方法,分析了民主制与非民主制的优劣,思考民主制的长处在于自我纠错,保持活力,创造奇迹。"在民主制度中,有

---

① 比较法国与美国的资产阶级革命,可以发现:美国资产阶级革命与制宪是基于对权力的不信任之上,因而设计出一系列机制去深化限制政府的权力(to devise a series of checks and balances to further restrain governmental powers),来保障个体的自由与幸福(liberty and happiness);法国大革命及其宪政思想却是基于对绝对权力的激情(passion for the absolute power),在法国社会中"全民公意"(general will)、"国民主权"(national sovereignty)这些语词比较流行。参见 Cato Insititute, The Declaration of Independence, 2002;廖元豪.民主与权力[M]//美国法学院的 1001 天.北京:中国法制出版社,2012:269.
② [法]卢梭.社会契约论[M].何兆武,译.北京:商务印书馆,1988:29,23.
③ [法]托克维尔.论美国的民主[M].董果良,译.北京:商务印书馆,1988:9.
④ [法]托克维尔.论美国的民主[M].董果良,译.北京:商务印书馆,1988:1.
⑤ [法]托克维尔.论美国的民主[M].董果良,译.北京:商务印书馆,1988:11,367.

一种隐秘的趋势在不断引导人们于纠正错误与缺点之中走向普遍繁荣；而在贵族制度中，则有时存在一种潜藏的倾向在勾引官员们滥用他们的才德去为同胞制造苦难。可见，在贵族政府中，官员做了坏事可能出于无心；而在民主政府中，公务人员做了好事可能并非有意"；"民主并不给予人民以最精明能干的政府，但能提供最精明能干的政府往往不能创造出来的东西：使整个社会洋溢持久的积极性，具有充沛的活力，充满离开它就不能存在和不论环境如何不利都能创造出奇迹的精力。这就是民主的真正好处"。① 他进一步揭示了民主制的实质在于保护少数和个人的权利，当社会权力的面前没有任何障碍可以阻止它前进和使它延迟前进时，自由就要遭到破坏，给"多数暴政"（the tyranny of the majority）播下种子。正缘于此，实现民主必不可少的是公民权，是表达和维护公民个人意愿的自由。②

托克维尔将基层自治视为美国民主的源头，认为镇（township）介于政府与民众之间，人们的政治生活首先来源于镇，镇的人民自主讨论社区事务，评估自己选出来的地方官，镇的权力源自人民。在托克维尔看来，美国政治或行政系统有三个中心，这就犹如人体的神经系统，镇是首要的中心，而后分别是县（county）和州（state）。因此，民主是从基层生长发育，以至壮大，从而推动了由贵族政体向民主政体的转型（transition）。他认为民主制存在与发展的基石在于自然环境、法制与民情。③ 民情即民众的观念、习惯、行为方式，有什么样的民情则会有什么样的政府。事实上，这三者之间构成了层层递进的关系。现藏于耶鲁大学档案馆的托克维尔手稿中提出了几个重要问题，例如，"为什么美国人看似焦躁不安，其实淡定如一；为什么美国人有如此之多的革新，却只有如此之少的革命"，他认为这两者之间并非自相矛盾（paradoxical），而是有其必然的联系性。④ 在托克维尔看来，民情是由专制暴政转向民主自由，得以构建成

---

① ［法］托克维尔.论美国的民主[M].董果良，译.北京：商务印书馆，1988：267－268，280.
② ［法］托克维尔.论美国的民主[M].董果良，译.北京：商务印书馆，1988：287，289.
③ ［法］托克维尔.论美国的民主[M].董果良，译.北京：商务印书馆，1988：366－367.
④ 原文为：Why the Americans seem so agitated yet are so unchanging and why Americans make so many innovations and so few revolutions.参见 Patrick Renshaw. Democracy in America. Wordsworth Editions Limited，1998：xviii－xix.

熟民主共和制度的关键,如图 3.1 所示。

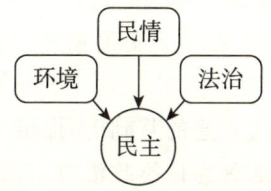

图 3.1 民主孕育发展的结构模型

约翰·密尔将托克维尔《论美国的民主》视为"探究民主的首部哲学著作,展示其在现代社会无与伦比的重要价值,标志着政治科学新时代的开端"[1]。密尔进一步认为:"当社会本身是暴君时,就是说,当社会作为集体而凌驾于构成它的各别个人时,它的肆虐手段并不限于通过其政治机构而做出的措施。社会能够并且确在执行它自己的诏令。而假如它所颁的诏令是错的而不是对的,或者其内容是它所不应干预的事,那么它就是实行一种社会暴虐;而这种社会暴虐比许多种类的政治压迫还可怕,因为它虽不常以极端性的刑罚为后盾,却使人们有更少的逃避办法,这是由于它透入生活细节更深得多,由于它奴役到灵魂本身。"[2]正缘于此,密尔倡导一种更为透彻的民主制,它体现着多样性(diversity)、个体性(individuality)与自我引导(self-direction)的价值观,以防止集体的平庸(collective mediocrity)。

马克思高度推崇以普选与责任为基础的巴黎公社民主制:公社是由巴黎各区普选选出的城市代表组成的;这些代表直接对选民负责,随时可以撤换。[3] 韦伯分析了直接民主管理的本质与局限,他认为实行直接民主制的行政管理须具备如下特征:地区性的;参加人员的数目有限;参加者社会地位差别不大;任务比较简单和稳定等。[4] 显然,韦伯认为对于复杂社会与组织的管理,直接民主制的行政管理是不稳定的。韦伯对现代民主的洞见,体现在对理性化的分析上:"为自由主义政体的辩护只能建

---

[1] Patrick Renshaw. Democracy in America. Wordsworth Editions Limited,1998:xiii.
[2] [英]约翰·密尔.论自由[M].许宝骙,译.北京:商务印书馆,1959:5.
[3] 马克思恩格斯选集:第 2 卷[M].北京:人民出版社,1972:375.
[4] [德]马克斯·韦伯.经济与社会:下卷[M].林荣远,译.北京:商务印书馆,1997:272.

立在程序的基础上——这个基础强调自由主义政体之所以重要,是因为它是促进理性化世界中'价值竞争'和'选择自由'的一种机制。对于实现这一目的即维持一种自由主义政治文化来说,民主是一种必要的制度安排的关键要素。"①

熊彼特在批判古代民主概念的基础上,提出了迄今为止现代民主最经典的概念:"民主方法就是那种为作出政治决定而实行的制度安排,在这种安排中,某些人通过争取人民选票取得作决定的权力。"②熊彼特对民主概念的界定在学术界得到了广泛的认同,公共领域越来越强调经验的、可操作与描述的程序性民主。用这种方式来界定,民主政治涉及两个维度:竞争与参与。这两点被罗伯特·达尔视为其多元民主的关键之所在。

西摩·李普塞特(Seymour Martin Lipset)曾提出:一个国家用以衡量经济发展程度的指标越高,它的民主化程度也越高,两者呈正相关性。这就是著名的"经济决定论"。③但是从历史上看,随着社会经济的发展,民主并非会自然地到来。经济发展水平与民主进程之间存在着重要的关联,但这种关联性是复杂多变、非线性的因果关系。人们对民主的普遍信奉只是19世纪以后的现象,它依赖于两个基本假设:首先,没有人天生比其他人优越,因此他们之间的任何权威关系都需要证明其正当性,权力的合法性来源于公民的认同;其次,保护公众利益的最好办法就是使之成为政治权威的终极来源,让任何被委以特殊权力的人都必须向作为整体的人民负责。④

3. 从选举民主到协商民主

选举民主由于简单多数原则,难以充分体现全体民众的真实意愿与民主本质,在西方国家民众投票率持续走低,政治冷漠在社会普遍存在,因此20世纪后期协商民主(deliberative democracy,又称审议民主)的影

---

① [英]戴维·赫尔德.民主的模式[M].燕继荣,等译.北京:中央编译出版社,2008:149.
② [美]约瑟夫·熊彼特.资本主义、社会主义与民主[M].吴良健,译.北京:商务印书馆,1999:395-396.
③ 其基本逻辑为经济发展→教育普及→中产阶层→民主诉求。参见 Seymour Martin Lipset. Some Social Requisites of Democracy: Economic Development and Political Legitimacy. American Political Science Review, Vol.53, No.1, 1959.
④ [英]戴维·米勒.政治哲学与幸福根基[M].李里峰,译.南京:译林出版社,2008:38.

响渐渐扩大。事实上,早在古希腊时代,雅典著名政治家梭伦曾经责备雅典同胞,作为个体他们像狐狸一样狡猾,但需要他们集体做出决定时,却毫无想法。这就需要发展基于共同准则的协商机制。①

协商民主是社会共同体中自由、平等的公民通过对话、讨论、审议,以"圆桌会议"的方式,参与公共决策和社会政治活动,是一种致力于优化程序正义、保障个人权利与民主质量的沟通路径。伯纳德·曼宁认为:"有必要从根本上改变对于自由理论和民主思想的普遍看法:合法性的源泉不是个人先定的意志,而是它的形成过程,即协商本身。"②发展协商民主制度的假设在于人类社会的群体存在着认知盲点,无论是传统社会将权威与神灵的感应作为信仰与行动的来源,还是近代以来视理性为真理与知识的源泉,因此需要通过面对面地民主协商、讨论、辩驳等互动培养德性,实现共赢,提升作为共同体的公共利益。因此,协商民主是对选举民主的有效补充。

三、民主制度的运行

由前述可知,民主机制得以有效运行的基本框架是以竞争与协商为其基石,公众平等参与以及法治政府的及时回应是其运行的基本方式,其目的在于保障公众的权利,这其中包含了程序民主与实质民主两个层次。民主有效运行的分析框架,如图3.2所示。

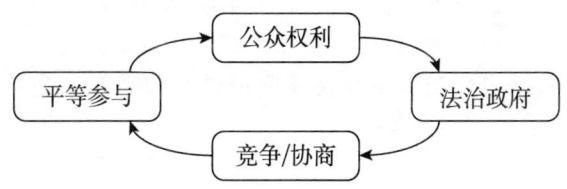

图 3.2 民主有效运行的分析框架

这里的法治(rule of law)是指民主制度必须获得法律保障的理念与实践,涵盖了制度与精神两个环节:对于政府而言,法无授权不可为;对于民众而言,法无禁止皆可为;法治内化为组织与个体的思想与行为方式。相较而

---

① [德]克里斯蒂安·迈耶.自由的文化:古希腊与欧洲的起源[M].史国荣,译.北京:北京时代华文书局,2015:240.

② [英]戴维·赫尔德.民主的模式[M].燕继荣,等译.北京:中央编译出版社,2008:267.

言,民主制不是最好的制度,而是坏处较少的运行机制,相对于专制政体而言,民主政体的效率未必很高,其优点在于它所造成的灾难是局部性或区域性的。民主社会鼓励批判理念与法治精神,其价值在于纠错机制与自我更新,从而防止最坏情境的出现。此种批判理念与法治精神的基础在于对世俗的要求与诱惑所表现出的独立性。① 1947 年,温斯顿·丘吉尔在英国下议院曾经幽默地谈道:"除了所有曾经被尝试过的其他政体外,民主是最坏的政体。"(Democracy is the worst form of government except all the other forms that have been tried from time to time.)② 18 世纪以来,英、美等国政体稳定的缘由在于民众可以通过民主程序将其不满意的官员选下台,因而不至于对整个政治体制与政府产生"集体不满意"。诺贝尔和平奖获得者,曾引领韩国走向民主的金大中非常重视法治框架下"批评"的作用,他认为所谓批评是在一定的法治原则之下对事物进行系统分析与统合,人类正是通过批评对事物进行价值判断并与他人交换意见,才能推进群体生活的发展,批评既是民主的出发点,也是落脚点,若在制度上缺乏批评的窗口,民主是很难生根发芽的。③ 因此,民主的结果需要有法治机制来维护,这构成了民主的基础性结构,从而使民主制度的运行得以常态化。

回眸既往,柏拉图、亚里士多德、穆勒、托克维尔等皆曾以谨慎的怀疑姿态看待民主,究其原因在于对"多数人暴政"的担忧,认为不受法治约束的民主会导向"极权式的民主"。柏拉图曾参加过雅典与斯巴达之间的伯罗奔尼撒战争,亲身经历了雅典民主制的败坏与无能。公共行政学之父伍罗德·威尔逊进一步认为:

> 民主在欧洲总是作为破坏性力量以反叛的形式出现的;甚至很难说欧洲的民主有一个有组织的发展时期……而在美国和英国各殖民地,民主在一开始就有着真正的有组织的发展。运

---

① [法]布尔迪厄,[美]哈克.自由交流[M].桂裕芳,译.北京:生活·读书·新知三联书店,1996:51.
② 蔡子强,等.民主是最差劲的政府模式[M]//民主的小故事与大道理.香港:上书局,2008:189.
③ [韩]金大中.金大中自述[M].王坤,译.北京:中央编译出版社,2011:106.

动过程中没有急剧的革命;无须推翻其他政体,所需要的只是自身的组织。这种民主无须建立而只需扩展,进行自治。同时也不需要到处宣传:除了使自己的生活方式更有条理外,其余的一切都不需要。①

孟德斯鸠认为"有序民主政体"与"无序民主政体"的区别在于自由是否受到法律的界定与约束。② 由此观之,民主制度是基于公民权利的兴起,反映公意,保障公民进行表达、诉求和批评的运作程序与制度设计,依靠法治机制来实现、维护与推进。

四、小结

追溯民主的思想谱系,我们可以发现:民主作为一种制度设计,它来源于一种生活方式,一种复杂的信仰结构。公民意识的养成,植根于民众的心理认同,平等的价值观念是维护民主制度的前提。③ 在此基础上,民主的实现有赖于深思熟虑而循序渐进的制度设计与权力制衡,有赖于国家对个人权利明确的尊重与维护,宪法与法律具有至高无上的权威性。此种权威性恰恰是民主维护其合法性,具有正当性的必要前提。

民主运行的机制体现了权力运行的双重向度:一方面反映了权力的归属,其实质是主权在民,即"民有";另一方面反映了权力的行使,将权力委托给由社会所产生的少数人组成的政府来治理,此种委托—代理的关系则形成了"民治"。民主的思想与实践可以简约为通过公权力对公民参与和竞争权利予以保障。2013 年以来,新兴民主政体诸如埃及、乌克兰、泰国不断有政治动荡;阿富汗、伊拉克历经多次选举仍陷于挫败;欧美民主渐渐陷入民粹主义滥觞。事实上,民主优劣的界限在于能否有效治理,

---

① [美]理查德·霍夫施塔特.美国政治传统及其缔造者[M].崔永禄,王忠和,译.北京:商务印书馆,2010:288.

② 孟德斯鸠认为:自由是做法律所许可的一切事情的权利;倘若一个公民可以做法律所禁止的事情,那就没有自由可言了,因为,其他人同样也有这个权力。为了防止滥用权力,必须通过事物的统筹协调,以权力制止权力。参见[法]孟德斯鸠.论法的精神[M].许明龙,译.北京:商务印书馆,2014:136,184.

③ 亚里士多德认为,公民皆须遵守法律,行为有所约束,法律不应被视为和自由相对的奴役,法律毋宁说是一种拯救。参见[古希腊]亚里士多德.政治学[M].北京:商务印书馆,1965:281 - 282.

即国家与公民依法对公共事务的合作性治理,舍此则容易陷入多数人的暴政或者威权统治。因此,民主思想的知识谱系为理解当代中国民主制度建设提供了可资参考的镜像,注重法治建设,维护公众权利,回应公众诉求,推进民主化行政,构成了深入推进中国式民主治理的有效路径。

第四章　腐败与治理：香港反腐败体系的形塑与发展

腐败是指官员利用公权力，挪用公共资源，为自身谋取私利的行为，即权力寻租（rent-seeking）。[①] 公共行政学产生的重要原因是随着政府职能扩展与权力增强，腐败行为日趋严重，需要一门新的科学来探究政府廉洁行政，寻求有效控制腐败，行使权力的治理机制。

一、腐败治理研究的文献综述

腐败和反腐败是中国社会长期关注的热点，2013年以来随着党的十八届三中全会提出"把权力关进制度的笼子"，"健全惩治和预防腐败体系，建设廉洁政治"等政策，[②]腐败治理与政府廉政建设的创新成为学术界关注的重要议题。具体而言，学术界主要围绕以下五点展开研究。

1. 腐败测量与廉政策略的选择

（1）腐败的测量。对于腐败治理的实证研究，一个关键的问题是：如

[①] 海登海默将腐败界定为运用公共权力来谋取私人利益的行为；亨廷顿认为腐败是国家公职人员为实现其私利而违反公共规范的行为，其基本形式表现为政治权力与财富的交换，即权钱交易；国际透明组织对腐败的定义为，公共部门的官员通过错误使用公众委托给他们的权力，使自身以及亲近他们的人不正当地和非法地富裕起来；王沪宁等人认为腐败是对公共权力的非公共运用；黄百炼认为腐败是对公共权力的滥用，个人私利之间的不正当交换以及对公共利益的损害。参见李燕凌，等.我国近年来反腐败问题研究综述[J].中国行政管理,2011(11).罗森布鲁姆则将腐败界定为满足个人私利，违背公众信任的行为。腐败是全球性的政府管理问题，严重影响着政府行使其公共职能的能力。参见[美]戴维·罗森布鲁姆,罗伯特·克拉夫丘克.公共行政学：管理、政治和法律的途径[M].张成福,等校译.北京：中国人民大学出版社,2002：558.

[②] 中国共产党第十八届中央委员会第三次全体会议文件汇编[M].北京：人民出版社,2013：54.

何测量腐败?由于腐败行为的隐秘性,人们很难像测量其他犯罪行为一样对腐败进行准确的测量。刘启君梳理了1978年至2012年间审理结案的一万余起腐败交易案件,建成"中国转型期腐败案例数据库"。他对我国改革开放以来腐败状况的实证分析显示,改革开放以来我国腐败交易活动基本呈逐渐上升趋势,半数以上为多次重复交易,腐败交易强度在1990年之后大幅度提高,平均交易金额是前期的30倍。国有企业是腐败最为严重的部门,其次是事业单位、非国有工商企业和党政机关;高级管理人员腐败交易强度最高,其次是政府工作人员、高级技术人员群体。在政府工作人员中,正职官员腐败普遍比副职官员严重,但腐败程度与职级高低并不完全对应,省部级以上官员腐败交易强度最高,其次是科级、县处级、厅局级官员。不论就腐败交易次数还是腐败交易金额而言,科级官员均位居首位。[①] 朱琳、宫伏佳将东亚民主研究调查数据(East Asia Barometer Survey)中受访者对地方政府的腐败普遍程度感知作为主观测量指标,将最高检察院公布的省级职务犯罪立案数量作为地方政府腐败程度的客观测量指标,并且分别进行标准化处理,比较分析了中国腐败主观测量结果和客观测量结果。研究发现:腐败客观测量结果相对较高的省份,当地公众对腐败的主观感知水平并不一定也相对较高;以人均腐败立案数量作为地区腐败的客观测量指标,客观腐败测量结果显著地降低了主观腐败测量结果,由此说明了扩大腐败打击确定性政策的有效性;"抓典型、办要案"的策略显著降低了受访者对腐败的主观感知。因此,在强调"打老虎办要案"的同时,应扩大腐败打击面,强调"零容忍",从而推动廉洁社会的建立,政府反腐败的策略选择具有政策含义。[②]

(2)腐败网络的测量。从腐败网络的研究视角出发,构建腐败网络的侧度指标,具体包括腐败网络的密度、平均度数值、中心性和结构对等性要素。有关研究发现,腐败网络整体密度较低,结构存在对等性,具有稀疏网络特征,对随机打击有一定的抗毁性;基于点度优先和中介度优先的重点打击能够快速瓦解腐败网络,组织打击过程中要防止涌现出新的

[①] 刘启君.改革开放以来中国腐败状况实证分析[J].政治学研究,2013(6).
[②] 朱琳,等.腐败主客观测量结果差异性研究[J].经济社会体制比较,2015(5).

腐败网络。该研究拓展了以往单一腐败关系网络分析，强调基于多元关系探讨腐败网络与发生机制，这为反腐败研究提供了新的研究视角，并且对于优化反腐败措施的针对性具有新意。①

（3）腐败实验研究。腐败实验研究是指采用实验设计的方法，以情景模拟的方式将研究对象置于类似真实的决策场景，从而实现在个体层面直接观察腐败行为的研究路径。这有助于从微观角度对腐败行为进行深入分析，对腐败程度进行测量，亦有助于从宏观视角利用国内外数据和主客观腐败的测量指标，通过数理分析、建构模型为反腐败的政策制定提供科学依据。张韦、石婧在梳理国外腐败实验研究的基础上，结合我国反腐败的具体实践提出腐败实验的本土情境化，在国外相对比较成型的腐败实验框架上，根据本土的文化设计出具有中国特色的腐败实验，这为反腐败政策制定提供了科学依据。当前我国腐败的显著特点是腐败交易行为的隐蔽性，市场经济的繁荣使得腐败交易行为多变、难以察觉，因此需要综合运用多学科的研究方法，通过实证调查、深度访谈、参与观察和案例研究，借助于内部人士的访谈勾勒出具体的腐败交易场景，从而开展腐败的实验研究。②

（4）政治周期对腐败的影响。聂辉华、王梦琦收集了2003—2013年中国352个厅级以上官员的腐败案例，通过计量研究发现，全国和地方"两会"或春节等政治敏感时期，反腐败力度显著减弱；从中央直接调任纪委书记的省份，或者媒体曝光度越高的省份，政治周期对反腐败力度的影响越是显著。这对于反腐败的工作具有重要的政策含义：反腐败工作要注意其对政治稳定的负面作用，反腐败应重在长期与平时；由于激烈的反腐败会带来较高的社会成本以及监督机制的不完善，因此亟须建设多管齐下的防腐策略，例如限制官员权力，减少腐败机会；在某些敏感时期，无法大力反腐，有可能成为腐败官员潜逃的契机，为防止此类事件的发生，可以进一步采用较为温和的方式，如限制出入境、限制银行转账等方式隐蔽进行。③

---

① 张兵，等.工程腐败的网络结构特征与打击策略选择[J].公共管理学报，2015(3).
② 张韦，石婧.国外腐败实验研究的梳理与启示[J].中国行政管理，2013(9).
③ 聂辉华，王梦琦.政治周期对反腐败的影响——基于2003—2013年中国厅级以上官员腐败案例的证据[J].经济社会体制比较，2014(4).

(5) 腐败与经济的增长。腐败是促进了中国的高速经济增长,还是快速的经济增长滋生和加深了腐败的程度,抑或腐败与中国经济增长并无必然的因果联系?姜琪基于中国31个省市2002—2011年的面板数据,对中国腐败问题的影响因素及其与经济增长的相互作用进行了实证测量。研究分析结果表明:公民受教育程度、公职人员工资水平对腐败的影响是一致而显著的,但是财政分权、政府规模、地区投资水平与GDP增长率等变量对腐败程度的影响是不一致或不显著的。中国经济的高速增长主要来源于人口红利带来的人力资本的增长和改革开放带来的固定资本投资的快速上升,并非腐败拉动使然。腐败与中国经济增长间并不存在显著的计量关系,更无必然的因果关系。根据转轨期中国腐败形成机理和腐败影响因素的实证检验,姜琪提出了政府反腐败的政策设计:加大教育投入,普遍提高公民的受教育水平,舆论民意是制约腐败的软约束;出台收入分配方案,合理进行收入分配改革,缩小居民收入差距;中产阶层的兴起是有效调节社会力量的均衡,形成有效治理腐败的结构性社会基础;建立强有力的公共管理机制,树立政府的公信力,提高政府的治理能力;通过加大对腐败的打击力度,增加官员腐败的机会成本。因此,反腐败需要将正式制度的治理与非正式制度的教化两者有机结合。①

2. 腐败治理与政府运行机制的变革

(1) 民主制度与腐败治理。对于腐败的治理,究竟哪种机制行之有效?胡伟比较了民主制与非民主制,认为民主制度有利于反腐败的根本原因在于其实现了权力的制约,无论是选举竞争,还是分权制衡、立宪主义和法治,归根结底是为了约束公共权力,这是遏制腐败的根本之道。由于缺乏有效的权力制约,专制制度中,腐败必然是常态。针对20世纪出现的全能政体,胡伟认为,全能体制保持清廉在很大程度上依靠主要领导人以身作则及其对亲属和下属的严格要求,如果领导人自身腐化,腐败就会大行其道。况且,全能体制一旦终结,往往会有明显的腐败反弹现象,其反腐败的机理是非制度化的,难以持久。因此,全能体制并不是反腐败

---

① 姜琪.腐败与中国式经济增长——兼论腐败治理的社会基础[J].南京师大学报(社会科学版),2014(2).

的灵丹妙药,甚至是一个得不偿失的体制,它所带来的弊端甚至比贪污腐败更加严重。胡伟认为,在中国当前深入开展反腐败斗争的背景下,尤其需要研究如何通过社会主义民主政治制度的完善去预防腐败的发生,即如何建立横向的(政府部门之间)和纵向的(公民对政府)责任体系,如何建立防止利益冲突的制度体系,如何建立信息公开(官员财产公开)的制度体系,如何建立有效的预算民主制度和外部审计制度体系,如何建立良好的媒体监督的制度体系,如何建立一个权力整合且能够独立运行的反腐败组织(类似香港的廉政公署),等等。因此,腐败治理是要解决将权力关进什么样的制度笼子里的机制设计。[①]

(2) 腐败治理与政府支出规模的互动性。腐败治理与政府支出的研究主要关注腐败治理与政府支出规模及结构之间的关系,未能考虑地区腐败治理可能存在空间效应。郭杰等学者运用西方财政支出理论阐明腐败治理对政府支出的影响机制,而后基于省级面板数据进行空间计量分析。他们的研究表明,相邻地区公职人员职务犯罪立案数每增加1%,本地政府支出规模将增加0.26%;本地区公职人员职务犯罪立案数每增加1%,本地区科学支出、武装警察部队支出将分别增加0.072 5%和0.145%,而医疗卫生支出将减少0.049 7%;相邻地区公职人员职务犯罪立案数每增加1%,本地区农业支出将下降1.029%,而基本建设支出、企业挖潜改造资金、科技三项费用等其余9类项目的支出规模将上升0.121%~1.584%不等。因此,地区腐败治理不仅可以影响本地政府的某些支出项目,还能够对相邻地区的政府支出水平产生影响。中央政府在治理地方官员腐败问题上需要考虑地方腐败治理的空间效应,统筹治理官员腐败问题,从而在全国范围内改善政府支出水平。[②]

(3) 腐败治理与政府采购。深入的案例研究有助于发现真实世界的秘密。公婷等人对中国某中型城市的政府采购进行了深入的实证研究,该市的公共采购具有代表性,其政府采购的数量和金额处于全国平均水平。研究发现,公共采购过程中非正式规则优于正式规则,官方要求用市

[①] 胡伟.民主制度最有利于腐败治理[J].探索,2015(2).
[②] 郭杰,杨杰,程栩.地区腐败治理与政府支出规模——基于省级面板数据的空间计量分析[J].经济社会体制比较,2013(1).

场竞争和正式规则来调节公共采购,但是这些要求经常屈从于非正式规则,从而支持某些特殊利益。因此,在市场竞争结构化的前景下,腐败仍然严重。传统观点认为经济市场化能够减少腐败,市场化可以通过放松规制、简化规则,减少腐败的发生。但是中国的情况提供了相反的证据,腐败随着中国市场化改革的进程而增加。公婷等人的研究试图揭示:腐败是如何在市场化过程中存在的;如何解释政府规制的失败;正式投标规则会被能够促进腐败的非正式规则所修改、规避甚至取代。① 由此可见,并非市场的本质带来腐败,腐败与市场的关系在于:市场的竞争机制被隐形的权力与潜规则所取代,于是腐败就应运而生了。

3. 腐败惩戒的政策设计与研究

(1) 严刑能遏制腐败吗?朱江南等运用博弈论的方法探讨了严刑未能有效控制腐败的原因。文章基于塞贝利斯(Tsebelis)关于犯罪与惩罚的模型构建了腐败—调查的博弈论模型,通过假定博弈双方的利益相关对此模型进行了拓展。考虑到官员们对反腐败态度的不同,通过形塑不完全信息的静态博弈模型,研究发现了影响腐败控制的三个主要因素:简单地加大处罚不仅未必能减少腐败,反而会减少对腐败的调查;提高反腐人员的激励对遏制腐败很重要,诸如提高其在反腐败工作中的经济和政治利益;建设一支能积极主动反腐的官员队伍,反腐官员若能从腐败的查处中深深获益,则会有更大的激励与腐败斗争。②

(2) 惩戒力度与遏制腐败。刘冠君、朱立恒从近年来腐败案件刑事转化偏低的统计出发,认为遏制腐败的蔓延需要在惩治措施上进行改革与调整。如整合纪检监察机关和检察机关的反腐职能,为提升腐败惩治力度提供体制保障;推进反腐败职业化、专业化建设,为提升腐败的惩治力度提供组织保障;严密刑事法网,推进刑事诉讼体制改革,为提升腐败惩治力度提供实体保障和程序保障。文章建议推进以刑事法律为核心的反腐败的法治改革。③

---

① 公婷,周娜,杨晋.腐败与市场化:中国公共采购中的正式与非正式规则[J].公共管理与政策评论,2014(3).

② 朱江南,王燕燕.严刑能遏制腐败吗?——以中国为例的博弈论分析[J].经济社会体制比较,2013(2).

③ 刘冠君,朱立恒.遏制腐败需提升腐败惩治力度[J].科学社会主义,2015(5).

(3) 零容忍的法律政策。按照国际透明组织的清廉指数①,新加坡一直是全世界最清廉的国家之一,多年来是亚洲唯一入选全球前10名的廉洁国家。于文轩、吴进进在对新加坡反腐模式全面分析的基础上,探究了新加坡零容忍的法律和政策及其独立而强有力的反腐机构,值得中国政府思考和借鉴。新加坡反腐法律高度处罚很小的腐败行为,对于官员及其家属收受任何形式的报酬、礼品都不会容忍,甚至即使官员仅仅显示出收取贿赂的意图也被视为腐败。研究认为,尽管中国反腐法律与政策对腐败官员极为严厉(新加坡反腐败量刑没有死刑),但在实际政治环境中,中国政府对腐败的态度还难以做到零容忍,对微小腐败容忍度高于新加坡。2013年底中共中央颁布的八项规定和六项禁令对政府官员春节送礼、宴请接待行为进行控制,只是将之视为不正之风,并未上升到法律禁止的高度。新加坡对腐败零容忍的政策不仅惩罚受贿官员,而且行贿者亦不能避免。中国则对行贿者持宽容的态度,2009年上半年全国检察机关立案查办的商业贿赂案件中,涉嫌受贿罪为4 849件,占立案总数的77.25%;行贿罪为1 197件,仅占19.07%。由此可见,行贿罪并没有得到相应的重视与惩戒。此外,他们也主张借鉴新加坡权威而独立的反腐败机构"反贪局"的经验,增强反腐败机构的整合性、独立性和权威性。新加坡反贪局直接隶属于总理办公室,独立于其他部门,直接向总理负责。这一设计保证了反腐败机构的独立性,也赋予其较大的法定权力。②

4. 腐败行为的文化透视与反思

(1) 腐败行为的人情因素。在以往的腐败问题研究中,学者们大多沿用西方的研究范式,从宏观的结构性因素例如成本—效益论探讨腐败的原因,忽略了中国特有的本土性解释概念以及微观层面上腐败行为的运作逻辑。柯珠军、岳磊从我国社会中普遍存在的、对社会行为持续发挥

---

① 国际透明组织的清廉指数(CPI)是一种综合指数,其结果来源于风险机构的评估和针对精英商业人士的调查,反映的是全球各国商人、学者及风险人员对世界各国腐败状况的观察和主观感受,指数为年度指数,采用10分制,10分为最高分,表示最廉洁;0分表示最腐败;8.0~10.0之间表示比较廉洁;5.0~8.0之间为轻微腐败;2.5~5.0之间腐败比较严重;0~2.5之间则为极端腐败。

② 于文轩,吴进进.反腐败政策的奇迹:新加坡经验及对中国的启示[J].公共行政评论,2014(5).

作用的人情因素及其视角出发,对腐败行为进行深入研究。他们观察发现,腐败行为同日常生活实践中的礼物馈赠具有相同的运作逻辑,都是表达和给予人情的一种方式。行贿者给予人情的行为是为了建立和维系与政府工作人员的私人关系,并且凭借这一私人关系而获得利益;政府人员接受人情是为了保持与对方的私人关系,并且用"回报"的方式来还欠下的人情,以维持私人关系,避免关系的中断。腐败行为中的行动主体通过"有义务地给予—有义务地接受—有义务地回报"的"人情往来"过程,将个人利益纳入双方关系的义务之中。因而,人情的义务性取代了制度的规范性,导致制度在面对通过人情往来而形成的私人关系时失去了应有的规范作用,由此导致和加剧了腐败行为的滋生与蔓延。在这一情境下,腐败已然渗透于个体的日常生活之中,成为个体的日常生活方式,个体不断对其加以日常化、合理化,从而成为个体的社会心理和行为准则。① 这亦使得制度反腐之路显得尤为漫长而收效不大,因此需要从廉政文化与社会结构的视角推动廉洁政府的形成与发展。

(2) 反腐败"内卷化"原因探悉。内卷化是指随着投入的增加而导致边际效益递减,随着反腐败力度增加,其效用递减。王程韡运用定性比较分析法(QCA)发现,其原因在于不确定性的高容忍度文化是制约中国跻身清廉国家队伍的最为关键性因素。此种文化体系不仅对权力差距的认同程度高,而且强调集体主义的"服从"。这使得包括腐败在内的"变通"方式是被默许的,从而减少制度频繁变动所带来的交易成本。在对腐败的跨文化比较研究的基础上,他指出反腐的运动式执法只能控制低层级的腐败,而对高层级的腐败却束手无策,结果造成了腐败的"激烈化"。腐败屡禁不止,一方面是由于反腐败本身在一定意义上亦是权力稳固的需要,而更为深刻的原因在于,革命性政党在采纳和扩展现代化的结构之时,由于文化等方面的限制,从而拒绝或未能使自身适应于现代官僚制的理性化和常规化,内卷化使得组织失去了维持干部信念和纪律的能力。②

(3) 反腐败力度与公众清廉感知。公众清廉感知度是近年来海内外学术界兴起的重要议题。2013年以来,从中央到地方政府的各层级、各

---

① 柯珠军,岳磊.人情视角下我国腐败行为的文化透视[J].开放时代,2014(2).
② 王程韡.腐败的社会文化根源:基于模糊集的定性比较分析[J].社会科学,2013(10).

部门反腐败力度不断增强。倪星等人通过对 G 省的 4 571 份问卷调查发现,对 G 省的县/区党政机关的反腐败工作表示"非常不满意"的受访者为 14.75%,34.98% 的受访者表示"不是很满意",只有 36% 的受访者表示"满意"或者"非常满意",另有 12.27% 的受访者表示"不了解",36.52% 的受访者认为腐败"普遍",32.95% 的受访者认为腐败"很普遍"。为什么在政府反腐败力度大幅增强的背景下,公众感知的清廉指数却不高?为什么政府投入大量的人力、物力和财力,进行反腐败机构改革,开展反腐败体制机制创新,公众的满意度却较低?该研究采用路径分析法发现,政府反腐败力度的增强与公众的清廉感知水平之间没有显著的相关关系,真正影响公众清廉感知差异的是绩效、文化和信息三种机制。① 因此,反腐败的实践亟须增强透明度,保障公众的知情权,重视公众的参与式反腐,重视廉政文化的传播与展开,这是有效深化反腐,也是提升公众清廉感知水平的路径设计。

5. 廉政机制的组织创新和制度保障

第一,廉政机制的组织创新突出体现在纪委层面,应推进党的纪律检查工作双重领导体制具体化、程序化、制度化,强化上级纪委对下级纪委的领导。查办腐败案件以上级纪委领导为主,线索处置和案件查办在向同级党委报告的同时必须向上级纪委报告。2015 年 10 月,中共中央印发《中国共产党廉洁自律准则》和《中国共产党纪律处分条例》,提出了将依规治党和以德治党相结合,一方面倡导思想道德标准,重在立德;另一方面开列违纪行为的"负面清单",画出了党组织和党员不可触碰的底线。中央纪委向中央一级党和国家机关派驻纪检机构,实行统一名称、统一管理。② 中央纪委向 139 家中央一级党和国家机关派驻纪检机构,实现了"全覆盖"。

第二,以往的研究文献主要集中于政府官员腐败的研究,2013 年以来企业组织高管腐败的研究逐渐引起学界的广泛关注。徐细雄、刘星以

---

① 倪星,孙宗锋.政府反腐败力度与公众清廉感知:差异及解释——基于 G 省的实证分析[J].政治学研究,2015(1).
② 中国共产党第十八届中央委员会第三次全体会议文件汇编[M].北京:人民出版社,2013:55-56.

政府放权改革这一制度背景为切入点,从权力寻租视角考察了企业高管权力强度与腐败行为之间的内在联系,并检验了市场化改革、薪酬管制等制度因素对高管腐败行为的影响效应。他们认为,完善我国的法规监管系统是抑制企业高管腐败的重要方面,针对我国经济与社会转型期频繁发生的企业高管腐败现象,需要优化企业内部权力配置,合理形成企业高管人员的责、权、利均衡才是防范企业高管腐败的关键。企业高管腐败不仅仅是微观层面的公司治理系统的反映,外部宏观制度与市场环境对企业高管腐败行为也产生了重要影响。由此可见,积极深入推进市场化改革,减少政府对微观经济主体的行政干预(尤其是薪酬管制),并逐步建立基于业绩导向的市场化薪酬制度,将有利于缓解企业高管人员的腐败动机与权力寻租空间。①

第三,从公共性的制度建构,探究廉政的路径选择。杨芳、郑洁认为公共性是具有多个面相的概念,从制度建构的视角来看,公共性的内涵包括理念、主体、实体、空间和过程五个维度。腐败的本质是私人性对公共性的侵害与消解。当前制度中公共理性缺失,公共生活主体之间失衡,私人利益不时侵犯公共利益。因此,彰显公共性是治理腐败、实现善政的根本之策,具体的建构路径在于:倡扬公共理性,实现权力正义;培育多元主体,用权利制约权力;重建价值评估体系,保障公共利益;拓宽公共领域,再造公民有效参与的制度流程,让权力公开运行;重塑公共事务流程,提高公众参与度。②

第四,制度反腐的有效性在于形成制约和监督权力的体制机制。燕继荣认为,我国传统的权力安排和欧美自由主义权力安排具有差异性。中国的党政体制是促进积极行动的体制,能够支持政府将想做的事情做成。欧美则是保护型的防范体制,是从限制权力的角度进行设计。我国反腐败的有效进行,需要防范限权不足而导致系统性溃败的危险。分权是限权的基础,反腐败的制度设计在于防止权力的垄断,从而实现国家治理的现代化。③ 陈国权则认为权力的高度集中,既是我国经济发展的秘

---

① 徐细雄,刘星.放权改革、薪酬管制与企业高管腐败[J].管理世界,2013(3).
② 杨芳,郑洁.公共性的制度建构与腐败的治理[J].中国行政管理,2014(4).
③ 曹伟.运用法治思维与治理现代化理念构建国家廉政体系[J].中国行政管理,2015(2).

诀,也是腐败高发的诱因。廉政治理不仅需要分权治理,也需要分类治理。反腐的举措要兼顾效率与廉洁,根据行政行为的不同性质,可将其分为行政生产性行为和行政分配性行为。这两种不同的行政行为需要不同的控权逻辑,即监督和制约。监督是功能性分权,与行政集权相匹配;制约是程序性分权,与行政民主相匹配,由此形成了廉政分类治理的监督控权与制约控权两种不同的控权逻辑。俞可平认为腐败治理需要从改善整个政治生态着手,针对"运动式反腐",他认为,反腐败不能光靠运动,需要依靠法治;廉洁不能仅靠自觉,必须依靠制度;反腐败应该建立一环扣一环的制度体系,缺乏任何一个关键环节,反腐败的效果都会大打折扣,这个闭合循环主要包括以下六个环节,以授权与限权最为重要,如图4.1所示。①

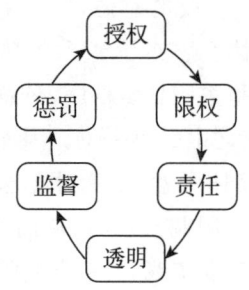

图4.1 廉政建设闭合系统

第五,三元复合反腐模式的分析框架。肖滨、黄迎虹分析了"国家中心主义""市场中心主义"以及治理与善治等反腐理论的理论盲点。他们以印度的案例研究表明,发展中国家的反腐败存在另一种可能的路径,即"三元复合反腐"模式。在这种反腐模式中,政府、社会精英与社会大众构成反腐败的三大主体,他们在遵守底线规范的前提下,形成了复杂的多重面相,以动态平衡的良性互动机制推动反腐败的制度建设。三方良性互动过程中,不以赢者通吃、输者全失的全输全赢为结局,而是在持续的互动过程中逐步推动反腐败的制度建设,从而展现出具有积极性与建设性的互动成果。"三元复合反腐"模式的基本元素可以归纳为:三元主体、良性互动、动态平衡与底线规范。其经验概括和理论总结,有助于探索新的

---

① 曹伟.运用法治思维与治理现代化理念构建国家廉政体系[J].中国行政管理,2015(2).

反腐路径,为理解发展中国家特殊的国家—社会关系,发掘其推进制度建设的反腐败机制开辟了新的空间。①

以上从腐败的测量与治理、廉政机制与文化建设等方面系统梳理了近年来海内外学术界的相关研究,学者们在探讨腐败治理的过程、机制、效用等方面皆取得了较为丰硕的研究成果。综上所述,腐败意味着利用公权力违反法律,谋取私利。我们可以用三分法来分析腐败,即公权力、法律与利益。这其中腐败的根源在于权力缺乏监督,从而突破法律的制约,侵害公共利益。如果腐败的收益远大于腐败所付出的成本,腐败就会大范围蔓延。卢梭认为,官员有三种不同的意志:首先是个人固有的意志,只倾向于个人的特殊利益;其次是官员群体的共同意志,即团体的意志;再次是人民的意志或者主权的意志,即公意。在一个完美的法律之下,个人意志毫无地位,团体意志亦是次要的,唯有公意是主导的,是其他一切意志的唯一规范。但是按照自然秩序,公意则是最弱的,团体意志占第二位,个别意志则占一切之中的第一位。因此,官员首先关注的是个人私利,而后是官员群体的团体利益,最后才是公民。② 由此可见,腐败治理的关键在于依靠有效的机制制约权力,从而将法律落在实处,即法治,法治的实现一方面有赖于制度实践,另一方面需要培育法治的文化土壤。只有如此,方能有效治理腐败,建设廉洁政府。有关未来腐败治理与政府廉政建设创新的学术研究,需要在实证分析的深度与理论总结的高度上进一步深化,为腐败治理提供充足的智力支持与有效的政策指导。

综观治理腐败的关键,重在形成不敢腐、不能腐、不想腐,即执法、预防、教育有机联系与有效运行的制度机制。下面以香港地区的腐败治理为案例,加以具体分析。

二、葛柏案与廉政公署的形塑

20世纪后半叶香港开始了工业化,随着经济的飞速增长,人口的快速增加,城市面貌的日新月异,腐败也随之发展起来,并且愈演愈烈。市

---

① 肖滨,黄迎虹.发展中国家反腐败制度建设的政治动力机制——基于印度制定"官员腐败调查法"的分析[J].中国社会科学,2015(5).
② [法]卢梭.社会契约论[M].何兆武,译.北京:商务印书馆,1980:82-83.

民为了维持生计以及获取公共服务,被迫使用"走后门"的方法。"茶钱""黑钱""派鬼"等各种代替贿赂的名堂层出不穷,市民不仅耳熟能详,甚至无奈接受为日常生活的一部分。港英政府连续颁布了《防止贪污条例》《防止贿赂条例》等相关法令,但皆收效甚微。政府依靠警队反腐,而警队恰恰是腐败的重灾区。腐败问题使得公众的不满与日俱增,政府与社会的对立日趋严重。

1. 光环的陨落

葛柏(Peter Fitzroy Godber),1922年4月生于伦敦,早年受教于东萨塞克斯郡的海斯廷斯文法学校(Hastings Grammar School)。第二次世界大战期间,他于英国皇家海军服役,战后来到海斯廷斯自治镇警队任职警员。

年轻而富有警界经验的葛柏于1952年加入香港警队,当时香港警方各级警官中,来自英国的比例很大,葛柏就是大批来自英国的警察之一。他先后在湾仔和启德机场的警署任职,起初他的职务仅是见习督察。由于他受过良好的教育,又富有敏锐的观察能力与灵敏的思维能力,在警队中表现优异;1955年33岁的葛柏升任助理警司,在任期间他成功主持了对新入职警务人员的培训,平息了滋事分子的暴动;1966年葛柏升任高级警司,负责掌管警察机动部队;1969年葛柏晋升为香港警察总警司,在香港警方的地位,仅次于警务处正副处长。

随后,葛柏赴英国、美国、加拿大等地考察了解发达国家交通管理机制,返港后,葛柏兼任了警队交通部总参事官,在交通部总参事官任内,他负责实施交通违例定额罚款制度,并对新措施予以大力支持。葛柏与运输署等政府部门探讨增建行人天桥和市区干道以改善香港交通日益挤塞和人车争路的问题,并出席多种公开场合讲解香港的交通问题和对策。1971年6月,他接受香港无线电视明珠台时事节目《每周论坛》专访,谈论香港泊车困难的问题,其间他强调警方高层没有硬性规定一线警员必须发出一定数量的违例泊车告票。1971年12月,葛柏调任九龙区副总指挥官,成为警队在九龙的第二号人物。1972年6月,葛柏获得了英国女王授予的女王警察奖章(Q.P.M.),以肯定他多年来在警队的表现。

这时,一笔1.2万加元的储蓄,首次引起了香港警方对葛柏财富来源的怀疑。虽然警方当时还没有掌握显示这笔存款属贪污所得的证据,但账户是葛柏用假名"卓柏"和虚构的外交官身份,在加拿大一家银行开设的,警方的调查随即展开,不久发现了葛柏的受贿账本,他拥有逾430多万港元财富,是其22年警察工资总和的6倍。

表 4.1 葛柏贪污款项明细

存款地	存款数目	折合港元
加拿大	206 492 加元	1 044 850
美 国	233 944 美元	1 184 924
新加坡	181 090 澳元	1 285 740
新加坡	119 410 新元	241 209
英 国	19 907 英镑	274 712
中国香港	345 813 港元	345 813
总 计	4 377 248 港元	

资料来源:香港廉政公署(ICAC)。

此时,葛柏本人也察觉到警方的调查,他随即申请了提前退休。1973年6月8日,刚刚办理完退休手续不到4天的香港警察九龙总警司葛柏手持特殊证件出现在香港启德机场,再过3天他本应当按照律政司的要求解释其财产来源。葛柏成功地从香港绕道新加坡返回英国老家,身为高级警司的葛柏很清楚:由于港英两地法例不同,英国并没有"财政状况与官职收入不相称"的控罪,因此香港地区政府难以以此控罪引渡他回港。

葛柏在被调查期间潜逃,这是香港有史以来最高级别的贪污警官轻易逃脱法网制裁,从而令积聚已久的民怨立即爆发,学生们走上街头示威宣泄不满,抗议政府未能恰当处理贪污问题,集会获得众多民众的响应。他们手持写着"反贪污,捉葛柏"的横幅游行,要求政府缉拿潜逃的葛柏归案。那么,为何葛柏的潜逃会激起如此之大的民愤呢?

2. 廉署组织的诞生

素有"廉洁之都"之称的香港,曾经是一个腐败盛行的社会。

早在1897年,香港已有法例明文禁止贪污贿赂。政府于1948年仿效英国法律,立法通过了《防止贪污条例》,20世纪50年代,香港警队成立了检举贪污组。尽管如此,贪污问题仍然日益猖獗。特别是20世纪中叶以来,随着经济迅猛发展,批文、办照、拿证、领牌等社会服务需求随之增多,政府部门、公共机构贪污受贿现象相当普遍,而且日趋严重。社会各阶层贪污成风,普通市民深受其害。警务人员的贪污问题尤为严重。贪污问题在其他公共服务机构也同样大范围存在,如救护人员要先索取"茶钱",才肯将病人送往医院;病人要给医院职工"打赏",才能取得便盆或一杯开水。商人则把贿赂视为促成生意的一种手段与方式,以致有"不送礼、不行贿",则"一事无成"的说法。当时流行这样的比喻:贪污就像一辆巴士,你可以上车跟大伙儿同流合污,否则只能够站在路旁默不作声,若有人试图挡在巴士前面,只会被巴士撞倒。

受贿、分赃等枉法行为逐渐变得制度化,原本正直和诚实的人们一旦获得了某种公共权力,也会很快堕入腐败的行列。香港地区政府依靠警察来反腐败,而警察一度成为贪污腐败的带头人或者是行动者。社会活动家杜叶锡恩回忆说:"当时,每一个小市民都在受苦。从置区内每一位店东,街市每一位小贩都要付黑钱,简直要把他们勒榨至死才肯罢休。"对于这些腐败行径,香港市民尤其是年长一辈和劳工阶层,均感无能为力,唯有忍气吞声。直至20世纪60年代,民间开始浮现不满贪污的情绪,这种转变首先发端于较年轻的人和受过高等教育的人士当中,其后学生也响应参与反贪污运动。社会不满情绪日益增长,香港社会逐步形成了声讨贪污恶行和批评政府打击贪污不力的浪潮。在此情形下,1971年5月,港英当局发布《防止贿赂条例》,条例规定的罪行有8项。凡公务员及其家属所有之财产与合法职务收入不相符,又不能对其来源合理解释,则认定这部分财产为非法收入,予以没收。当事人不仅要受法律制裁,还不得再出任公务员。但反贪侦办一直归警务处管辖,而警界恰恰是贪污、受贿的渊薮。各警所在辖区内收取"保护费",保护费按警衔高低分配,总金额高达10亿港元,利润之丰,连汇丰银行都自愧弗如。葛柏案的爆发终于使民怨升腾到沸点,这也使得当局认识到:不可能依靠警方来有力、公正地调查贪腐问题,必须成立一个独立的反贪机构,以取代警署侦查贪污案件,打击贪污犯罪行为。

1973年10月17日,香港总督麦理浩爵士(Murray MacLehose)正式宣布成立一个独立的廉政公署(Independent Commission Against Corruption,简称 ICAC),全力打击贪污。1974 年 2 月,香港立法通过了《总督特派廉政专员公署条例》。据此,总督特派廉政专员公署作为打击贪污行为的一个独立机构,正式成立并获得法律赋予的权力。廉政公署成立后迅速采取一系列反贪行动,严厉打击政府部门内集团式贪污。首当其冲的即是葛柏案。

廉政公署经过多次交涉,终将葛柏从英国引渡回港。1975 年 2 月 17 日葛柏在维多利亚法院接受审讯,被判入狱 4 年,尽管香港不少市民对判决结果并非完全满意,但是香港警界的总警司葛柏被判入狱,就其影响而言,意义重大。1975 年,廉政公署指控 11 名工商巨头行贿;1976 年,侦破探长戴福贪污案;1977 年,破尖沙咀警署集体贪污案,8 个月内拘捕 260 名警员;1978 年,指控 118 名警员受贿,其中有 22 名警司。至此,廉政公署破获 23 个贪污集团,其中 18 个属于警方。1978 年 7 月,廉政公署向港督报告,本港凡 10 名以上公务员联手贪污的集团,均已全部粉碎。四年左右的时间,警队内的贪污集团被彻底瓦解。有关政府人员的贪污举报比例逐年下降,由 1974 年的九成减至近年只占整体举报的三成。时至今日,香港公务员队伍更以廉洁和效率而著称。

香港社会掀起了一场"静默的革命"(quiet revolution)。市民大众对贪污的态度,亦由无奈接受转变为公开唾弃,且进而积极举报,孕育廉洁社会(clean society)。经 20 多年的发展,廉政公署已成为香港法律、政治和精神上强大力量的标志。著名反腐败国际性非政府组织——"透明国际"(Transparency International)近年全球清廉指数排行榜中,我国香港地区稳居亚洲第 2 位,仅次于新加坡。香港从昔日的贿赂成风、贪污盛行,成为今天被公认为全球最为安全廉洁的城市之一,缔造出安居乐业、公平营商、廉洁奉公的公务员体系,从而吸引了大批国际投资者,促进了当地经济的突飞猛进。自 1974 年廉政公署成立至今,香港生产总值在 30 年左右的时间内,增长达 5 倍之多。美国传统基金会连续 8 年将我国香港地区评选为"全球最自由的经济体系",并且指出香港地区的成功建基于四大支柱,而将廉洁的政府列为首位,另外三项分别为法治精神、司法制度与低税制。

3. 廉政公署的运作机制

廉政公署之所以能够有效遏制腐败,与廉政公署组织制度的运作是相辅相成的。

首先,三管齐下的反贪策略。作为一个独立的反贪机构,仅仅依靠执法以起阻吓作用,并不足以根治贪污问题。当整个社会弥漫着腐败之气,法律的作用可能微乎其微。我们需要改变民众对贪污腐败的态度,同时堵塞制度上贪污的漏洞。孟德斯鸠说过,一切有权力的人都容易滥用权力,有权力的人们使用权力一直到遇有界线的地方才会休止。邓小平亦言:"我们过去发生的各种错误,固然与某些领导人的思想、作风有关,但是组织制度、工作制度方面的问题更重要。这些方面的制度好可以使坏人无法任意横行,制度不好可以使好人无法充分做好事,甚至会走向反面……斯大林严重破坏社会主义法制,毛泽东同志就说过,这样的事件在英、法、美这样的西方国家不可能发生。"在制度设计方面,廉政公署从执法、预防及社区教育三方面打击贪污,其组织结构如图 4.2 所示。

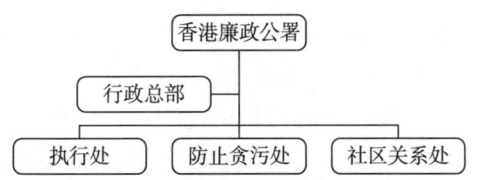

图 4.2 香港廉政公署组织机构

廉政公署实行四级编制。专员以下设一个行政总部和三个处级业务部门。处以下设科,由助理处长级官员主管,科以下设组。2002 年底编制为 1 356 个职位,在职总人数为 1 308 人。廉政公署各级人员以合约形式受聘。合约期为两年半,合约届满时,可在双方同意下续约。廉政公署"长俸制"职员只有 87 人,占职员总数的 7%。

执行处(Operations Department)是廉政公署最重要的部门,职责在于接受、审阅和调查所有涉及触犯《防止贿赂条例》《廉政公署条例》以及《舞弊及非法行为条例》等有关贪污的指控。对于触犯上述三项条例的罪行,调查员有权搜查楼宇,全权行使拘捕权力而无须拘捕令。该处在全港各区设立办事处,接受市民举报,而后调查案件、搜集证据。执行处处长职位由廉政公署副专员兼任。执行处接获市民举报后进行调查,它拥有广泛的调查权力。《防止贿赂条例》第10条赋予其特别权力,可对个人财富或生活水平与公职收入不相称的在职或前政府人员展开调查,然后由律政司根据调查证据作出检控决定。

廉政公署总部设有一个高度保密的举报中心,昼夜24小时有专人值班,节假日照常办公。对每一个举报,无论事态轻重,执行处都要在每天早晨的会议上研究是否立案受理。凡立案受理的案件,在未查明前不得注销。任何案件都要由几个人共同办理,以防徇私舞弊,然后由律政司根据调查证据作出检控决定。决定不立案的举报,则要报请由特别行政区长官(1997年7月前为港督)委任的市民和政府高级官员组成的审查贪污咨询委员会批准。自1974年至2002年,执行处共调查了50 633宗案件,遭检控者达11 015人。

人是善恶的共同体,只有建立一种健全的机制,才会有利于张扬人性善的一面,抑制人性恶的一面。防止贪污处(Corruption Prevention Department)主要负责研究政府部门、公共机构和私营机构的工作方式与程序,找出容易产生贪污的漏洞,涵盖的范围包括公共采购、人事管理、执法、合约管理、发牌及管理调控等多个方面,并就防贪问题提出建议,设计出最佳的解决方案,以便减轻贪污舞弊行为可能出现的机会,同时加以改善,从而有效地堵塞贪污的机会和漏洞。如果说执行处旨在使人们"不敢贪污",防止贪污处则旨在使人们"不能贪污"。

只有切实改变公众的态度与心理,促进整个社会廉洁文化氛围的养成,才能在反贪污工作中收到长期的效果。社区关系处(Community Relations Department)负责教导市民,宣扬肃贪倡廉风气,引导人们认识贪污的危害,争取市民积极支持反贪工作,并深入社区推动各界人士采取积极预防的措施和各种活动,提倡社会道德教育和正义观念的树立。香港的成功有赖于诚信不阿的公务员队伍。社区关系处定期为公务员举行防贪培训,并与公务员事务局联手推行"公务员廉洁守正计划"。社区关系处一方面加强与市民联络,掌握民情;另一方面通过互联网、报纸、讲座、书籍、海报、电视片等大众传媒的宣传和学校教育,使民众认识贪污的危害性以及贪污受贿的严重后果,旨在使人们"不想贪污"。笔者在廉政公署访问之际翻阅了他们为青少年儿童制作的生动活泼的书刊画报,这些书刊画报致力于帮助青少年儿童建立正确价值观,倡导诚信教育,建立廉洁公平社会,力求在全社会形成廉洁光荣、贪污可耻的氛围。由此廉政公署得到了香港民众的广泛支持,近年来进行的民意调查均显示,接近99%的市民支持廉政公署的工作。可见廉政公署对香港最大的贡献在于其对社会诚信、公平与廉洁价值观的培养与熏陶。

廉政公署三个业务部门的策略及所执行的工作是相辅相成的,30多年的经验证明,标本兼治、"三管齐下"的反贪方式能使肃贪倡廉工作达致和谐与相互协调的效能。

其次,廉政公署拥有相对独立的运作体系。廉政公署不属于香港政府体系,其日常运作及行政亦独立于警察及公务员体系之外。1974年制定的《香港总督特派廉政专员公署条例》规定:由港督向廉政公署委任廉政专员和副廉政专员;廉政专员直接向港督一人负责,廉政专员亦不得兼任政府职务。公署其他人员全部由廉政专员委任。这些规定确保了廉政公署在调查贪污(包括涉及警队的指控)时不会受到其他机构或人士的干预。当局还不断为其提供充足的权力与资源,使反贪污工作收到了长期的效益。2003年11月,笔者在廉政公署访问时,廉政公署官员周主任对笔者说:"直属于特首的廉政公署,拥有绝对的监察权力,即使特首本身犯下了贪污罪行,也一样要被查处。"

2013年1月,香港特区前行政长官曾荫权发表声明,回应有关参与新一届全国政协工作的报道。曾荫权说,在卸任行政长官职务后,中央有关部门曾询问他是否有意参与新一届全国政协工作,"但鉴于廉政公署的有关调查,我慎重考虑后,已经答复现阶段并不适合参与全国政协的高层工作"。曾荫权希望有关调查结案后,还可以有机会继续贡献国家,为香港服务。原来曾荫权在特首离任之前,被媒体曝光外访开支奢华与涉嫌接受富豪款待等问题而受涉嫌利益输送的抨击,香港廉政公署于是决定立案,就曾荫权涉嫌利益输送事件,按程序搜集证据,介入调查。"天子与庶民同罪",我国传统社会的法制理想,在香港有着付诸实践的可能与机会。从历史上看,出于政治目的或作为权宜之计而开展的短期性反贪污运动,往往难以获得成功。肤浅、表面和缺乏诚意的反贪污运动,只会令民众感到失望、不满,甚至产生怀疑。反腐败机构监察的独立性和政治高层的以身作则,对于反贪污工作的完整性和长远效力都显得非常重要。

三、廉政公署的制衡机制

廉政公署成立之时,港督麦理浩曾言:"我深深明了,廉政公署被赋予的广泛权力须极小心使用。"(I am well aware of the need for extreme care in the exercise of the wide powers conferred on the commission.)在权力运行制约和监督体系上,香港廉政公署有着良好的反腐败机制。法律赋予廉政公署广泛的权力,亦须确保辖下人员在任何情况下,不会滥用权力。廉政公署的运作受到一套严谨的监察与制衡制度(system of checks and balances)的管辖。

廉政专员由行政长官委任,并直接向行政长官负责。廉政专员要定期向行政会议汇报重要的政策事项。廉政公署的职责是调查和搜集证据,但无权指控与《防止贿赂条例》有关的罪行。所调查的一切材料均交由律政司全权决定是否检控,廉政公署只有立案调查的权力,这种程序亦能保障廉政公署不致滥用权力。廉政公署在行使某种权力前,须先获法庭许可,只有法庭才能对案件作出判决。在作出审判前,廉政公署会听取法官因顾及调查所用的方法而提出的意见和批评,从而谨慎地研究并对执行程序予以检查,以确保权力不会被滥用。按法例规定,廉政公署须向立法会呈交年报,汇报其工作,立法会议员亦可在需要时就重要事项传召廉政公署人员回答提问。由社会各界贤达40人组成四个独立的委员会,专责监察廉政公署各方面的工作,并向廉政公署提出意见。具体为负责审议廉政公署整体政策的贪污问题咨询委员会,负责监察执行处工作的审查贪污举报咨询委员会,负责各项防贪研究并向廉政公署建议处理程序的防止贪污咨询委员会,以及负责对市民传播反贪信息、提供意见、争取公众支持、打击贪污的社区关系市民咨询委员会。

这四个咨询委员会,每年均提交工作报告,有关报告亦须向市民公开,便于市民监督各委员会的运作。为确保运作独立和公正,各咨询委员会主席职位均由非官方人士出任。除四个咨询委员会外,还另设一个独立的廉政公署事宜投诉委员会,专门监察及检查任何对廉政公署的工作程序或廉政公署人员所做的投诉。该委员会由非官方人士担任主席。

实施无处不在的舆论监督。香港享有高度的新闻自由与公开性,这使广大市民通过大众媒介更加了解廉政公署的工作,以增加廉政公署工作的透明度,便于市民监督。制度防贪和舆论监督也使得廉政公署制度得以延续,发挥长久之功效。在廉政公署的1300多名职员中,每年因贪污被调查、起诉的平均不超过3人,且无一例与职务犯罪相关。

廉政公署的经费亦是以一个独立开支总目的形式呈交特别行政区长官(1997年7月前为总督)审批,由财政司从每年的预算中直接拨款,2013年拨款总额为9.273亿港元。廉政公署给予其职员较丰厚的报酬,依据不同的职薪点,职员享有相应的有薪假期、房屋福利及医疗福利等。这一方面有利于吸引优秀的专业人员,另一方面在于薪酬微薄的公职人员,特别是反贪工作者,会比待遇良好的人更易受到贿赂的引诱。高薪养廉与严查贪污是其制度有效运作的基础。

表4.2 廉政公署各部门之晋升机会及月薪表(2013年)

薪 级	执行处	防止贪污处	社区关系处
$104 350—$112 155	首席调查主任	首席防贪主任	首席廉政教育主任
$80 195—$100 150	总调查主任	总防贪主任	总廉政教育主任
$59 805—$77 055	高级调查主任	高级防贪主任	高级廉政教育主任
$36 505—$57 275	调查主任	防贪主任	廉政教育主任
$17 735—$31 650	助理调查主任	不适用	助理廉政教育主任

资料来源:香港廉政公署(ICAC)。

2014年,香港特区行政长官梁振英认为,香港多年来稳居世界最廉洁城市之列,同时是公认的全球最自由经济体,更与纽约、伦敦鼎足而立,并列为主要的国际金融中心,香港有这些成就,廉政公署功不可没。廉政公署每年调查市民对贪污的容忍度,0分代表完全不可容忍,10分代表完全可容忍,2013年的平均得分为0.8,这就意味着香港市民对贪腐的容忍度是非常低的,93.5%的受访市民认为廉政公署的工作是值得支持的。"香港胜在有ICAC"高度概括地说明了这一点。

四、小结

葛柏从高级警司沦为阶下囚,使得廉政公署"老虎、苍蝇一起打"的反贪设计成为可能。时至今日,廉政公署在反腐败层面越来越重视专业性、独立性与权威性,从而为香港建立了廉洁公平的城市形象。

腐败犹如瘟疫,不仅使国家、社会及个人的利益受到严重侵害,而且也扭曲了经济环境,破坏了民主,扰乱了正常的社会管理秩序,成为世界各国和各地区面临的共同问题。国际社会一直在积极寻求根治腐败的良策。

2013年香港前廉政公署专员汤某涉嫌超标公款吃喝被刑事调查,在防止腐败与权力滥用上,如何进一步深化反腐之路,构建廉洁、文明、健康的社会仍然是任重而道远。香港经验为内地反腐之路的深化提供了有效借鉴,即逐步从运动式反腐转向制度化反腐,将权力关进制度的笼子,再拓展至社会性反腐,规范国家与社会各自的权力边界,从而促成国家与社会之间的良性互动,构建高效、廉洁、清明的行政生态。

第五章　行政与教育:新中国成立初期院系调整研究

在行政与教育的互动过程中,行政起着重要作用,它制定教育政策,塑造大学内在结构,对教育变迁起着深远的影响。新中国成立初期,我国高校的重大变革是在大规模经济建设之发轫、思想改造和"以俄为师"的前提下进行的。它以 1952 年 6 月中旬至 9 月下旬中央人民政府实施的"院系调整"为代表。这是中国高等教育行政管理史上的一个重大转折,对教育与社会的影响十分深远,它确立了各级教育行政机构直接管理学校的体制,改变了民国以来的大学生态与运行机制。本章拟回到历史的场景(context)之中,从梳理院系调整的缘起入手,在此基础上厘清院系调整的过程与影响,以期为优化当前大学的教育管理与高校行政改革提供借鉴与启示。

一、院系调整的起源

1949 年中华人民共和国成立,此时世界范围内鲜明地存在资本主义与社会主义两大对立阵营。从中国共产党革命的过程以及随后朝鲜战争的影响来看,当时政治上的"一边倒"和"以俄为师"是可能性极大的选择。毛泽东早在中国革命即将胜利的 1949 年 7 月已言:"积四十年和二十八年的经验,中国人不是倒向帝国主义一边,就是倒向社会主义一边,绝无例外……我们在国际上是属于以苏联为首的反帝国主义战线一方面的,真正的友谊的援助只能向这一方面去找,而不能向帝国主义战线一方面去找……苏联共产党就是我们最好的先生,我们必须向他们学习。"①明确宣布"一边倒"的方针。同年 10 月 5 日,刘少奇同志在中苏友协总会成

---

① 毛泽东.毛泽东选集[M].北京:人民出版社,1991:1473,1475,1481.

立大会上说:"我们要建国,同样必须'以俄为师',学习苏联人民的建国经验";"苏联有许多世界上所没有的完全新的科学知识,我们只有从苏联才能学到这些科学知识。例如:经济学、教育学等等"。1949年12月召开的第一次全国教育工作会议上,根据毛泽东的建议,确定以老解放区新教育经验为基础,吸收旧教育有用经验,"特别要借助苏联教育建设的先进经验"[①],"应该特别着重于政治教育和技术教育"。1951—1952年,教育领域开始提出要全面而系统地移植苏联教育模式,按照苏联高等教育国有化模式和高度分化的专门教育体系建构中国的高等教育制度,逐步取消私立大学(包括教会学校),党和政府对高等学校实行集中统一的计划管理,包括招生数、专业和人事任命、学籍管理、统一的课程设置等方面,学校主要"为国家培养具有高级专门知识"[②]的技术型人才。

从经济角度来看,1952年随着国民经济恢复,"三反运动"的结束,国家开始有计划地进行经济建设,计划的主体是国家的工业化,特别是要集中力量保证重工业的建设,这就亟须大量合格的各种专门人才,尤其是工业建设的专门人才。而当时存在的主要问题是:高等学校多集中在沿海地区和大城市,地区分布不合理,对中西部地区经济建设与发展不利,仅京、沪、苏、粤四个省市的高校就占全国高校总数的1/3以上,上海高等学校有37所,学生数占了全国高校学生数的1/5;人才结构培养比例失调,人文学科所占比例高达60%以上,工业人才极度匮乏,工科培养水平低、规模小,不能培养配套比较齐全的工程技术专业人才,1952年院系调整前,全国206所高校中,工科院校仅为36所,约占17%,工科学生占总数的7.4%,远远不能适应大规模经济建设对工程和科学技术人才的需要。因此,其时教育部将全国教育建设的方针定位为"根据国家大规模的经济建设的需要,及时培养供应各种建设事业(首先是工业)所必需的高、中级干部和技术人才",确定增设高等学校95所,其中高等工学院50所,师范学院25所,医学院10所,政法学院6所,地质学院2所,其他2所,[③]以此揭开了1952年院系调整的重点。

---

① 中国教育年鉴(1949—1981)[M].北京:中国大百科全书出版社,1984:684.
② 中央人民政府政务院关于改革学制的决定[J].人民教育,1951(11).
③ 中共中央文献研究室.中央教育部党组六、七月份的综合报告[M]//建国以来重要文献选编:第三册.北京:中央文献出版社,1992:355-356.

新中国成立后,全国的高等院校经过初步整顿,基本步入了正常发展轨道。但就全国总的情况看,高等教育在结构上仍存在地区布局不平衡,院系重复设置、偏科设置或设置庞杂,以及培养目标不明确等问题。尤其是为迅速改变我国一穷二白的落后面貌、加强工业发展的基础,急需工业建设人才和师资。教育部副部长钱俊瑞在《高等教育改革的关键》一文中说:"究竟哪些是当前改革高等教育中所急需做的主要工作呢?第一,就是制度的改革,其中包括院系的调整。"为此,1952年5月教育部确定的院系调整方针是:"以培养工业建设人才和师资为重点,发展专门学院和专科学校,整顿和加强综合性大学。"调整的原则包括:基本取消原有系统庞杂的、不能适应培养国家建设干部需要的旧制大学,将其改造成为培养目标明确的新制大学;为国家建设所迫切需要的学科专业,予以分别集中或独立,建立新的专门学院,使之在师资、设备上更好地发挥潜力,在培养干部的质量上更符合国家建设需要;将原来设置过多、过散的摊子,予以适当集中,以便整顿;条件太差,一时难以加强,不宜继续办下去的学校,予以撤销或归并等。

伴随着这些政治、经济变迁的是高校内部结构与思想的变革。1951年春从批判《武训传》开始,逐步展开了对知识分子的思想改造运动,在高等学校以改造教师思想、改革高等教育为目的,批判"崇美""亲英""超政治"和"纯学术"的资产阶级思想,采取人人"洗澡"、个个过关的群众运动方式。在思想改造基础上进行院系调整,以及在此过程中不断进行思想教育,是顺利完成院系调整工作的重要条件。在行政组织上,一方面强化教育部对全国高等院校负有的统一的领导责任;另一方面选派大量干部(包括新中国成立前在一些院校从事地下工作的共产党员与进步人士),加强了对高等学校的调控,组成了校务委员会,建立了共产党和新民主主义青年团的基层组织,老解放区的高等学校在抽调骨干力量支援新区院校的同时,还从毕业生或在校生中选留一定数量的人员充实到各院校的行政干部队伍,仅1949年全国206所高校就有行政干部(不含教师)1.3万余人,这为院系调整奠定了思想与组织基础。以清华大学为例,1948年12月清华园解放时地下党有205人,1949年6月22日清华地下党正式向全校公开,党组织迅猛发展,当年发展党员124人,经中共北京市委任命,以彭佩云为清华党支部书记;1951年2月25日正式成立清华大学党委会,设组织部、宣传部,下设10个党支部,以新中国成立前中共清华地下党负责人、清华大学航空工程系1945级学生何东昌为党委书记;1951年9月清华大学党委成立统战工作领导小组,积极开展对非党知识分子的统战工作,贯彻党对知识分子的团结、教育和改造的方针,开展公开的批评与自我批评,并安排好他们的各项工作;1952年清华大学发展党员223人,由1948年底的205人增加到615人,成为党在学校组织的核心依靠力量。

因此,"以俄为师"的政治导向、大规模计划经济建设之发轫以及高校内部社会结构的改造,这三者之间的互动构成了20世纪50年代大学改革的起源。

二、院系调整的过程

1952年,教育部遵照党中央"以培养工业建设人才和师资为重点,发展专门学院与专科学校,整顿和加强综合性大学"[①]的总方针,于5月发出《关于全国高等学校1952年的调整设置方案》,以华北、华东和东北三区为重点进行全国高校院系调整,仿造苏联高校模式对高等学校内部结构进行根本性改造:除保留少数以文理为主的综合性大学外,按行业归口建立单科性高校,重视工科院校调整,大力发展独立建制的工科院校,相继新设钢铁、地质、航空、矿业、水利等专门学院和专业。整个调整工作,京津地区6月份开始重点展开,华东、西南、东北等地亦随即全面调整,进展较快,至当年底,全国已有3/4的院校进行了院系调整,初步形成了新中国的高等教育基本框架格局。具体调整工作略述如下。

1. 调整的原则

高等学校的内容和形式,按大学、专门学院及专科学校分别调整充实。

大学(指综合大学)为培养科学研究人才及培养师资的高等学校,全国各大行政区最少有1所,最多不超过4所。

工学院是这次院系调整的重点,以少办或不办多科性的工学院,多办

---

① 中共中央文献研究室.做好院系调整工作,有效地培养国家建设干部[M]//建国以来重要文献选编:第三册.北京:中央文献出版社,1992:305.

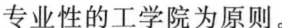第五章 行政与教育:新中国成立初期院系调整研究

专业性的工学院为原则。

师范学院每一大行政区必须办好1所至3所,培养高中师资;各省可办专科,培养初中师资。师范学院设系应严格遵照中等学校计划所需要的系科,纠正过去与大学同学科设系倾向。①

2.调整过程

院系调整过程大致分为三个阶段。一为准备阶段,建立组织,制订计划,进行动员。涉及院系调整的高校设立建校筹备委员会,建校筹备委员会为该校最高领导机构,在教育部及各大区院系调整工作委员会统一领导下,登记物资,制订具体的物资、校舍调整计划,编制预算,做好装箱搬运等各项准备工作。在动员方式上,从上到下,先教师后学生。二为行动阶段,涉及物资的搬运、检收,教师及其家属的安置工作,其中人事安排是核心部分。三为建设阶段,继续做好师生的团结教育工作,安定生活、分配课程,制订教学计划,使学校工作正常化,并积极做好系科的建设工作。

通过此次调整,新设北京地质学院(由原北京大学、清华大学、天津大学、唐山铁道学院四校地质系科组合成立)、北京钢铁学院(由北京工业学院、唐山铁道学院、山西大学工学院、西北工学院等校冶金系科及北京工业学院采矿、钢铁机械,天津大学采矿系组合并成立)、北京航空学院(由北京工业学院航空系、清华大学航空学院、四川大学航空系合并成立)、北京林学院(由北京农业大学、河北农学院、平原农学院森林系合并成立)、北京农业机械化学院(由北京农业大学机械系、北京机耕学校及农业专科学校合并成立)、中央财经学院(由原北京大学、清华大学、燕京大学、辅仁大学四校经济系财经部分与中央财政学院各系科合并成立)、北京政法学院(由原北京大学、清华大学、燕京大学三校政治、法律系与辅仁大学社会系合并成立)、天津师范学院(由原津沽大学师范学院、天津市教师学院合并成立)、华东政法学院(由原复旦大学、南京大学、安徽大学、震旦大学、上海学院、东吴法学院六校法律系与复旦大学、南京大学、沪江大学、圣约翰大学四校政治系合并成立)、上海第二医学院(由原圣约翰大学医学院、震旦大学医学院等校合并成立)、华东药学院(由原齐鲁大学药学系、东吴

---

① 参见教育部档案,1952年院系调整卷。

大学药学专修科合并成立),华东化工学院(由原交通大学、大同大学、震旦大学、东吴大学、江南大学五校化工系合并成立),华东水利学院(由原交通大学、同济大学、南京大学、浙江大学四校水利系及华东水利专科学校合并成立),华东航空工业学院(由原南京大学、交通大学、浙江大学三校航空系合并成立),华东体育学院(后易名上海体育学院,由原华东师范大学、南京大学、金陵大学三校体育系科合并成立),山东财经学院(由齐鲁大学经济系与山东会计专科学校合并成立),苏北农学院(江南大学农艺系与南通学院农科等校合并),中南矿冶学院(由武汉大学、湖南大学、广西大学等校矿冶系合并),重庆土木建筑工程学院(由原重庆大学、贵州大学、川北大学等校土木系合并),四川化工工业学院(由原重庆大学、四川大学、川北大学等校化工系等系科合并组成),东北财经学院(由东北人民大学财政信贷、会计统计两系与东北财政专门学校、东北银行专门学校、东北计划统计学院等校合并成立),东北地质学院(由原东北地质专科学校、东北工学院地质系与山东大学地矿系合并成立),东北林学院(由浙江大学农学院、东北农学院森林系与黑龙江省农业专科学校森林科合并成立),沈阳农学院(由原复旦大学农学院移设,东北水利专修科并入),内蒙古畜牧兽医学院(由河北农学院、平原农学院两校畜牧兽医系合并成立),以及八一农学院等26所院校。

保留北京大学、南开大学、复旦大学、南京大学、山东大学、东北人民大学、中山大学、武汉大学等校为文理综合性大学;清华大学、南京工学院、重庆大学、交通大学、同济大学、浙江大学等校定位为多科性高等工业学校;在院系调整中,私立大学和原教会大学全部改为公立,撤销辅仁大学、金陵大学、齐鲁大学、圣约翰大学、之江大学、沪江大学、震旦大学、岭南大学、华南联合大学等校的校名,其系科并入当地其他院校,如辅仁大学并入北京师范大学,金陵大学文理学院各系并入南京大学相关系科。

经过1952年院系调整,工科、农林、师范、医药院校都有大幅度增加,其中工科、师范类在校生比1949年增加两倍多;综合性院校大幅度缩减,由调整前的51所减为21所,政法类在校生由新中国成立前的37 682人减为3 830人。

表 5.1　1952 年全国六大区各类高校调整前后校数变化统计表

	总计	综合	工科	农林	医药	师范	语文	财经	艺术	体育	民族	其他
调整前校数/个	210	51	31	18	29	30	8	22	15	0	6	0
调整后校数/个	218	21	44	30	34	37	7	12	15	3	9	3

	总计	华北	东北	西北	华东	中南	西南
调整前校数/个	210	35	33	10	60	39	33
调整后校数/个	218	47	34	13	56	40	26

资料来源:中国高等教育研究 50 年:1949—1999[M].北京:教育科学出版社,1999:1864.

表 5.2　各类高校调整前后分科学生数

单位:人

年代	合计	工科	农林	医药	师范	文科	理科	财经	政法	体育	艺术
新中国成立前最高年(1946)	154 612	27 555	10 147	11 849	20 818	15 794	9 929	17 698	37 682	594	2 546
1949	116 504	30 320	10 361	15 234	12 039	11 829	6 984	19 362	7 338	282	2 755
1950	137 470	38 462	13 268	17 414	13 312	10 147	9 845	24 084	6 984	297	3 657
1951	153 402	48 517	12 000	21 356	18 225	11 936	7 801	25 300	4 225	180	3 862
1952	191 147	66 583	15 471	24 752	31 551	13 511	9 563	21 974	3 830	325	3 587

资料来源:中国教育年鉴(1949—1981)[M].北京:中国大百科全书出版社,1984:966.

在院系调整过程中,一方面进行了高校之间的合并重组,调出工、农、医、师范、政法、财经等系科,将这些系科合并到同类学院中或成立独立的专门性院校,同时根据国家计划经济和工业建设的需要设置新专业,"新的专业的面则常比西方大学生主修的专业窄"[①];另一方面实施了高校内部的系科调整,具体办法是根据苏联大学模式,将民国以来大学中院一级(如 A 所示),改为系(如 B 所示),以系为教学行政研究单位。

---

① [美]费正清,R.麦克法夸儿.剑桥中华人民共和国史(1949—1965)[M].北京:中国社会科学出版社,1990:208.

校(大学)→ 院→系→组(A)

校(大学或学院)→ 系→教研室(组)(B)

三、院系调整的影响

历史是一面镜子。1952年院系调整的影响是深刻的。通过调整,其积极性主要体现在以下几个方面。

首先,我国高等教育从本质上改变了旧中国不能培养学科品种比较配套齐全的工程技术人才的落后状况,形成了文、理、工、农、医等学科设置相对完备的高等教育体系。按地质、矿业、动力、冶金、机械、电机、电气仪器、无线电技术、化工、粮食食品、轻工、测绘水文、土木建筑工程、运输、通信、军工等16大类别,设置了百种以上的工科专业,解决了我国高等教育发展史上工科教育过于薄弱的痼疾,具有深远的战略意义。

其次,学校办学经费有保障,人才培养在数量、规格、质量要求等方面目的明确,计划性强,培养和使用衔接紧密,降低了人才培养的成本。学校布局有所改善,由沿海大城市向内地拓展,到1956年,上海高校由调整前的37所减为19所,广东高校由12所减至7所,陕西高校则由1949年的3所发展到13所,在校学生发展到22 322人,比1949年增加了近9倍,由全国第14位跃居到全国第7位,①适应了以"一五"计划为开端的大规模社会主义计划经济建设的需要。经过院系调整,1953年工科学生所占高校学生比重已达37.7%,在各科学生中占第一位,为"一五"计划的实施和国民经济发展培养出大批工程技术人才。

再次,大大加强了清华大学、天津大学、浙江大学等学校的科技实力,奠定了高新科技的基础,为国防实力的增强作出巨大贡献,有力地维护了祖国的安全。国家表彰的为"两弹一星"作出突出贡献的23名科学家,其中就有14名是新中国成立后曾在清华大学学习和工作过的。

20世纪50年代大学变革的不足性主要体现在对世界高等教育发展规律、现状不很了解,更受制于中国高等教育50年代时建立起的集中统一的管理体制及苏联式的专业设置和教学计划,将苏联教育经验绝对化、政治化,将其与社会主义制度的优越性混同起来,由此全面否定西方国家

---

① 中国教育年鉴(1949—1984)[M].长沙:湖南教育出版社,1986:1175.

以及民国高等教育理念与体制中有益的学术传统,如本科的通识教育(general education),在工学院里设理科专业,理工结合,办学主体的多元化等。我国著名心理学家,50年代担任南京大学校长的潘菽曾说,高等教育部当时学习苏联有许多地方变成机械地盲目地学习,就心理学来说,高等教育部因为盲目学习苏联,硬把心理学专业摆在哲学系里,结果使心理学专业在工作上遭遇到种种困难,致使这门学科的教学工作的改进和研究工作的开展遇到许多障碍。固然,苏联的心理学专业是设在哲学系里的,但这是由于古老的传统,并没有很好的理由。所以苏联的那种办法其实已经是陈旧的经验,并不能算是何种先进的经验。但高等教育部硬要照学陈旧的经验,而轻易抛弃我们原来的把心理学和哲学分开的那种正确的办法。

1952年院系调整,确立了分化的专门教育体系。1953年,国家专门成立了高等教育部,对高等学校教学过程实施全面控制。高度一统化的教育模式,抹杀了学校之间和学生个体之间的差异。专业口径狭窄、知识结构单一,影响了学科之间的渗透、交融与发展,也窒缓了大师级人才的全面培育。近百年来,获得诺贝尔自然科学奖的334项成果中,近半数的项目是多学科交叉融合取得的。爱因斯坦曾说过,仅仅用"专业知识教育人是不够的。通过专业教育,他可以成为一种有用的机器,但是不能成为一个和谐发展的人。要使学生对价值有所理解并且产生热烈感情,那是最基本的。他必须获得对美和道德上的善有鲜明的辨别力"。[①] 教育与训练的最大不同就在于,教育不仅传授着知识,更孕育着一种源源不断的人文资源。单有狭隘的专业知识和兴趣也许可以训练"工匠",但绝对出不了大师。人文主义熏陶与理工科技术教育,两者和而不同。前者偏重于直觉感受和形象思维,后者着重于逻辑推理和抽象思维。它们对于培养学生健全的人格品质与科学思维皆功不可没,如鸟之两翼。

新中国成立以来我们培养出不少优秀人才,但少有在世界科技与社会科学领域的顶尖级人才,这与1952年院系调整以来"我国高等教育长期文理、理工分家,人文教育与科学教育相割裂,给培养的学生带

---

① 爱因斯坦.爱因斯坦文集:第3卷[M].许良英,赵中立,张宜三,编译.北京:商务印书馆,1979:310.

来了思维方式的缺陷和知识面的偏颇"①是有一定关联的。即使是当时的 21 所综合性大学,如北京大学、南京大学等,也仅仅是文、理科的综合,"解放初期的南京大学曾有文、理、工、农、医、师范等 7 个院共 42 个系科,院系调整后仅保留了文、理方面的 13 个系",并且严格分成文科和理科,文理科又各自按照传统的学科分类组成系科和专业,不仅文理科之间没有进行真正综合,就是自身专业之间也缺乏渗透和交融。院系调整后形成的"'综合大学(文理学科型)—多科性工科大学—单科性专门学校'的高校设置模式,往往由于社会科学与自然科学,基础学科与应用学科的相互脱节和分离……影响了学科的更新发展与人才培养的质量;同时,还妨碍了以后高等学校基础研究和应用研究、开发研究的结合"。②

  1952 年院系调整,重视工科,忽视理科,严重削弱了政法、财经等人文社会学科。1947 年政法系科在校生占大学在校学生总数的 24.37%,1952 年占 2%,1962 年仅占 0.46%。以政治学(Political Science)为例,1903 年,京师大学堂的课表上所列的 8 个科目,其中就有"政治学科"。辛亥革命后,相继建立的各高等院校,也大部分建立了政治学系。1948 年,当时全国约 200 所大学中,已有近 50 所大学设立了政治学系,培养政治学人才,而在许多政治学系的课程设置中,不仅有政治学理论、比较政治、国际政治、中国政治等政治学课程,也有行政学和操作性比较强的行政管理。在那一段时间里,中国政治学与行政管理的教学与研究工作,曾经取得了一定成绩,涌现出一批著名的学者,出版了一批有价值的政治学与行政管理著作。1949 年中华人民共和国成立,新中国完成了夺取政权的革命任务,进入了巩固政权的建设时期。当时国家面临的问题,首先是如何建设一个和谐、稳定、高效的政权体制。按理说,政治学(研究社会公共权力运行规律的科学)际此时机,应该大有用武之地。然而 1952 年照搬苏联模式,认为政治学、法学是"资产阶级伪科学",各大学的政治学系、法学院一概取消,师生纷纷被迫改行。时任南京大学法律系主任的赵之远回忆说,取消法学院之后,自己教了 20 多年书,忽

---

① 周远清.挑战重理轻文,推进人文教育与科学教育的融合[J].中国高教研究,2002(1).
② 王德滋.南京大学百年史[M].南京:南京大学出版社,2002:309.

然停下来,五年来苦闷之极,专长不能发挥,白白浪费时间,这种做法令人不能理解;其时法政不完备,法学总则、分则都没有公布,判决案件没有标准,因此一个案件在这里这样判,在另外一个地方又是那样判,深感没有法律就没有法治。

国家机器挟其强力无坚不摧,社会为此付出代价。政治科学、法学被否定,在政治科学、法学领域内的许多问题,诸如关于中国政治制度如何进一步完善,关于立法、行政与司法的权限及其相互关系,政府结构与体制、党政关系、国家行政管理、人事制度、决策程序、人民民主权利的保障等等重大问题,均缺乏科学研究,从而长期陷入一定程度的盲目性之中。许多政治行为不能真正按客观规律办事,而是往往被主观随意性所左右。用政治空谈来代替认真的政治学研究,用主观随意性来代替对政治问题的客观规律的认识。① 因此,邓小平说:"我们所有的改革最终能不能成功,还是决定于政治体制的改革。"②

当时从经济建设需要出发,掌握工科专业技能去适应眼前急需,大力发展实用的学科,一些大学的重要系科被连根拔掉,由此造成了人文精神(humanism)的流失,滋生了急功近利的教育理念。学生从一开始不是被培养如何对自己的生活作出选择,而是在一种高度权威主义的教育体制和哲学下,掌握社会需要他们掌握的技能。清华大学原是一所有着浓厚人文底蕴和文理工结合的一流综合性大学,在人文与科学方面曾经群英荟萃,为中国学术研究和东西文化交融作出了辉煌贡献。20世纪50年代初的院系调整中,基于以苏联为榜样以及国家建设对培养工业人才的迫切需要,武断取消了清华人文社会学科和理科的建制,建成纯工科型大学,但须知工科发展和理科发展其实是紧密联系的,有了扎实的科学基础,工科才能更迅速地发展。"一种学问的继长增进,并不是由于机械式的自然演化,其有赖于负荷此门学问之人的精神感召。"③曾任哈佛大学

---

① 何子建.北大百年与政治学的发展[J].读书,1999(5).
② 政治学研究的滞后甚至贻害于20世纪80年代,难以为当时的改革提供决策性的"思想库"和可操作性的"路径依赖"(path dependence)。例如,邓小平说:"政治体制改革的内容现在还在讨论。这个问题太困难……我们首先要确定政治体制改革的范围,弄清从哪里着手。"参见邓小平.邓小平文选:第三卷[M].北京:人民出版社,1993:176-177,164.
③ 贺麟.文化与人生[M].北京:商务印书馆,1988:79.

校长40年之久的艾略特曾说过,美国的大学在成立之初就绝不是外国体制的翻版,它是在美国的社会和政治环境中自然缓慢地成长起来,并体现着受过良好教育的社会各阶层所共有的目标和雄心。思想家爱默生(Emerson)亦言:"富贵的大学礼服和富比黄金城市的基金,也永远敌不过智者最微不足道的只言片语。若忘记这一点,则我们美国的大学即使一年富于一年,仍将日益减弱其对公众的意义。"①

四、小结

公共行政是对公共事务的管理,其实质是制定公共政策。哈耶克说,改革往往是一场知识上的冒险,政治领导人总是根据自己掌握的知识来提出改革的目标和方案。信息化时代社会的竞争越来越多地转向以知识与人才为核心的竞争,现代社会哺育知识与人才最重要的摇篮——大学,成为时代的焦点。

对于实现教育机制的现代化,我们不仅需要前瞻,而且需要回顾,善于从历史中汲取养料。20世纪50年代大学改革的启示是深远的。20世纪50年代初,我国政治、经济及社会三者互动的背景构成当时大学改革的起源。以华北、华东和东北三区为重点进行全国高校的院系合并重组,涉及全国3/4的高等院校,摈弃欧美大学的综合性模式,采用苏联的单科性办学模式,奠定了我国高校的基本格局。院系改革解决了我国高等教育发展史上工科教育过于薄弱的痼疾,但是在集中统一的管理体制下,将苏联教育经验绝对化、政治化,亦忽视了教育的精髓在于优美人格的养成,滋生了好大喜功、急功近利的教育理念与行为。

人文教育的意义不在于终端结果,而在于教育过程本身就已经在帮助学生知晓并运用自足生活所需要的个人选择、思考、讨论、决定与判断,并尽量能够真正把握自己的命运。② 在全球化日益拓展的今天,借鉴学习别国的政治、经济和文化教育制度,简单的移植或者形而上的否定都是

---

① 原文为:Gowns, and pecuniary foundations, though of towns of gold, can never countervail the least sentence or syllable of wit. Forget this, and our American colleges will recede in their public importance, whilst they grow richer every year. 参见 Ralph Waldo Emerson. The American Scholar. http://www.emersoncentral.com/amscholar.
② 徐贲.通识教育是怎样的课程[J].南方周末,2015-12-03.

不足为训的。我们需要的是立足于本国本民族的实际与学统,平心静气而又不带任何偏见地去研究、去思考,并有机结合高等教育的内在规律性,形塑以学术研究为导向的教育政策,从而为现代化发展提供深刻思想与技术创新的源头活水。

第六章 地方行政：地方政府管理体制改革研究

地方化行政展现了行政管理的中观与微观层面。1949年以来，新生的中华人民共和国在借鉴苏联政治、经济模式的基础上，以法令条文的形式基本确立了我国地方政府管理体制的格局：以党管干部的委任制为核心，以自上而下的指令体制为主体，以意识形态体制为推动力，构成了一个相对稳定的操作系统和组织结构。它具有高度集权、计划管理、党政合一的特点。这种地方政府管理体制，基本适应了新中国成立初期尖锐的政治条件和特殊的建设任务之需要，并促进了国民经济的恢复和发展。随着社会主义改造的完成，1957年以后地方行政与经济体制日趋集权、封闭与低效化。

从1978年的增量改革开始，随着"简政分权"政策的实施以及"财政包干"体制的改革，中央政府持续地向地方下放权力，使地方政府具有较大的资源决策权和使用配置权，赋予地方行政以较大的活力，有效促进了地方经济的高速增长。近年来，供给侧结构性改革的深化使得地方政府的施政平台与管理权限进一步扩大，本章先分析当前地方政府在运行过程中凸显的主要问题，然后从体制与政策变迁的角度阐释应对的策略与方法。

一、地方政府管理存在的问题与原因

全球治理体系的变革与"一带一路"建设的拓展使得公共行政须更符合国际惯例，这亦成为我国地方政府作出适应性改革的外在压力与驱动力之一。当前制约我国地方政府管理体制现代化的主要症结体现为三个方面。

1. 地方政府职能错位

地方政府职能是指地方政府在行政管理中的角色、功能与作用,主要涉及政府该管什么,怎么管,如何发挥具体功效的问题。① 由此可见,政府职能聚焦于政府与市场、政府与社会之间的互动关系,有效发展流动自由、交易规则、公平竞争、统一透明的经济与社会环境。党的十八届三中全会指出,发挥市场在资源配置中的决定性作用,清除市场壁垒,提高资源配置的效率性和公平性。② 市场经济国家意味着政府必须按市场经济规律管理经济,构建基于有序竞争的、完整的市场运行规则。在地方增加税收和干部要出政绩的动机驱使下,地方政府往往采取多种保护性措施与优惠政策对市场进行封锁和保护,甚至出现了一些地方政府默许、包庇、纵容假冒伪劣的现象。同时,地方政府在行政管理的过程中存在着"越位"与"缺位"两个亟待解决的问题。各级地方政府长期依靠行政手段将本来应该由企业、市场、社会团体与社会中介组织管的事,通过设立政府机构来管理,把过多的社会责任和事物矛盾集中在政府身上。地方政

---

① 学术界关于政府职能(functions of the government)的观点主要有五个方面:(1)"守夜人"说。亚当·斯密认为最好的政府是最小的政府,即"保护本国社会的安全,使之不受其他独立社会的暴行与侵略";"保护人民不使社会中任何人受其他人的欺侮或压迫,换言之,就是设立一个严正的司法行政机构";"建立并维持某些公共机关和公共工程"。(2)"裁判员"说。弗里德曼认为自由竞争的市场经济能够有效配置资源,自动调节供求关系,以实现帕累托最优。政府的必要性和重要性在于它是竞争规则的制定者和市场竞争的裁判者。(3)"经济管理者"说。在价格刚性假设下,凯恩斯认为经济存在长期衰退的可能性,进而提出政府需要管理宏观经济,通过扩大公共支出弥补私人部门总需求的不足。(4)"市场干预者"说。萨缪尔森认为即使在成熟的市场经济中也客观存在微观经济无效率、宏观经济不稳定以及社会收入分配不公平等现象,因此政府应当通过相应的政策干预调整克服市场失灵,提高社会福利水平。(5)"产权保护者"说。科斯认为如果市场交易成本为零,无论权利初始安排如何,市场机制会使资源配置达致帕累托最优。如果市场交易成本大于零,只要产权界定清晰,市场交易总是能将资源配置到最有效率的环节。道格拉斯·诺思将政府职能视为一个基本的产权结构,促进了资本市场形成与经济持续增长,因此政府的基本职能在于以国家机制尊重社会契约,保护私有产权。参见亚当·斯密.国民财富的性质和原因的研究:下卷[M].郭大力,王亚南,译.北京:商务印书馆,1972:254,272,284;维托·坦茨.政府与市场:变革中的政府职能[M].王宇,等译.北京:商务印书馆,2014:x;Douglass C. North. Institutions, Institutional Change and Economic Performance. Cambridge University Press, 1990:116.

② 中国共产党第十八届中央委员会第三次全体会议文件汇编[D].北京:人民出版社,2013:27-28.

府机构越来越庞大,官员越来越多,政府运行成本越来越高昂,财政不堪重负,机构臃肿,人员庞杂。[①] 20世纪50年代只有几个人的乡政府,现在已发展为数十人乃至数百人,乡镇和县的财政不堪重负。政府机构膨胀,税负的不断增加,亦给社会经济发展造成负担,因为政府规模越大,就越要从社会中提取大量钱财来养活不断膨胀的政府。邓小平认为:"我们的各级领导机关,都管了很多不该管,管不好,管不了的事。"[②]这就导致政社不分、政企不分,政府办社会,政府既是企业投资的审批者,又是企业银行贷款的担保者;政府既进行宏观管理,又往往参与微观经济主体——企业的经营,政府对企业承担了无限的责任,结果政府替代市场,而不是弥补市场的缺陷。当前国有企业的生产和流通虽然已经由市场调节,但企业在生产经营过程中实际上还是受到政府干预,还没有成为真正的市场主体。在投资方面,政府仍然根据规模大小实行行政审批,企业缺乏完全投资决策权。对于企业人事和干部的任免,地方政府主管部门或直接控制,或通过其他渠道施加不容忽视的影响。由于中介组织和公民社会发育不成熟以及政府的全能主义惯性,产生于高度集中的计划经济时代的行政审批至今仍然是政府职能的基本履行方式。由于审批范围广、事项多、环节多和裁量权大,结果导致审批范围和权限的随意扩大,审批效率的低下,以及以权设租现象的发生。

　　过度的"越位"必然连带着过度的"缺位",许多事项审批环节过多,审批过后又缺乏必要的监督,往往放任自流。地方政府的"缺位"功能以2001年南京冠生园为例,生产月饼要分别到地方政府的工商管理局和卫生部门进行企业登记注册、领取卫生许可证;审批过后,地方政府缺乏对其必要的监督与检查,监控其是否按照卫生防疫标准去做,结果酿成轰动全国的"冠生园陈馅"事件。上述这些因素不仅为政府官员权力寻租提供了方便,而且使一些经济关系被扭曲,政府行政效率低下,阻止了资源在全社会范围内的优化配置和我国市场经济体制的最终形成。实践证明靠政府管制来建立市场秩序不仅达不到目的,而且常常事与愿违。地方政

---

① 卢梭认为,"行政官的人数愈多,则政府也就愈弱";"负责的人越多,则处理事务就愈慢"。参见[法]卢梭.社会契约论[M].何兆武,译.北京:商务印书馆,1980:82-84.
② 邓小平.邓小平文选:第2卷[M].北京:人民出版社,1994:328.

府部门职责越多,就越来越多地承担本来完全可以由社会或市场自己去履行和完成的事情,结果形成"强国家,弱社会"(strong states and weak societies)的不良结构形态,事实上,"中国现代化两难症结真正的和根本的要害,在于国家与社会二者之间没有形成适宜于现代化发展的良性结构,确切地说,在于社会一直没有形成独立的、自治的结构性领域"①,以及由此引发的市场机制不规范。

2. 公众知情权缺失的行政方式

公众知情权缺失的行政方式是指行政行为缺乏透明性。透明度原则主要是指市场经济各成员之间关于保障当事人的知情权及法规可操作性等方面的通告义务,强调政府应及时地向社会发布正确的市场信息和公共信息,使民众掌握的信息尽可能准确充分,亦称"阳光行政"。

及时、准确、公正地披露信息是市场经济正常运行的条件,也是化解任何谣言的有力武器。谣言止于公开,将真实的情况在媒体上予以公布,亦会将危机削减。市场的开放性决定了行政方式的开放性,它要求政府的信息公开。如果地方政府能及时公开真实信息,民众能及时地掌握各种社会和市场的信息,就能进行准确的判断和预测,所有的社会谣言就会没有传播的市场。

透明度原则在于提高市场经济各成员之间有关经济政策与经济管理行为的可预见性和稳定性,防止各成员之间违规的不公开交易,把政府行政建立在市场配置资源的基础之上,减少行政干预。相比较而言,我们的地方政府行政方式有时具有较大的封闭性、随意性,条块分割,危机管理乏力,公众知情权缺失,缺少透明度。行政体系之内,往往通过内部文件和内部会议的形式来运作。决策体现为暗箱操作,执行不透明、监督无力、反馈不真实的现象依然存在。一些地方政府不遵循法治关于程序公正的要求,出现内部文件的权威大于部门法规政策以及国家法律法规的问题,依据领导口头指示往往可以改变既定规则的执行。地方政府行政过程某些时候被蒙上了一层神秘而随意的面纱。政府有关的规则,各种决定和会议情况常常被列入保密的范围,外人不得而知,有时只能从新闻媒体中自行揣测。企业或其他社会组织为了获取政策信息、文件内容,不

---

① 张静.国家与社会[M].杭州:浙江人民出版社,1998:272.

得不花费大量的时间和精力,亦由此产生寻租现象。2003年"非典"呈规模出现前,世界卫生组织正式向全世界发出出现急性呼吸系统流行病(SARS)的全球警报。但是我国部分地方政府的卫生部门没有及时向公众乃至医疗机构公布消息。在广东省染病无法得到有效治疗而辗转到太原和北京求医的山西患者,就使这种危险的疫病在北京和整个华北地区传播开来。在危机出现初期,政府应对"非典"透明度不高,官员行动迟缓,工作简单僵化,缺乏协调统一。如果当时广东省河源市刚出现疫情,地方政府部门就能够及时加以处理与救助,"非典"事件本不会蔓延到如此严重的程度——在中国内地累计病例5 327例,死亡349人。

3. 行政执行与监督的形式化

行政的执行与监督体现了行政管理的效果与行政的法治化水平,其基本机制体现为依据宪法法律设定权力,行使权力,制约权力,监督权力,力戒官僚主义与形式主义。邓小平指出,行政执行与监督的形式主义作风"是我们党和国家政治生活中广泛存在的一个大问题。……墨守成规,机构臃肿,人浮于事,办事拖拉,不讲效率,不负责任,不守信用,公文旅行,互相推诿,以至官气十足,动辄训人,打击报复,压制民主,欺上瞒下,专横跋扈,徇私行贿,贪赃枉法,等等……已达到令人无法容忍的地步"。① 他进一步强调,一个党,一个国家,一个民族,如果思想僵化,迷信盛行,那它就不能前进,它的生机就停止了,就要亡党亡国。②

马克斯·韦伯认为,政府机构的规范化,是指按章程办事的运行,受规则约束的运作;反之,就会导致官僚的任性专制,使政府权力发生异化。关键是如何使规则与制度得到有效实施,这亦反映了地方行政能力。新中国成立以来,我们制定了很多政府机构方面的规章制度,但在习惯上,在现实生活中,人们有时并不按这些规范办事,在"应然"与"实然"之间存在着巨大落差,政府所制定的许多法令、政策难以有效付诸实施。这种现象的长期存在,说明了我国地方政府机构在组织结构和运行机制等方面存在着深层次的矛盾和漏洞:权力不受监控,监督机制缺失,导致权力的滥用、腐败和社会不公。在巨大的诱惑面前,如果没有足够的制约机制,

---

① 邓小平.邓小平文选:第2卷[M].北京:人民出版社,1994:327.
② 邓小平.邓小平文选:第2卷[M].北京:人民出版社,1994:143.

道德的堤防是很难坚守的。例如,1999年厦门远华案的出现就与我国地方高度集权的反走私系统有关。此种现象如果不加以有力遏止,个人腐败会逐步发展为弥散性腐败,进而导致社会的弥漫性腐败。2016年的魏则西事件亦折射出地方政府执法行为与行政监督存有系统性的失灵。由此可见,地方行政的治理之道在于推进民主治理与法治行政的有机生长。

二、治理与善治

1. 制度分析框架:从邓小平到诺思

克服地方行政的失灵,推进地方政府角色和运作方式的体制创新,使地方政府在经济全球化背景下有所作为,这对于地方行政发展来说既是严峻挑战也是难得的机遇。治理与善治的实现,需要以制度建设为基础。

(1) 好的制度与坏的制度。作为中国改革开放的总设计师,邓小平揭示了建设一个良善的组织制度与工作制度的重要性。他认为,"制度好可以使坏人无法任意横行,制度不好可以使好人无法充分做好事,甚至会走向反面"。他进一步用比较的视野提出问题:"为什么资本主义制度所能解决的一些问题,社会主义制度反而不能解决呢?"邓小平由此给出的结论为:制度改革具有必要性,"领导制度、组织制度问题更带有根本性、全局性、稳定性和长期性"。① 如"非典"肆虐之际,2003年4月时为国务院副总理的吴仪兼任卫生部部长,她推动建立了公开透明的疫情报告和信息发布以及隔离诊疗制度,构建了及时透明的信息共享机制,从而扭转了治理"非典"的被动局面,有效地控制了疫情。

诺贝尔经济学奖获得者罗纳德·科斯分析了改革的制度设计要以结果为取向,聚焦于合意的结果(desirable results),认为这是改革能够成功的原因之所在。② 美国哈佛大学教授傅高义将邓小平优化制度建设的经

---

① 对于斯大林严重破坏社会主义法制,邓小平回忆毛泽东曾言,这样的事件在英、法、美这样的西方国家是不可能发生的。参见邓小平.邓小平文选:第2卷[M].北京:人民出版社,1994:333.

② 笔者以为这突出体现在邓小平的"猫论"上,不管黑猫、白猫,抓到老鼠就是好猫,注重实践是检验真理的唯一标准与实事求是,强调一切从实际出发,不断进行边际调适的渐进主义决策理念。科斯认为1978年的变革是巨大的成功。参见张五常.中国的经济制度[M].北京:中信出版社,2009:201.

验概括为以下几点。

首先,在推进大胆的改革之前,先进行实验(In introducing bold reforms, experiment first)。邓小平认为,在条件有利、当地领导人支持改革的地区尝试新想法是明智之举。如果新想法行之有效,邓小平会带领领导人到当地观察所取得的成绩,并派那些主管实验的领导人到全国各地介绍他们的成功之道。在广东省(包括深圳和其他"经济特区"),来自香港的商人纷纷涌入,建立新企业,制定新的高效率管理标准。实验成功后,相关经验被推广到其他地区。

支持精英体制(Support meritocracy)。邓小平相信,只有最优秀的学生才应当被邀请加入共产党。为了升到党内的更高层,干部们必须在更低层的位置显示自己的才能。领导人应该在一定年龄退休。

避免分化(Avoid polarization)。1978年,许多官员反对终结农村公社,尽管这种制度已经被证明不足以养活中国的人口。邓小平没有与反对变革的人正面冲突,直接废除公社。相反地,他告诉地方领导人,如果农民在饿肚子,就应当允许他们有所变通。于是一些村庄允许农民达到生产目标后留下粮食自用。自此,农业就繁荣起来了,多余的粮食也在市场上进行交易。邓小平邀请记者报道这些成功的故事,不到一年,全国大部分地区选择关闭公社。

与所有大国建立良好关系(Establish good relations with all major countries)。邓小平与外国领导人交谈甚欢,但又诚恳面对分歧。他认为苏联四处树敌的举动是个严重的错误。他是历史上首位访问日本的中国领导人,其间他还与日本天皇会面。他参与谈判,并与日本签订了一项和平友好条约,提倡民间交流,增加了从日本进口的电影、电视节目和书籍。邓小平还与美国完成了邦交正常化。他成功访问了美国,其间戴上一顶牛仔帽,证明中国人吸收美国文化是没有问题的。1989年,他在北京接待了米哈伊尔·戈尔巴乔夫(Mikhail Gorbachev),向世界展示,1963年以后恶化的中苏关系重回正轨。①

傅高义认为,亟须吸取的制度经验具体表现为:邓小平对风险和变革的开放态度,对排外思想的抗拒,对世界的实用主义看法,以及对精英体制而非特权的支持。

(2)制度建设的路径依赖。新制度经济学的代表者、诺贝尔经济学奖得主道格拉斯·诺思亦发现了制度因素的重要作用。他以美洲大陆作为研究视角,思考美国与拉丁美洲都是移民国家,为什么美国拥有全世界最发达的经济,而拉丁美洲却没有。诺思认为其原因在于:作为英国的殖民地,美国延续了英国的分权、制衡、市场化与明晰产权的制度矩阵;作为葡萄牙、西班牙的殖民地,拉美延续了集权(centralized)、官僚化(bureaucratic)、重视人情关系(personalistic relationships)的传统,在制度的演进过程中难以实现政治稳定,以及充分发挥现代技术的潜力。② 因此,社会内在的不同的制度结构使得新大陆国家的发展结果大相径庭。这就说明了组织制度设计与建构的基础性作用。

2. 从统治到治理:善治的实现之道

统治的思想意味着垂直、刚性、自上而下的命令关系,以严密控制、整齐划一为其理念。与统治相对应,治理的思想意味着横向、多元、柔性且有节制的互动关系,以法治为保障,确立各主体的权力边界与行为方式。地方政府的管理方式在于从统治型趋向治理型的根本转变,以实现善治的目标。经济学家吴敬琏先生认为"制度重于技术",就在于制度是一种可持续的、长期的激励。政府管理制度的创新突出体现为政府职能的重新界定。职能是机构设置的依据,机构是职能的载体。地方政府制度创新的当务之急是政府职能的重新塑造:维护社会与公众安全;维护司法公正;弥补市场失灵,提供公共服务;扶助社会弱势群体等。这就要在限定地方政府扩展范围的同时,提升政府的行政效率与质量,建立责任政府与透明政府,以提供公共服务为己任,最终形成善治(good governance)的行

---

① Ezra F. Vogel. Deng's China. The New York Times, November 10, 2012.

② Douglass C. North. Institutions, Institutional Change and Economic Performance. Cambridge University Press, 1990:116-117.

政理念与实践。

善治的本质意味着国家与市民社会(civil society)的良性互动。一方面,国家在自上而下推进现代化的同时,加速变更政府职能,减少管理层次,促使政府机构把更多精力投向宏观调控和公共服务等方面,主动而稳妥地撤出不应干涉的社会、经济等领域;另一方面,民众自下而上透过政治参与、舆论影响、自治组织等中介机构优化政府决策,形成推动政府改革、监督政府管理的强大动力。地方政府的权威来源于公众的信任,而公众信任来源于阳光程序与政府的实事求是。因此,善治不再仅仅是"运用政府的政治权威,通过发号施令、制定政策和实施政策,对社会公共事物实行单一向度的管理",而是一个"上下互动的管理过程,它主要通过合作、协商、伙伴关系、确立认知和共同的目标等方式实施对公共事物的管理",其"实质在于建立在市场原则、公共利益和认同之上的合作"。它包括政治合法性(political legitimacy)、行政透明性(administrative transparency)、社会秩序性(social order)和行政效率性(administrative efficiency),"其权力向度是多元的、相互的,而不是单一的和自上而下的","90 年代以来,在英语和法语的政治学文献中,善治概念的使用率直线上升,成为出现频率最高的术语之一",[①]国家或政府传统的那种"统治"(government)方式正在逐步让位于健全的"治理"(governance)形式。这种过渡表明,统治的含义有了新的变化,体现着一种新的"统治"理念,意味着以新的方法来管理社会。关贸总协定(GATT)、世界贸易组织(WTO)一直被视为治理的主体,其基本任务是"提倡发展产权、自由贸易、自由市场和科学分工,限制政府干预,它们以更加专业化和谨慎而细微的经济思维方式,以及对科学技术的信念来对付诸如环境等难题,对上述基本任务表现出极大的热情"[②]。

为优化政府的治理能力,20 世纪 90 年代以来美国政府曾实施"再造政府"的计划,对政府的改造具体表现为经过短短几年的努力,削减了 30 万名政府雇员,取消了 1.6 万页不必要的管制内容、250 项计划,以及 64

[①] 俞可平.治理与善治[M].北京:社会科学文献出版社,2000:6,8.

[②] [美]乔治·洛奇.全球化的管理:相互依存时代的全球化趋势[M].胡延泓,译.上海:上海译文出版社,1998:47.

万页的内部规定,节约了近14亿美元的开支。时为美国总统的克林顿力图走出一条"中间道路":不论政府大小而力求政府的效率;不强求政府做什么而着眼于政府怎么做;不纠缠征税与花钱多少而讲究适当征税、花钱得体;不辩论政府办事动机而着重政府办事的后果。时为美国副总统的戈尔受命主持美国政府的改革,建立一个"为人民服务、革除官僚作风、摆脱文牍主义和不合理条规的政府"。① 克林顿、戈尔改革政府的思想资源来源于戴维·奥斯本与特德·盖布勒,具体体现为以下10点。

(1) 起催化作用的政府:掌舵而不是划桨(catalytic government: steering rather than rowing)。

(2) 社区拥有的政府:授权而不是服务(community-owned government: empowering rather than serving)。

(3) 竞争性政府:把竞争机制注入服务的提供(competitive-government: injecting competition into service delivery)。

(4) 任务驱动型政府:改变照章办事的组织(mission-driven government: transforming rule-driven organizations)。

(5) 结果导向的政府:按产出而不是按投入拨款(result-oriented government: funding outcomes, not inputs)。

(6) 受顾客驱使的政府:满足顾客的需要,而不是官僚政治的需要(customer-driven government: meeting the needs of the customer, not the bureaucracy)。

(7) 有事业心的政府:收益而不是浪费(enterprising government: earning rather than spending)。

(8) 有预见性的政府:预防而不是治疗(anticipatory government: prevention rather than cure)。

(9) 分权的政府:从等级制到参与和团队协作(decentralized government: from hierarchy to participation and teamwork)。

(10) 以市场为导向的政府:通过市场杠杆进行变革(market-oriented government: leveraging change through the market)。

---

① [美]戴维·奥斯本,特德·盖布勒.改革政府:企业家精神如何改革着公共部门[M].周敦仁,等译.上海:上海译文出版社,2006:3.

美国佛罗里达州奥兰多市市长比尔·弗雷德里克曾言,奥斯本和盖布勒的原则帮助我们改革了奥兰多市政府,我们考验了这些原则,它们确实有效;马萨诸塞州州长威廉·韦尔德认为,奥斯本和盖布勒是真正创新的思想家,《改革政府》将列为该州政府官员的必读书。

新中国成立以来,我国地方政府机构进行过多次规模较大的机构改革或调整,其过程与结果始终没有跳出两极徘徊的恶性循环:"精简—膨胀—再精简—再膨胀","分开—合并—再分开—再合并","一治就乱,一乱就统,一统就死,一死再放",收效甚微的治理结局反映出过去那种以"合并"和"精简"为核心内容的地方政府机构改革其实难以真正奏效。因此,应重新界定政府的角色和责任,从传统的权力导向型转变为现代的规则导向型,从全能政府走向效能政府,从无限政府走向有限政府,从人治政府走向法治政府,从控制政府走向服务型政府。

在这方面,广东顺德进行了有益的探索。顺德政府管理体制改革之前,政府角色和职能错位,政府基本垄断了所有部门的资源配置职能。对国有企业来说,它们是依靠政府行政权力建立和发展起来的,由于经营机制的僵化,国有企业大量亏损,资不抵债,为了拯救这些濒临破产的企业,政府加强干预,实施了输血政策:政府担保,企业向银行贷款投资,负债经营发展起来,由于企业是集体或国家的,企业领导层往往为所欲为,因为赔了是国家和集体的,赚了是自己的。从实践的效果来看,政府的输血政策反而阻挠了改革,推迟了市场化的进程,同时也导致了宝贵的资金资源的无效配置,阻碍了经济效益的增长,而且一旦企业无法归还贷款,政府将背上巨大的包袱。为此,顺德政府进行管理体制的改革,将政府的角色定位于规范市场环境,完善市场秩序的宏观管理与公共服务方面,按角色和职能设置机构,减少配置人员和层次,弱化直接管理经济、参与经济活动的职能。通过改革,政府从直接管理企业,为企业提供贷款担保的困扰中解脱出来,各级机关不干预企业的经营和人事任免,依法行政、规范行政、透明行政。

因此,政府应致力于提升市场的效率和公平性,不以市场失灵为借口来代替市场,善治的实现在于政府为社会公众提供更多、更好的公共服务和公共物品。政府可以选择让市场机制决定收入分配,通过政府的力量即公共政策的实施,帮助弱势群体抵御各种社会风险的冲击。① 总之,治理促进国家、社会与市场之间多样化的协调与互动,善治则意味着基于多元良性互动的契约形成,此种契约具有普遍的约束力。

三、地方政府治理体制变革的目标设计与政策建议

地方行政处于民众与中央之间承上启下的中间环节。地方行政改革具体包括行政管理体制、行政运行机制、行政组织体系和行政程序的改革,主要目标如表6.1所示。

表6.1 地方行政改革的目标

指标	内容
民主	提高决策和管理过程的民主性
法治	提高政府立法质量,推进依法行政
责任	主动尽责,积极回应公民诉求
服务	强调服务意识,突出公共服务职能
优质	提供优质的公共产品、公共服务和公共管理
效益	提高行政效率,降低管理成本,建设低成本政府
专业	政府管理职业化,技术官员和职业政治家队伍开始形成
透明	政务信息公开,保证公民的知情权
廉洁	官员奉公守法,清正廉洁

资料来源:俞可平,《政治现代化——第五个现代化》(《偏爱学问》,上海交通大学出版社2016年版)。

"公开、公正、公平、效率"(open, fair, equitable, efficient)的原则,既是全球化背景下公共行政所应遵循的准则,也是地方政府依法行政的基石,其目的在于优化和提高行政的效能与公信力。法治的本质意味着以宪法为核心的法律拥有至高无上的权威性,无论组织还是个人都没有凌驾于法律之上的权力,"它既规范公民的行为,但更制约政府的行为。法

---

① [美]维托·坦茨.政府与市场:变革中的政府职能[M].王宇,等译.北京:商务印书馆,2014:3,6.

治是善治的基本要求,没有健全的法治,没有对法律的充分尊重,没有建立在法律之上的行政程序,就没有善治"。① 地方政府在法律范围之内活动,以法律的稳定性来维持政府施政的稳定性、连续性和开放性,有助于市场经济和市民社会的健康成长。法治的运作离不开人的因素,必须大力加强对公务员行政能力的培养。毛泽东说:"政治路线确定之后,干部就是决定的因素。"② 英国自由主义思想家、史学家约翰·阿克顿爵士认为,权力往往导致腐败,绝对权力绝对导致腐败(Power tends to corrupt, and absolute power corrupts absolutely)。③ 这说明了权力意味着某种恶,从众多腐败案例可以发现,掌权者独断专行,为所欲为,显示了我们缺乏对权力暗箱操作及时而有效的监督。因此,应通过体制创新,以公民权利制约政府权力,铲除腐败现象滋生的土壤和条件,从而以有效的制度设计在源头上预防腐败。邓小平提出:"对各级干部……最重要的是要有专门的机构进行铁面无私的监督检查。"④ 历史上的腐败现象,危害最烈的是吏治的腐败,官吏的腐败是滋生和助长其他腐败的重要原因。人是善恶共同体,对掌握权力的官吏如果不加以监督,其必然会腐化变质。单纯依靠个人的道德自律,批评与自我批评,以达到廉洁奉公、高效行政是远远不够的。只有建立一种健全而有效的机制,才能有利于张扬人性善的一面,抑制人性恶的一面。因此,我们要使政府权力运作与外部监督制约之间始终保持一种强有力的制衡关系,培育社会中介组织与市民社会的成长,理顺政府与社会的关系,完善社会的自治组织结构,使不同权力主体在相互制约中形成一个平衡体系,这亦是宪政的最高原则。

在这种格局下,应如伏尔泰所言,掌权者有充分权力去增进公益,但若要行恶,便会被缚住手脚;也应如马基雅维里通过研究古罗马共和制所

---

① 俞可平.治理与善治[M].北京:社会科学文献出版社,2000:10.
② 毛泽东著作选读[M].北京:人民出版社,1986:279.
③ 东西方历史上,对公共权力的行使有两种不同的价值观。孔子认为,为政以德,譬如北辰,居其所而众星共之;道之以政,齐之以刑,民免而无耻;道之以德,齐之以礼,有耻且格;为仁由己,从心所欲不逾矩。亚里士多德认为,为政最重要的一个规律是:一切政体都应订立法制并安排它的经济体系,使执政和属官不能假借公职,营求私利。以这样的安排,贵族阶级和平民群众各得其所,各安其宜。这就形成了公共行政历史上两种不同的行政观,以德行政与依法行政,即德治与法治的治理之道,它们是基于两种不同的人性假设。
④ 邓小平.邓小平文选:第2卷[M].北京:人民出版社,1994:332-333.

言,制约和均衡的格局限制着掌权者的私欲膨胀,使人民的自由和安全不依赖于掌权者的个人品质而去留。经济新常态的外在压力和民众内生诉求的增加,两者间的互动构成了地方政府体制改革的外驱力与内驱力,它要求地方政府的公共行政以法治化、透明化与责任化为原则,更加注重公平正义,推动地方政府行政能力的不断优化,促进政府管理的效率化与责任化。在中央政府的顶层设计背景下,地方政府实现中层的有效对接与政策落实,应通过制度设计和制度创新来保证人民充分行使民主选举、民主决策、民主管理、民主监督的权利,落实群众对干部选拔任用的知情权、参与权、监督权等,具体措施可以体现为以下几个方面。

其一,以干部制度改革为突破口,优化公务员考录制度,推进党政领导干部民主公开选拔和差额竞争上岗制,任前公示和试用期制以及引咎辞职和责任追究制,建立科学、合理和民主的干部人事任免制度。

其二,建立健全依法行使权力的监控体系。发展社会民主与党内民主,各级党的纪律检查委员会形成纵向权力的自上而下的制约机构。同时,加强媒体和群众监督,维护社会公正,形成缓解社会矛盾的减压阀,构建自下而上的制约体系。将宪法和法律赋予各级人民代表大会对政府行政等方面的诸多监督制约职能,真正落到实处,从源头上避免政府自己立法、自己监督执行的状况,使人大和政协成为表达民意的权力主体,真正逐步具有议政、参政、主政、监政的功能和权力,使人民意愿与政府行政之间保持动态平衡,因此各级人大依法监督是政府依法行政的前提与关键,并在一定程度上以此确立其国家权力机关的地位。

其三,大力推进阳光政府与电子政务(E-government)建设,实现政府运作和管理权限的扁平化、网络化、公开化和信息化,通过技术变革使得民众与政府之间形成顺畅通达的沟通网,在消解地方行政的懒政、怠政之时,亦有效提升行政效率。

四、小结

人类社会中,自中央至地方都是由显性与隐性的制度所形塑的,在这里"中央"与"地方"是制度层面的,而非地理意义的。制度的建构在于契合人性:若能张扬人性的善的一面,对其恶的一面加以有效遏制,则为好的制度;反之,则为坏的制度。地方政府的治理之道在于厘清政府职能,注重政务公开,简化行政审批,构建法治政府,提升行政效率。

传统社会向现代中国的转型需要有效建立起植根于本土并且顺应国际潮流,具有"内生性"的地方治理制度,从而充分调动各阶层的积极性与创造性,实现国家与社会的良性互动,进而促成中华民族的长治久安与繁荣发展。例如,改革开放以来中国经济的繁荣原因在于承包合约的实施与县际竞争的形成。[①] 从国际视角来看,大国发展与繁荣之道的制度安排在于:在统一与法治的框架下,对多样性包容的实现,只有这样,方可阻止社会的断裂与政府的失败。市场经济效率的提升与民主政治的实践可以不断优化地方政府合法性基石,进而达成社会共识与政府善治,构建植根于法治、公开、责任与服务的公共事务治理之道。

---

① 张五常.中国的经济制度[M].北京:中信出版社,2009:136-166.

第七章　人事行政:公务员考录制度研究[①]

公务员考录制度是公共人事行政的核心。近代文官制度起源于英国,1854年奠定其公务员制度基础的《诺思科特-特里维廉报告》(Northcote-Trevelyan Report)的首要原则就是关于公务员考录制度的设定:"公共服务应由一批经过认真挑选获准进入其较低级的年轻人来执行",他们通过"一种适当的职前考试制度"来选拔,通过公开的竞争性考试招募人员。在此基础上,1883年美国的文官法(Civil Service Act)强调:根据职位分类,为所有申请公职者举行竞争性考试;根据职位分类,任命考试成绩最高者担任公职;在正式任命前,插入一个有效的试用期。因此,德国社会学家马克斯·韦伯认为理想的科层制组织(ideal bureaucratic organization)官员的选拔与晋升应当注重"专业考试的分数"。

江苏省公务员分级分类考录制度实证研究从江苏省公务员考录制度实施的现状入手,立足于提升公务员考试录用工作的科学化、规范化水准,以江苏省13个地级市以及20余个省级机关已考录公务员为样本,获得了2 277份样本,对公务员考录的多维效度进行了量化评估,并在此基础上进行了公务员考录的政策分析与设计,进而探索如何实现公务员考录的公平性与效率性。

本章主要围绕江苏省公务员录用考试分级分类测评体系研究,分析省、市、县、乡等不同层级职位的特点,厘清各个层级岗位职责权限,确立不同层级岗位的基本能力素质特征;江苏省公务员录用笔试分级分类设置研究,在分类别、分层级的考试测评体系研究的基础上,研究设置适合于不同类别、不同层级的公共科目;江苏省公务员录用面试分级分类设置

[①] 本章作者为陈辉、李洁。

研究,对江苏省历年公务员考录结构化面试题目的信度、效度和基于测评要素的分级分类面试题型、命题规律进行研究,依据结构化面试技术的优势和特点,探讨形成不同层级、不同类别的公务员面试测评要素结构。本研究构建了基于胜任力模型的公务员考录制度,有助于创新公务员考录的体制机制,推动实现国家公务员考录公平性与科学性的有机统一。

一、公务员考录制度概述

公务员考录制度是指国家行政机关依据有关法律和法规的规定,按照一定的标准和法定的程序,采用公开考试、严格考察、平等竞争、择优录取的办法,将符合条件的人员录用为国家公务员的制度。公务员分级分类考录制度是指在公务员考试录用制度的基础上加入职位分级分类的设计,根据职位类别和级别的不同,分别设置相应的考试方式方法,以体现不同岗位能力需求的差异性。

1. 公务员考录制度的演变

1982年,劳动人事部制定并颁布了新中国成立以来第一个考录干部工作的综合性文件《吸收录用干部问题的若干规定》,首次提出"考试录用"的基本要求,即国家机关、企业、事业单位吸收录用干部要实行公开招收,自愿报名,进行德、智、体全面考核,通过考试择优录用的办法。

1993年,国务院颁布了《国家公务员暂行条例》(以下简称《条例》),《条例》的第四章第十三条规定:国家行政机关录用担任主任科员以下非领导职务的国家公务员,采用公开考试、严格考核的办法,按照德才兼备的标准择优录用。"考试录用"的概念首次以《条例》的形式固定下来,体现了"凡国家公务员录用皆经考试"的精神。

2005年4月27日,十届全国人大常委会第十五次会议审议通过了《中华人民共和国公务员法》,明确界定了"凡进必考"的基本原则,即录用担任主任科员以下及其他相当职务层次的非领导职务公务员,采取"公开考试、严格考察、平等竞争、择优录取"的办法,公务员录用考试采取笔试和面试的方法进行。中央机关及其直属机构公务员的录用,由中央公务员主管部门负责;地方各级机关公务员录用,由省级公务员主管部门负责组织。具体来说,公务员考录制度是指国家行政机关依据相关法律的具体界定，按照预先设定的标准和程序，通过考试将符合条件的应征者录取为国家公务员的制度。

至此，公务员"凡进必考"的考试录用制度框架基本形成，在"进、管、出"三个环节上，以"进"为突破口，遵循"公开、平等、竞争、择优"的基本原则，录取了一大批专业人才，优化了公务员结构，提高了公务员队伍素质。

2. 公务员职位分类制度

党的十三大报告指出，应进行干部人事制度改革，对国家干部进行合理分解，改变集中统一管理的状况，建立科学的分类管理体制，改变用党政干部的单一模式管理所有人员的现状，形成各具特色的管理制度。同时，党的十三大报告还正式确定建立和推行国家公务员制度。以公务员职位分类制度为基础的公务员制度开始逐步建立起来。

1993年颁布的《国家公务员暂行条例》第三章"职位分类"第八条规定：国家行政机关实行职位分类制度。国家行政机关根据职位分类，设置国家公务员的职务和等级序列。第九条规定：国家公务员的职务分为领导职务和非领导职务。第十条规定：国家公务员的级别分为十五级。该《条例》明确了实行职位分类制度，但实际上还处于一种没有职位类别区分的简单的职务分类状态。

2006年成文的《中华人民共和国公务员法》出台，其中的第三章"职务与级别"第十四条规定：国家实行公务员职位分类制度。公务员职位类别按照公务员职位的性质、特点和管理需要，划分为综合管理类、专业技术类和行政执法类等类别。《公务员法》首次对公务员职位类别进行了具体的划分，对分级分类考录的考试类别划分具有指导和借鉴意义。

3. 公务员分级分类考录制度

1994年人事部颁布了《国家公务员录用暂行规定》（以下简称《规定》），其中的第五章"考试"第十六条规定：国家公务员的录用考试采取笔试和面试的方式，测试应试者的公共基础知识、专业知识水平，以及其他适应职位要求的业务素质与工作能力。考试可根据拟任职位要求，分类别、分等次进行。《规定》对公务员考录的方式、考试的内容进行了明确的规定，将我国公务员的录用工作从一种"要求"发展成为一套制度体系，形成了较为完整的运行机制。同时，提出考试可以根据拟任职位要求分类别、分等次进行的概念,将分级分类考录制度的设计和完善提上了日程,为公务员分级分类考录的实践奠定了基础。

2002年全国公务员管理会议确定了"分类考试、突出能力、定时定期、方便考生"的公务员考录工作原则。中央、国家机关公务员考试根据《国家公务员录用暂行规定》的要求,首次引入分级分类机制,将公务员职位分为A、B两类。A类职位主要涵盖中央、国家机关及其派驻机构中从事政策、法律法规、规划等的研究起草工作和政策、法律法规、规划实施的指导和监督检查工作,以及从事机关内部综合管理工作的职位;B类职位主要涵盖中央、国家机关及其派驻机构中从事机关内部专业技术工作,对机关的业务工作提供专业技术支持的职位。关于笔试内容,对于报考A类的考生,需要考《行政职业能力测验》和《申论》两科,报考B类的考生只需要考《行政职业能力测验》一科。这体现了根据职位类别分别设置考试,以提高考试信度、效度和区分度的制度走向,但对于如何界定职位类别的工作还有待进一步完善。

2006年《中华人民共和国公务员法》正式施行,其中的第四章第二十八条以及2007年人事部颁布的《公务员录用规定(试行)》第五章第二十条统一规定:公务员录用考试采取笔试和面试的方式进行,考试内容根据公务员应当具备的基本能力和不同职位类别分别设置。《中华人民共和国公务员法》的出台,明确了公务员考试必须同时采取笔试和面试的方法,并且考试内容需要根据公务员应具备的基本能力和不同职位类别分别设置,由此分级分类考录提上了文件议程。

结合公务员职位分类制度的职位划分,2006年、2007年中央国家机关公务员考试,都在职位类别的划分标准上进行了不同程度的改革,对每类职位的笔试考试科目和内容难易程度也做了相应的调整,以进一步提高考试的区分度。目前,中央及其直属机构2015年度考试录用公务员最新改革成果,将职位类别划分为省级以上(含副省级)综合管理类职位、市(地)以下综合管理类和行政执法类职位两类。按照不同类别的不同要求,将《行政职业能力测验》和《申论》两科目均设置了两套试卷,两套试卷在难易程度上和考试侧重点上有所区分。

2002年,江苏省将招考职位分为A、B两类,在A、B两类考试中将《行政职业能力测验》中"常识判断"一块内容提炼出来,形成《公共基础知识》考试一科。2004年,江苏省按照分级与分类考试相结合的原则,结合单位隶属关系、岗位性质和权责的不同,将省、市、县、乡四级机关的招录职位分为A、B、C三类考试,并一直沿用至2015年[①]。根据A、B、C三类职位对考生素质和能力的要求,江苏省公务员考试有针对性地设置了笔试考试科目和考试内容,并结合不同类型的职位,划定合格分数线。其中,A类是省、市、县三级党政机关综合管理类职位,考《公共基础知识》(A)、《行政职业能力测验》(A)、《申论》三科;B类是行政机关所属基层所、队、站行政执法类职位,考《公共基础知识》(B)、《行政职业能力测验》(B)两科;C类是乡镇(街道)机关职位,考《公共基础知识》(C)、《行政职业能力测验》(C)两科。A、B、C三类在平行科目的难易设置上采取由难到易的标准。

此外,按照《公务员录用考试科研规划(2011—2015)》积极探索分级分类考试的指向要求,江苏省制定了《江苏省公务员录用考试科研规划(2011—2015)》,将公务员分级分类考试作为重点研究内容,主张通过分级分类考试的手段和方法,逐步建立起分类别、分行业、分层级单独组织实施的考录模式。至此,分级分类考试已提升为江苏省公务员考录科学化进行中的工作重点。

以上为公务员分级分类考录制度在笔试上的历史沿革。关于面试,江苏省主要采取统一的结构化面试方式进行,即根据指定的评价指标,运用特定的问题、评价方法和评价标准,严格遵循特定程序,通过考官与考生面对面交流,形成对考生进行评价的标准化程序。面试是通过考官与应试者双方面对面的信息沟通,通过对应试者外部行为的观察来评价其素质,考察应试者是否具备与职位相关的能力和个性品质的一种人事测评手段。结构化面试相较于非结构化面试在信度、效度以及公平性上都有较好的体现,更为符合我国考生基数大,面试公平性备受关注的现实需求。

自2005年4月27日十届全国人大常委会第十五次会议审议通过并颁布了《中华人民共和国公务员法》以来,中央国家机关与地方省、自治区与直辖市在公务员分级分类考录方面进行了不少探索,且各具特色。以

[①] 2016年《公共基础知识》中的相关内容以常识判断的形式纳入《行政职业能力测验》,本章的研究仍将《公共基础知识》作为单独的科目来研究,以便全面测量其效度与信度。

2014年度中央及全国31个省市考录情况为例,中央及其直属机构、山东省、安徽省、福建省、海南省、浙江省、吉林省、江苏省、上海市、广东省深圳市等地均实行了富有自身特色的分级分类考录。其中,大多数省份的笔试模式以中央及其直属机构模式为模板,而以职位分级为主要导向的吉林模式、以职位分类为主要导向的上海模式以及职位分级与分类兼具的江苏模式在笔试上最具探索性和创新性。

在我国公务员考试录用工作中,笔试通常用来淘汰不符合基本素质要求的候选人,属于资格考试,而面试是优中选优,最终确定国家公务员人选的测评手段,是公务员考录中必不可少的重要环节,其质量的高低直接关系着公务员考录的信度和效度。目前,我国公务员考试面试的模式主要有结构化面试和无领导小组讨论。

结构化面试(structured employment interview),又称标准化面试,是指根据设定的评价指标,运用特定的问题、评价方法和评价标准,严格遵循特定程序,通过考官与考生面对面交流,对考生进行评价的标准化程序。结构化面试是当前面试实践中应用最为广泛的面试方法,主要分为行为描述性面试和情境性面试两种类型,其基本特点体现为:基于准确的工作分析的面试问题;求职者被询问同样的问题;求职者的回答经系统处理。①

招录国家公务员,一般情况下规模较大、职位众多,为保证面试的公平性,报考同一职位的考生一般安排在同一场连续进行面试,题本相同、考官相同、考试环境相同。多名考官按照预先设计的一套包括各种测评要素在内的试题向考生提问,根据考生的回答,给出考生在各个测评要素上的得分,各个测评要素得分的总和即考生结构化面试的最终成绩。其中,面试的测评要素主要包括综合分析能力、语言表达能力、应变能力、计划组织协调能力、人际交往能力、情绪控制能力等。题量一般控制在4到5题。每个面试考场一般安排7名考官,其中设主考官1名。考官在考试过程中只能宣读导入语和进行时间提醒,考生针对题目进行回答。结构化面试的评分量表尺度,如表7.1所示。

---

① 行为描述性面试(behavioral description interview)要求求职者描述过去工作中发生的一些典型事件以及他们是如何应对的;情境性面试(situational interview)要求求职者回答在某一假设的工作情境中他们会做出怎样的反应。参见[新西兰]泰勒,奥德里斯科尔.结构化面试方法[M].时勘,陈雪峰,龙建华,译.北京:中国轻工业出版社,2006:16,177-178.

表 7.1 国家公务员结构化面试评分量表

序号：

面试要素	综合分析能力	组织沟通能力	应变控制能力	言语表达能力	举止仪表	合计
权重	20	20	20	20	20	100
观察要点	对事物能从宏观方面总体考虑；对事物能从微观方面考虑其各个组成成分	积极与他人沟通；善于协调建立和谐的工作环境以及人际交往方法的可行性	反应敏捷性，处事沉稳性，方法可行性	准确性，流畅性，逻辑条理性，感染力	文化素养，举止仪表，处事沉着，忍耐性	
评分标准 好	16—20	16—20	16—20	16—20	16—20	
评分标准 中	11—15	11—15	11—15	11—15	11—15	
评分标准 一般	6—10	6—10	6—10	6—10	6—10	
评分标准 差	0—5	0—5	0—5	0—5	0—5	
要素得分						
备注						

考官签名： 年 月 日

结构化面试具有考察内容清晰、测评要素标准化的特点,对应试者用相同的标准评分,机会均等,便于分析比较,减少主观性,因此可以最大程度地保障公平性和公正性;同时,适用于大规模的招考,有利于提高面试的效率,实现面试的公平公正。结构化面试的内容相对确定、形式固定,便于考官面谈时操作,只要有科学和规范的面试题,均能使招聘面试顺利进行。由于此种面试形式规范,紧凑、高效,能更加简洁地实现目标,较少出现意外情况。这在一定程度上保证了面试的规范性,提高了考试的效度。其不足之处在于灵活性较差,难以随机应变,搜集到的信息有限;在社会商业化培训日益发达的今天,考生容易在短时间内因受训而提高部分能力,不利于考察考生的内在品质与真实素质,限制了探讨题本给定问题的深度,由此在一定程度上降低了考试的有效性。结构化面试容易使考生受困于给定的范围,而且面试时间相对短暂,这样一来考生无法充分展现出其综合素质。如江苏省公务员面试,限定考生回答时间为20分钟,4道题目,每个题目平均时间为5分钟,剔除考生思考问题的时间外,每个问题的回答时间约为2~3分钟。同时,结构化面试限制了考官与考生之间的沟通。面试中,主考官负责宣读考生注意事项等导入语,如题本没有设定追问的话,正式面试开始前即计时开始前,主考官处于一个唱"独角戏"的角色,其他考官、工作人员、考生静听要求;正式计时即考生开始看题本思考问题后,考生处于看一题答一题阶段,这一阶段考生处于唱"独角戏"的角色。这样一来,整个面试过程中,考官、考生间的互动沟通几乎为零。更为重要的是,结构化面试限制了发掘考生内在特性的机会,由于受考核测评要素的限制,对个人修养、品德等隐性特征是无法测试出来的,常出现"名实分离"的现象,即考生所表达的想法,与实际的行为并不一致。这就需要以能力为导向,应用性为基础,提升结构化面试的科学化水平,有效选拔组织所需要的人才。

　　无领导小组讨论(leaderless group discussion,简称LGD)是指一定数目的考生组成一组,在规定时间内,进行与工作有关问题的讨论,讨论过程中不指定谁是领导,也不指定受测试者应坐的位置,让受测者自行安排组织,以此来考查考生的主动性、应变能力、组织协调能力、口头表达能力、创新性、心理承受能力和辩论说服能力等是否达到拟任岗位的要求。

　　无领导小组讨论往往就一个实际问题展开讨论,应试者各抒己见,测评的仿真模拟性较高,测试结果更实用;应试者表现出的行为特征,可以让评委更为全面、直观地进行各个维度的评价,考察面广;同一时间对同岗位竞争者进行横向比较考察,可比性较高,且时间成本较低。对考官而言,无领导小组讨论有助于弥补结构化面试无法横向比较的不足,考官能够准确区分出各个考生在能力、素质上的相对差异;能在一定程度上更加全面地评价、鉴别各个考生某些方面的能力、素质和水平是否达到了预定的某一标准;能在一定程度上预测考生的能力倾向和发展潜力,预测考生在未来岗位上的表现、成功的可能性和成就等。

无领导小组讨论的缺点在于对题目和考官的要求较高,难以对参加讨论的所有应试者进行排序,应试者容易受到其他成员的影响,且不同小组的考生成绩有时缺乏有效的可比性。无领导小组讨论题目的好坏将直接影响对考生评价的全面性与准确性。有些开放型的讨论题目,答案的范围很广、很宽,不容易引起考生之间的争辩,很容易达成一致意见,也就很难对考生做出全面评价;反之,若讨论题目太难,则分歧太大,考生又很难达成一致。因此,需要结合公务员选拔的具体岗位特征,选择难度适中的讨论题目,提高命题的科学性。无领导小组讨论面试对考官的综合素质提出了较高的要求,考官要在一定的时间内对一组考生同时做出评价,必须具备较高的聆听能力、逻辑思维能力、对非语言行为的解读能力以及细致缜密的思维习惯等。

以吉林省为例,在笔试时将报考职位划为三级:省直、市州直机关,考试级别为甲级;县(市、区)机关(含垂直管理系统)、乡(镇)和街道办事处及省和市(州)直驻本级政府所在地之外县(市)机关(单位),考试级别为乙级;乡镇机关录用优秀村干部和街道办事处录用优秀居委会干部,考试级别为丙级。在面试中同样进行分类,体现为报考职位笔试为甲级的考生采用无领导小组讨论面试法进行面试,报考职位笔试为乙级、丙级的考生采用结构化面试法进行面试,面试满分为 100 分,及格线为 60 分。甲级职位更侧重综合能力、发现问题的能力和决策能力,乙级、丙级考生更注重执行能力和解决问题的能力,因此无论是对能力还是素质的要求,甲类都高于其他两类。在面试上,无领导小组讨论的方式给我国公务员面试模式的多样化提供了借鉴。

通过分级分类进行考录,可以增强考录的科学性和有效性,是完善人职匹配性的有效可行的方法,可以推动行政效能的提高,有利于公务员职业生涯的规划,为拓展我国人事制度的改革奠定了基础。总之,公务员分级分类考录制度的研究,对于深化与发展公务员制度理论具有重大意义。考录制度是公务员制度形成与完善的基础,对于深化干部人事制度改革,逐步创造一个公开、平等、竞争、择优的用人环境,构建人岗匹配的管理机制,实现公开、平等、竞争的选拔机制,拓宽人力资源管理理论具有重要意义;同时,它对于优化公务员考录的操作机制,实现流程再造,突破官僚制,构建公开、透明、有效的治理结构也具有一定的现实意义。

二、公务员考录制度的理论基础

公务员分级分类考录制度的贯彻实施,主要基于以下三个方面的理论。

1. 人力资本理论

人力资本理论(Human Capital Management,简称 HCM)最早起源于经济学研究。20 世纪 60 年代,美国经济学家舒尔茨和贝克尔创立人力资本理论,开辟了关于人类生产能力的崭新思路。该理论认为资本分为物质资本和人力资本,物质资本包括厂房、机器、设备、原材料、土地、货币和其他有价证券等,而人力资本则表现为蕴含于人身上的各种生产知识、劳动与管理技能以及健康素质的存量总和。诺贝尔经济学奖获得者舒尔茨认为,有能力的人是现代经济丰裕的关键,也是经济与社会发展的主要源泉。[①]

人力资本管理建立在人力资源管理的基础之上,综合了"人"的管理与经济学"资本投资回报"两大分析维度,将人作为资本来进行投资和管理,并根据不断变化的人力资本市场情况和投资收益率等信息,及时调整管理措施,从而获得长期的价值回报。人力资本管理强调人和岗位的双向匹配,既考虑人是否适合岗位的需求,也考虑现有工作岗位和发展前景是否能够满足人的需求,认为只有这样,才能使员工产生较高的工作满意

[①] [美]西奥多·舒尔茨.经济增长与农业[M].郭熙保,译.北京:中国人民大学出版社,2015:78.

度,避免职业枯竭和高流失率,充分发挥员工的积极性和主动性,最大化地实现价值创造。

从人力资本管理的角度来看,本章公务员分级分类考录研究即是通过分析各级别、类别公务员工作需要的能力,来确定各级各类公务员考试测查的能力侧重点,以区别考试的方式确定各种"投资的对象",选"合适"的人,做"合适的事",达到人和岗位的双向匹配,既提高行政效率,又满足人的需求,实现人力资源配置最优化。

2. 特性—因素理论

特性—因素理论(Trait-Factor Theory),由美国"职业指导之父"弗兰克·帕森斯(Frank Parsons)提出。所谓"特性",是指个人的人格特征,包括能力倾向、兴趣、价值观和人格等。所谓"因素",是指在工作上要取得成功所必须具备的条件或资格。

帕森斯在《选择一个职业》(Choosing a Vocation)中,提出了人与职业相匹配是职业选择的焦点的观点以及著名的职业指导三步法,即职业的选择与岗位安排过程分三步进行。第一步是人员特性分析,即通过科学的心理测量并结合其他手段对相关人员进行分析,获取相关人员的基本情况资料,综合评价所获得的资料,总结出相关人员的特性;第二步是职业因素分析,即采取工作分析的方法,分析职业对人的要求;第三步是人职匹配的过程,即将个人特性与职业相匹配,最后选择一个符合自身特点且可能获得的职业。他认为,每一个个体都有自己独特的人格模式,而每一种职业由于其工作性质、环境、条件、方式的不同,对工作者的能力、知识、技能、性格、气质、心理素质等都有不同的要求,进行职业决策(如选拔、安置、职业指导)时,就要根据一个人的个性特征来选择与之相对应的职业种类,即进行人职匹配。

人职匹配,则个人的特性与职业的要求能够协调一致,工作效率和事业成功的概率大为提高;反之,则工作效率和事业成功的可能性就很低。因此,对于组织和个人来说,进行恰当的人职匹配具有非常重要的意义。而人职匹配的前提是必须对个体特征有充分的了解和掌握,而人才测评技术是了解个体特征最有效的方法,由此可见人职匹配理论是现代人才测评的理论基础。

本章对公务员分级分类考录的研究,亦是基于特性—因素理论,通过公务员考试的笔试与面试等人才测评的技术手段,识别出适合公务员岗位的人才特征。而公务员岗位具有范围广、类型多的特点,分级分类进行考录,即在对岗位进行分析的基础上,划分出特定的级别和类别,并在了解各级别、各类别岗位对应试者能力不同要求的基础上,设置出相应的考试内容或考试侧重点,以提高考试的区分度和效度,寻找出最适合该岗位的人才,从而充分发挥每一个人的作用,提高工作效率,达到人职匹配的目标。

3. 信息不对称理论

信息不对称理论是指在市场经济活动中,各类人员对有关信息的了解是有差异的,掌握信息比较充分的人员,往往处于比较有利的地位,而信息贫乏的人员,则处于比较不利的地位。它不仅说明了信息的重要性,更研究了市场中的人因获得信息渠道的不同、信息量的多寡而承担的不同风险和收益。将信息不对称理论运用到公务员考录的过程中,则会出现逆向选择、道德风险、高学历消费等问题。

逆向选择是指政府机关在录取公务员时,由于信息不对称,并不清楚考生的真实素质和能力,只能根据平均水平来确定录取人才的待遇,其待遇一般高于一般人才水平而低于优秀人才水平,因而高素质人才会选择放弃,招录到的便是一般人才,若政府因此降低待遇或提高录用标准,循环下去,会造成低素质人才对高素质人才的驱逐,产生逆向选择,政府因此承担了较高的招录成本却无法获得高素质人才,最终导致风险和收益在分担与分配上的不对称。道德风险是指在招录公务员的面试环节中,考生往往会夸大自己的能力或隐藏自身的缺点,甚至经过集中培训而达到良好的面试效果,存在测查成绩与真实工作能力不符的问题。高学历消费是指由于信息不对称,政府部门宁愿信任文凭越高的人能力越强,因此,在申报职位要求时,往往抬高对报考者的学历要求,造成很多低学历水平可以完成的工作由高学历人才承担,既排挤了低学历人才,又造成了高学历人才的浪费,不利于高素质人才发挥潜能,以致工作没有积极性,导致人才流失,政府人员构成不稳定。

本章针对上述由信息不对称造成的问题,主张通过分级分类考录的模式,划分职位的级别和类别,设置相应的岗位任职要求,避免高学历消费,并依此拉开各岗位的待遇差距,缓解逆向选择,同时针对岗位能力要求,设置不同题型和分值比重的试卷,改进面试方式方法,深入了解和区分考生的素质,提高人才选拔的科学性。

三、江苏省公务员分级分类考录实证分析

(一)研究的问题

公务员分级分类考录制度已有的研究主要体现在以下三个方面:首先,公务员分级分类考录的内涵。针对不同的职位类别,提出能力素质要求,命制不同的试题。其次,分级分类考录的实施,以职位分析为基本工具。重视对岗位的考察,详细规定职责、要求和资格等。设计完善的甄选测试是标准化的、客观的、基于合理常模的、可靠与有效的。再次,公务员考录的效度(validity)和信度(reliability)问题。

上述研究从理论与实践上对公务员分级分类的考录提供了前提与基础,其不足之处在于对于公务员分级分类考录缺乏大样本的实证分析与深入的案例探究,对考录的绩效缺乏客观评估,这就导致在此基础上以结果为导向进一步完善公务员考录制度的研究明显不足。

从公务员考录的现状入手,以科学化为目标,本章聚焦以下三个问题:首先,江苏省公务员录用考试分级分类测评体系研究,重在分析省、市、县、乡等不同层级职位的特点,厘清各个层级岗位职责权限,确立不同层级岗位的基本能力素质特征。其次,江苏省公务员录用笔试分级分类设置研究,在分类别、分层级的考试测评体系研究的基础上,研究设置适合于不同类别、不同层级的公共科目。再次,江苏省公务员录用面试分级分类设置研究,对江苏省历年公务员考录结构化面试题目的信度、效度和基于测评要素的分级分类面试题型、命题规律进行研究,依据结构化面试技术的优势和特点,探讨形成不同层级、不同类别的公务员面试测评要素结构。

(二)研究的设计

本研究的设计采用相关标准研究路径(criterion-related approach),

将公务员考试与录取后的工作表现结合起来,即对已录取人员进行测试,量化统计公务员考试的内容效度、信度、胜任力、上级的满意度。具体以江苏省党群机关、厅局级机关以及13个省辖市公务员为样本,问卷分为A、B、C三卷,A卷针对公务员考录的效度、信度、胜任力进行调查,由公务员本人填写,B卷则由A卷填写者的直接上级填写,C卷则由各单位主管公务员考录工作的部门负责人及工作人员填写。编号为"单位名称＋问卷字母＋数字序号",并作为文件名保存,由各单位自行编排。例如,江苏省人社厅A卷001－999,江苏省人社厅B卷001－999(注意:B卷填写人为A卷填写人直接领导,相对应的A、B卷的数字序号需一致),江苏省人社厅C卷001－999。

牛顿曾言,探求事物属性的准确方法是从实验中把它们推导出来,用观察和实验来建立这些法则,从而导出事物的原因和结果。为了保证问卷的准确性与回收率,课题组对问卷进行了编号,并且将问卷交由各单位人事部门统一发放,整个问卷设计、调查、统计工作持续1年多时间,回收问卷2 400份,剔除因填答错误或缺失等原因导致的无效问卷123份以后,共获得有效问卷2 277份进入最后的数据分析,有效问卷的回收率为94%。样本分布区间包括江苏省住房与城乡建设厅、省环保厅、省公安厅、省水利厅、省农业委员会、省工商管理局、省食品药品监督管理局、省物价局、省海洋与渔业局、省监狱管理局、省纪委、省法院、省检察院、省档案局、省国土厅、省商务厅、省文化厅、省新闻出版局、省经信委、省教育厅以及南京市、无锡市、徐州市、常州市、苏州市、南通市、连云港市、淮安市、盐城市、扬州市、镇江市、泰州市、宿迁市。

本研究主要涉及江苏省、市、县、乡四级公务员考试,A、B、C三类科目试卷的结构、内容和组合方式等的探究。公务员考试的目的是选拔出适合公务员岗位的人才,本研究通过问卷调查的方式对江苏省公务员考试的公平性、科学性、有效性及试卷考查能力与岗位相关度等内容进行考查,问卷调研以国家公务员通用能力标准框架中提到的九项通用能力为主要评价尺度。国家公务员通用能力的具体指标,如表7.2所示。

表7.2　国家公务员通用能力标准

公务员通用能力	评价标准
政治鉴别能力	① 具有相应的政治理论功底,坚持党的基本理论、基本路线、基本纲领和基本经验 ② 善于从政治上观察、思考和处理问题,能透过现象看本质,是非分明 ③ 具有一定的政治敏锐性和洞察力,正确把握时代发展要求,科学判断形势 ④ 贯彻执行党的路线、方针、政策
依法行政能力	① 有较强的法律意识、规则意识、法制观念 ② 忠实遵守宪法、法律和法规,按照法定的职责权限和程序履行职责、执行公务 ③ 准确运用与工作相关的法律、法规和有关政策 ④ 依法办事,准确执法,公正执法,文明执法,不以权代法 ⑤ 敢于同违法行为作斗争,维护宪法、法律尊严
公共服务能力	① 牢固树立宗旨观念和服务意识,诚实为民,守信立政 ② 责任心强,对工作认真负责,密切联系群众,关心群众疾苦,维护群众合法权益 ③ 具有较强的行政成本意识,善于运用现代公共行政方法和技能,注重提高工作效益 ④ 乐于接受群众监督,积极采纳群众正确建议,勇于接受群众批评
调查研究能力	① 坚持实践第一的观点,实事求是,讲真话、写实情 ② 坚持群众路线,掌握科学的调查研究方法 ③ 善于发现问题、分析问题,准确把握事物发展的历史、现状和产生的影响 ④ 积极探索事物发展的规律,预测发展的趋势,提出解决问题的建议 ⑤ 善于总结经验,发现典型,指导、推动工作
学习能力	① 树立终身学习观念,有良好的学风,理论联系实际,学以致用 ② 学习目标明确,根据自己的知识结构和工作需要,从理论和实践两方面积累知识与经验 ③ 掌握科学学习方法,及时更新和掌握与工作需要相适应的知识、技能 ④ 拓宽学习途径,向书本学习、向实践学习、向他人学习

续表

公务员通用能力	评价标准
沟通协调能力	① 具有全局观念、民主作风和协作意识 ② 语言文字表达条理清晰,用语流畅,重点突出 ③ 尊重他人,善于团结和自己意见不同的人一道工作 ④ 坚持原则性与灵活性相结合,营造宽松、和谐的工作氛围 ⑤ 建立和运用工作联系网络,有效运用各种沟通方式
创新能力	① 思想解放,视野开阔,与时俱进,具有创新精神和创新勇气 ② 掌握创新方法、技能,培养创新思维方式 ③ 对新事物敏感,善于发现、扶植新生事物,总结新鲜经验 ④ 善于分析新情况,提出新思路,解决新问题,结合实际创造性地开展工作
应对突发事件能力	① 有效掌握工作相关信息,及时捕捉带有倾向性、潜在性的问题,制定可行预案,并争取把问题解决于萌芽之中 ② 正确认识和处理各种社会矛盾,善于协调不同利益关系 ③ 面对突发事件,头脑清醒,科学分析,敏锐把握事件潜在影响,密切掌握事态发展情况 ④ 准确判断,果断行动,整合资源,调动各种力量,有序应对突发事件
心理调适能力	① 事业心强,有积极、乐观、向上的精神状态和爱岗敬业的热情 ② 根据形势和环境变化适时调整自己的思维和行为,保持良好的心态、情绪 ③ 自信心强,意志坚定,能正确对待和处理顺境与逆境、成功与失败 ④ 良好的心理适应性,心胸开阔,容人让人,不嫉贤妒能

(三) 实证分析

1. 内容效度分析

内容效度(content validation)是指考试内容与工作内容的相关性,即考试结果与工作表现之间的关系,具体包括有助于出色工作所需要的知识、技巧、能力与态度。江苏省公务员录用考试分为笔试与面试两个阶段。笔试将省、市、县、乡四级机关的招录职位分为 A、B、C 三类。其中 A 类职位是从事政策、法律法规、规划等研究起草工作和政策、法律法规、规划实施的指导、监督检查工作,以及从事机关内部综合性管理工作的职位。B类职位是国家机关和相关机构中,从事机关内的专业技术工作,对机关的业务工作提供专业技术支持的职位,以及将各项具体规定施于公民、法人和其他组织的行政执法职位。C类职位是乡镇一级基层公务员职位。A类笔试科目为《公共基础知识》(A)、《行政职业能力测验》(A)和《申论》三科;B类笔试科目为《公共基础知识》(B)和《行政职业能力测验》(B)两科;C类笔试科目为《公共基础知识》(C)和《行政职业能力测验》(C)两科。

《公共基础知识》考试内容包括马克思主义哲学基本原理、毛泽东思想概论、中国特色社会主义理论体系、当代中国政府与政治、国家机关工作人员的职业道德、法律知识、语文基础知识和公文写作、经济知识和科技常识、历史知识及其他知识(国际、国内重大事件)等。考查面较为宽泛,以法律知识为主,以求在良好的法律素养基础上,加强公务员在其他方面(政治、经济、管理、人文、科技等方面)的能力,即应试人员对公共基础知识的掌握程度和运用知识分析问题、解决实际问题的能力,以及履行公务员义务的能力和素质等。

《行政职业能力测验》主要是测查考生从事政府机关工作必须具备的基本素质和潜在能力,是标准化试卷。A类试题结构为数量关系、判断推理、言语理解与表达、资料分析四个部分;B类试题结构为知觉速度与准确性、数量关系、判断推理、言语理解与表达、资料分析五个部分;C类试题结构为数量关系、判断推理、言语理解与表达、资料分析四个部分。其中,知觉速度与准确性,主要考查考生对数字、字母和汉字等视觉符号快速而准确地觉察、判断与记忆的能力,以要求公务员具有敏锐性与细致性,能迅速判断事物的微小差距,减少工作中的失误,提高工作效率和准确性;数量关系,着重考查应试者理解、把握事物间量化关系和解决数量关系问题的技能;判断推理,主要考查考生的逻辑推理判断能力;言语理解与表达,主要测试应试人员迅速而又准确地理解文字材料内涵的能力;资料分析,主要测试应试人员对各种资料进行综合分析推理与加工的能力。

《申论》的试卷有比较规范的结构,与国考基本一致。一般分为"概括""对策"和"申论"三部分,即全面概括给定资料,分析资料中的有关现象与问题并提出相应对策,以及结合给定资料写一篇议论文。这主要通过考生对给定材料的分析、概括、提炼、加工,测查考生的阅读理解能力、解决问题能力以及文字表达能力。

面试采用的是结构化形式,这是一种报考相同职位的考生遵循固定的程序、评价标准和评价方法,通过考官小组与应考者面对面的言语交流,评价应征者是否符合招聘岗位要求的人才测评方法。面试所涉及的内容、试题评分标准、评分方法等环节,均按事先制定的标准化程序进行。

根据调查结果统计,考试科目对公务员日后工作绩效的重要性由高到低依次如图7.1所示。

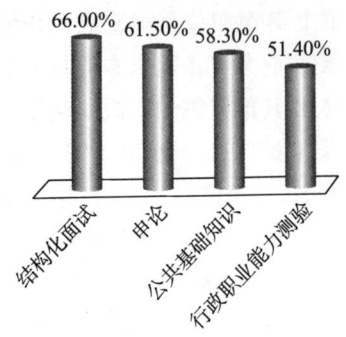

图 7.1 公务员考录科目对工作绩效重要性排序

由此可见,结构化面试在公务员考录中具有较高的效度,在选拔评估环节与其工作绩效之间有强关联;行政职业能力测验则排在末位。但就公务员考录环节的整体内容而言,48%的受访者认为效度一般,46%的受访者认为很强和较强,认为效度较差和很差的比例为7%,如图7.2所示。

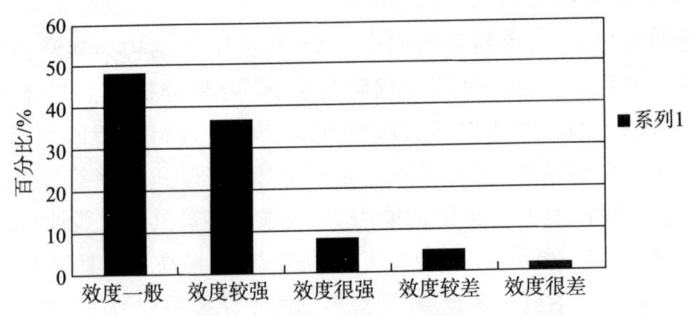

图 7.2 公务员考录效度

究其原因,在于江苏省公务员考录仍是"千人一卷"甚至"万人同卷",因此,在准确分析不同职位的基础上设计笔试试卷与面试问题,即分级分类考录的环节势在必行。

2. 内容信度分析

公务员考录的信度是指公务员选拔考试是否能真实地测出考生水平,即其公平性与科学性所能达到的水准。针对公务员考录的公平性评价中,非领导职务公务员认为公务员考录很公平或者较为公平的比率分别为34%和61%,非领导职务公务员的直接上级认为很公平及比较公平的比率分别为22%与70%。如图7.3所示。

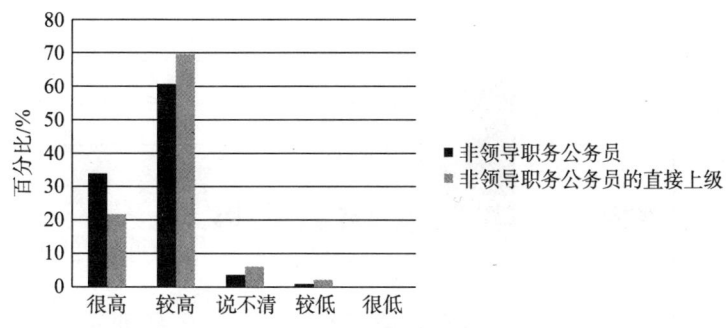

图7.3 公务员考录公平性评价

在对公务员考录科学性评价的问卷调查中,非领导职务公务员认为科学性高与较高的比率分别为24%与66%,非领导职务公务员的直接上级认为科学性高与较高的比率分别为21%和69%。笔者在对江苏省税务、工商等职能部门以及盐城、南通等市、县政府部门担任领导职务的公务员进行访谈时,他们皆认为近年来通过考试选拔进来的公务员的综合素质相较于公务员考录前有了明显提高。

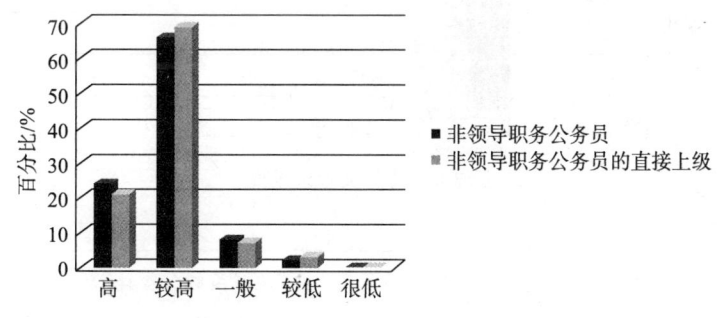

图7.4 公务员考录科学性评价

在回答"江苏省公务员考试是否考出了您的真实水平?"这一问题时,81.4%的省级机关已考录公务员认为考出了他们的真实水平,地(市)级机关已考录公务员认为考出他们真实水平的比例是85.2%,县(区、市)级机关已考录公务员认为考出他们真实水平的比例是91.6%,乡(镇、街道)级机关已考录公务员认为考出他们真实水平的比例是89.9%,具体情况如图7.5所示。

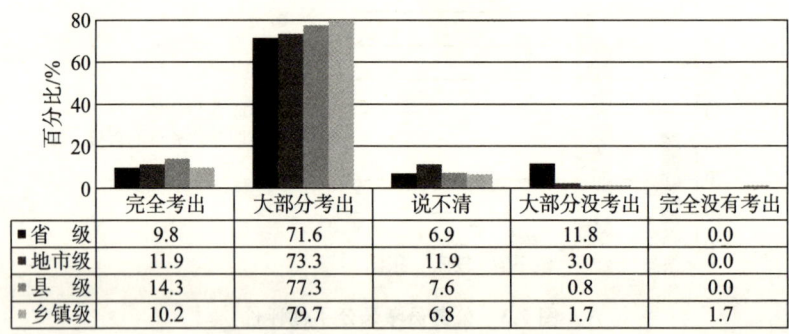

图7.5 公务员考试的真实水平

在回答"江苏省公务员考试是否考出了您的真实水平?"这一问题时,89.2%的A类已考录公务员认为考出了他们的真实水平,B类已考录公务员认为考出他们真实水平的比例是76.0%,C类已考录公务员认为考出他们真实水平的比例是90.5%,如图7.6所示。

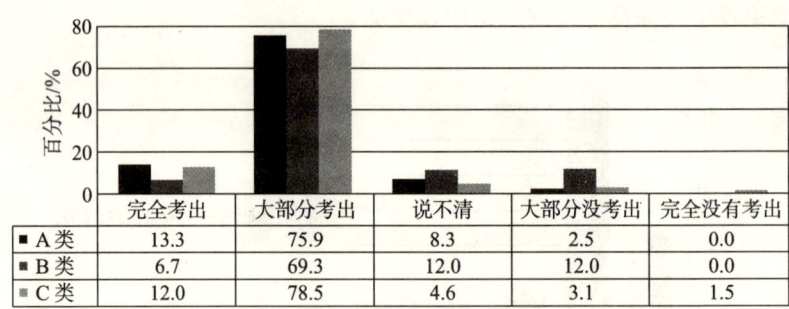

图7.6 对公务员考试与"真实水平"关联度的分类比较

3. 考试内容关联度分析

(1)总体评价。在回答"江苏省公务员考试的内容(《公共基础知识》《行政职业能力测验》《申论》)是否考查了您报考岗位所需的能力?"这一问题时,7.9%的公务员认为完全考查,64.6%的公务员认为大部分考查,

13.1%的公务员认为说不清,12.3%的公务员认为大部分没考查,2.1%的公务员认为完全没有考查,具体情况如图7.7所示。

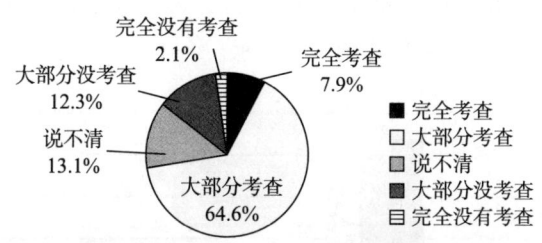

图7.7 对公务员考试内容与工作实践关联度的评价

(2)分级分类评价。主要有以下两个方面:

其一,不同层级公务员的评价。在回答"江苏省公务员考试的内容(《公共基础知识》《行政职业能力测验》《申论》)是否考查了您报考岗位所需的能力?"这一问题时,66.7%的省级机关已考录公务员认为考试内容考查了报考岗位所需能力,地(市)级机关已考录公务员认为考试内容考查了报考岗位所需能力的比例是78.2%,县(区、市)级机关已考录公务员认为考试内容考查了报考岗位所需能力的比例是73.1%,乡(镇、街道)级机关已考录公务员认为考试内容考查了报考岗位所需能力的比例是71.2%,如图7.8所示。

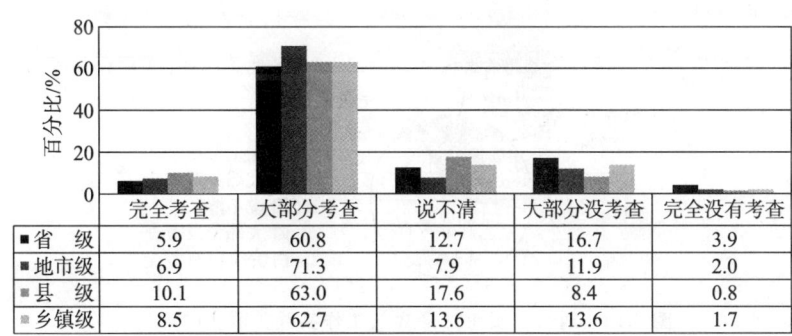

图7.8 对公务员考试内容与工作实践关联度的分级比较

其二,不同类别公务员的评价。在回答"江苏省公务员考试的内容(《公共基础知识》《行政职业能力测验》《申论》)是否考查了您报考岗位所需的能力?"这一问题时,77.1%的 A 类已考录公务员认为考试内容考查了报考岗位所需能力,58.7%的 B 类已考录公务员认为考试内容考查了报考岗位所需能力,70.7%的 C 类已考录公务员认为考试内容考查了报考岗位所需能力,具体情况如图 7.9 所示。

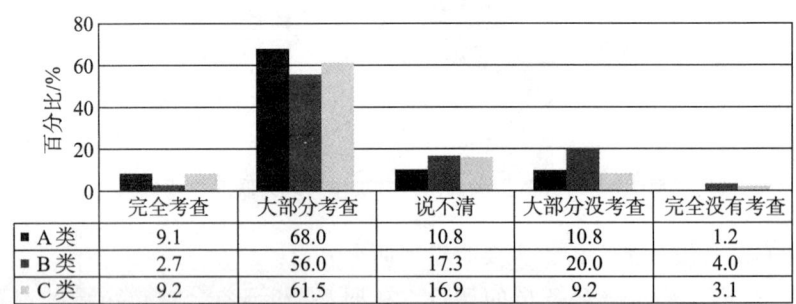

图 7.9 对公务员考试内容与工作实践关联度的分类比较

4.考试形式分析

(1)总体评价。在回答"江苏省公务员考试的形式(笔试、结构化面试)是否考查了您报考岗位所需的能力?"这一问题时,8.4%的公务员认为完全考查,64.6%的公务员认为大部分考查,15.5%的公务员认为说不清,9.7%的公务员认为大部分没考查,1.8%的公务员认为完全没有考查,如图 7.10 所示。

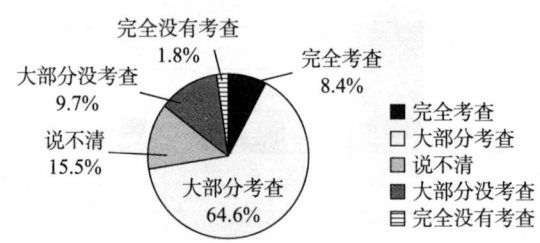

图 7.10 对公务员考试形式与工作实践关联度的评价

(2)分级分类评价。主要有以下两个方面:

其一,不同层级公务员的评价。在回答"江苏省公务员考试的形式(笔试、结构化面试)是否考查了您报考岗位所需的能力?"这一问题时,

71.6%的省级机关已考录公务员认为考试形式考查了报考岗位所需能力,72.2%的地(市)级机关已考录公务员认为考试形式考查了报考岗位所需能力,县(区、市)级机关、乡(镇、街道)级机关已考录公务员的比例则分别为73.9%、74.6%,具体情况如图7.11所示。

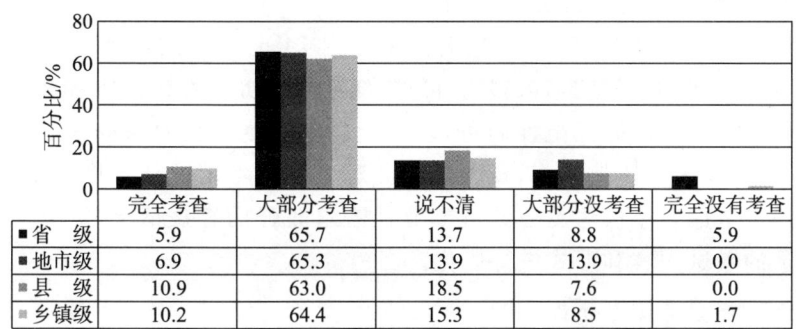

	完全考查	大部分考查	说不清	大部分没考查	完全没有考查
■省　　级	5.9	65.7	13.7	8.8	5.9
■地市级	6.9	65.3	13.9	13.9	0.0
■县　　级	10.9	63.0	18.5	7.6	0.0
■乡镇级	10.2	64.4	15.3	8.5	1.7

图 7.11　对公务员考试形式与工作实践关联度的分级比较

其二,不同类别已考录公务员的评价。在回答"江苏省公务员考试的形式(笔试、结构化面试)是否考查了您报考岗位所需的能力?"这一问题时,76.3%的A类已考录公务员认为考试形式考查了报考岗位所需能力,B类已考录公务员的认同比例是64%,C类已考录公务员的认同比例是70.8%,具体情况如图7.12所示。

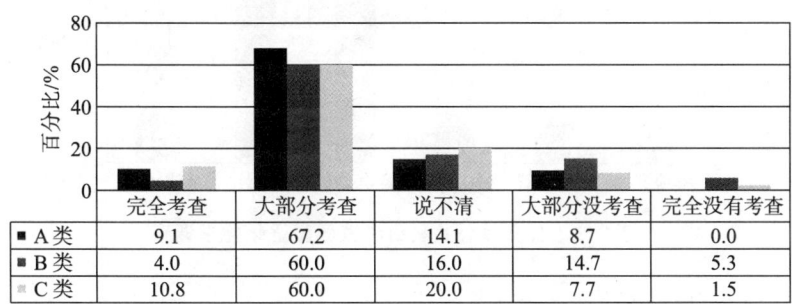

	完全考查	大部分考查	说不清	大部分没考查	完全没考查
■A类	9.1	67.2	14.1	8.7	0.0
■B类	4.0	60.0	16.0	14.7	5.3
■C类	10.8	60.0	20.0	7.7	1.5

图 7.12　对公务员考试形式与工作实践关联度的分类比较

上述材料表明,问卷调查受访的公务员中,有72.5%的已考录公务员认为江苏省公务员考试的内容(《公共基础知识》《行政职业能力测验》《申论》)完全可以或者大部分可以考查报考岗位所需具备的能力,其中省级机关的比例达到66.7%,地市级机关达到78.2%,县区级机关达到73.1%,乡镇级机关达到71.2%;A类达到77.1%,B类达到58.7%,C类达到70.7%。同时,有73.0%的已考录公务员认为江苏省公务员考试的形式(笔试、结构化面试)完全可以或者大部分可以考查报考岗位所需的能力,其中省级机关的比例达到71.6%,地市级机关达到72.2%,县区级机关达到73.9%,乡镇级机关达到74.6%;A类达到76.3%,B类达到64%,C类达到70.8%。可见,江苏省公务员考试的内容和形式与各级各类岗位的匹配性尚可,基本上能够满足岗位对录取人员的基本要求;就内部比较而言,B类公务员对公务员考试的认可度较低,应进一步考虑行政执法类公务员专业性需求较强的客观情况,对B类公务员的考试内容和形式进行优化。

5. 题型与能力分析

问卷对公务员公共科目考试的基本题型进行了调查,要求选出不超过三项的最需要强化的题型。已考录公务员认为最需要进行强化的是综合分析题型(29.5%),其次是案例分析题型(26.1%),第三是材料处理题型(18.1%),如图7.13所示。

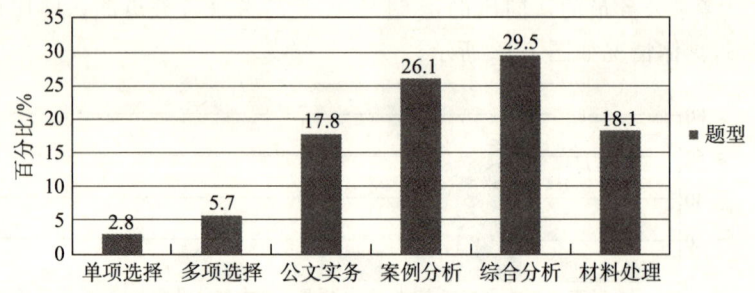

图7.13 公务员公共科目考试题型强化需求调查

问卷对《公共基础知识》考查能力进行了调查,要求选出不超过五项的最能考查的能力。已考录公务员认为《公共基础知识》最能考查的是依法行政能力(23.2%),其次是学习能力(22.2%),再次是政治鉴别能力(19.1%),如图7.14所示。

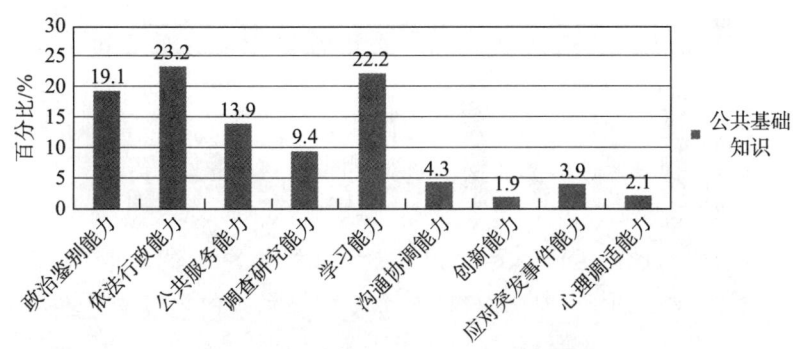

图 7.14 《公共基础知识》考查能力调查

问卷对《行政职业能力测验》考查能力进行了调查,要求选出不超过五项的最能考查的能力。已考录公务员认为《行政职业能力测验》最能考查的是学习能力(26.0%),其次是调查研究能力(16.1%),第三是创新能力(11.5%),具体情况如图 7.15 所示。

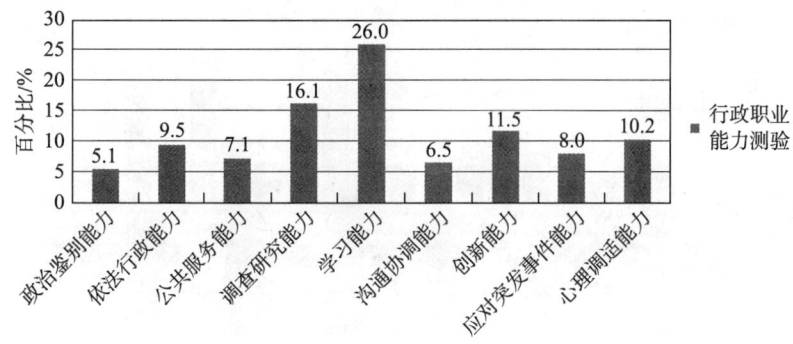

图 7.15 《行政职业能力测验》考查能力调查

问卷对《申论》考查能力进行了调查,要求选出不超过五项的最能考查的能力。已考录公务员认为《申论》最能考查的是调查研究能力(21.5%),其次是政治鉴别能力(16.1%),第三是学习能力(11.9%),具体情况如图 7.16 所示。

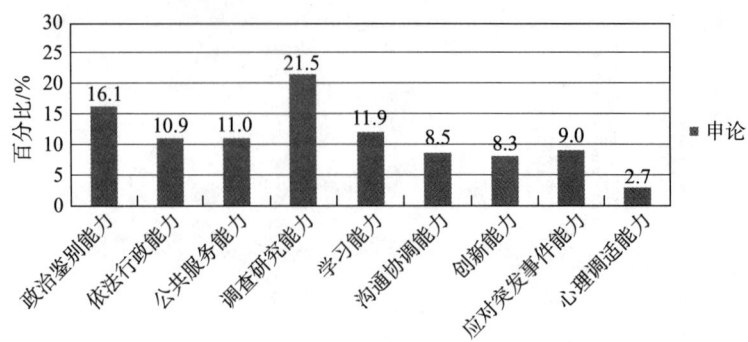

图 7.16 《申论》考查能力调查

问卷对结构化面试考查能力进行了调查,要求选出不超过五项的最能考查的能力。已考录公务员认为结构化面试最能考查的是沟通协调能力(21.7%),其次是应对突发事件能力(20.0%),第三是心理调适能力(19.7%),具体情况如图 7.17 所示。

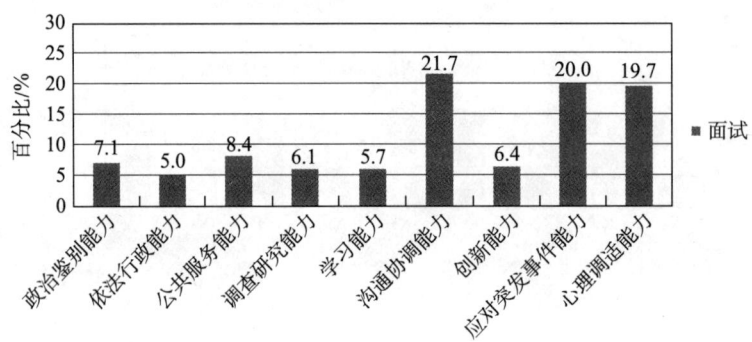

图 7.17 结构化面试考查能力调查

6.考试科目分析

(1)《公共基础知识》考试内容岗位关联度调查。主要有分级和分类两个视角。

其一,从分级的视角。问卷对《公共基础知识》考试内容与岗位需求关联度进行了调查,要求选出不超过五项、最能考查岗位需求能力的考试内容。省级、地(市)级、县(区、市)级三级机关已考录公务员所选择的结果完全一致,前五项分别是法律知识、语文基础知识和公文写作、国家机关工作人员的职业道德、当代中国政府与政治、经济知识和科技常识,其中地(市)级机关已考录公务员认为中国特色社会主义理论体系并列第五,而乡(镇、街道)级机关已考录公务员则认为国家机关工作人员的职业道德最能考查岗位素质,如图7.18所示。

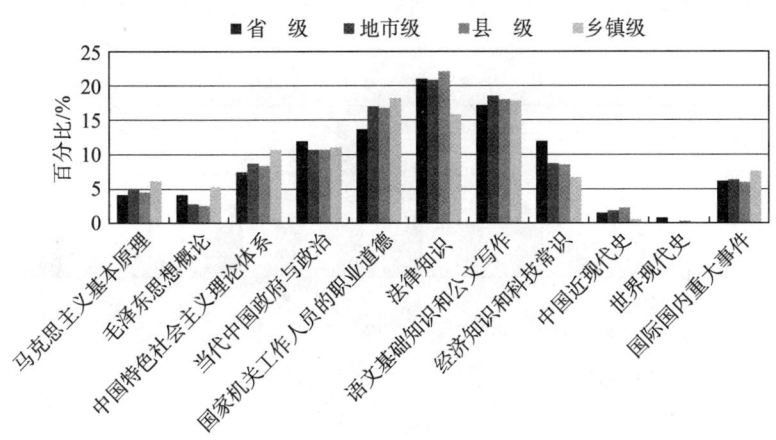

图7.18 各级岗位《公共基础知识》考试内容关联度调查

表7.3 《公共基础知识》分级关联度

排序	省级	地市级	县区级	乡镇级
1	法律知识	法律知识	法律知识	国家机关工作人员的职业道德
2	语文基础知识和公文写作	语文基础知识和公文写作	语文基础知识和公文写作	语文基础知识和公文写作
3	国家机关工作人员的职业道德	国家机关工作人员的职业道德	国家机关工作人员的职业道德	法律知识
4	当代中国政府与政治	当代中国政府与政治	当代中国政府与政治	当代中国政府与政治
5	经济知识和科技常识	中国特色社会主义理论体系、经济知识和科技常识	经济知识和科技常识	中国特色社会主义理论体系

其二,从分类的视角。问卷对《公共基础知识》考试内容与岗位需求关联度进行了调查,要求选出不超过五项、最能考查岗位需求能力的考试内容,A类、B类、C类已考录公务员所选前五项内容大致相同,都有法律知识、语文基础知识和公文写作、国家机关工作人员的职业道德、当代中国政府与政治,其中A类、B类已考录公务员都认为法律知识最能考查岗位素质,C类已考录公务员认为语文基础知识和公文写作最能考查岗位素质。

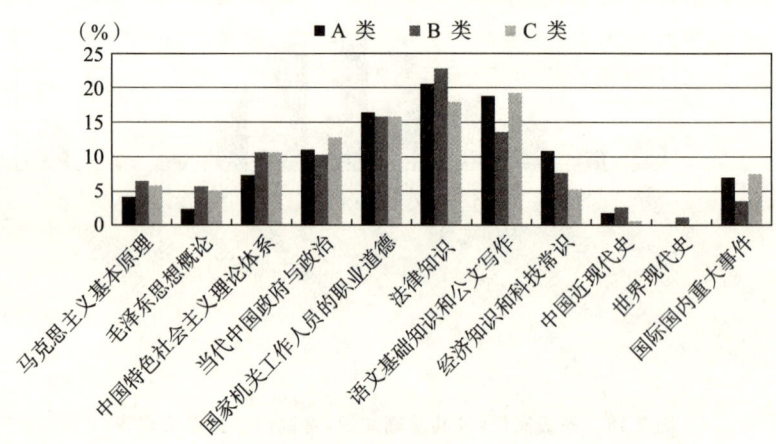

图 7.19 各类岗位《公共基础知识》考试内容关联度调查

表 7.4 《公共基础知识》分类关联度

排序	A类	B类	C类
1	法律知识	法律知识	语文基础知识和公文写作
2	语文基础知识和公文写作	国家机关工作人员的职业道德	法律知识
3	国家机关工作人员的职业道德	语文基础知识和公文写作	国家机关工作人员的职业道德
4	当代中国政府与政治	中国特色社会主义理论体系	当代中国政府与政治
5	经济知识和科技常识	当代中国政府与政治	中国特色社会主义理论体系

(2)《行政职业能力测验》关联度分析。主要有分级和分类两个视角。

其一,从分级的视角。问卷对《行政职业能力测验》考试内容与岗位需求关联度进行了调查,要求选出不超过五项、最能考查岗位需求能力的考试内容。文章阅读、片段阅读、资料分析和知觉速度与准确性都进入了前五项,其中省级、地(市)级、县(区、市)级机关已考录公务员都认为文章阅读最能考查岗位素质,乡(镇、街道)级机关已考录公务员则认为片段阅读最能考查岗位素质;省级、地(市)级、县(区、市)级机关已考录公务员都认为逻辑推理较为重要,乡(镇、街道)级机关已考录公务员则认为选词填空较为重要。如表7.5、图7.20所示。

表7.5 《行政职业能力测验》分级关联度

排序	省级	地市级	县级	乡镇级
1	言语理解与表达——文章阅读	言语理解与表达——文章阅读	言语理解与表达——文章阅读	言语理解与表达——片段阅读
2	言语理解与表达——片段阅读	资料分析	言语理解与表达——片段阅读	言语理解与表达——文章阅读
3	判断推理——逻辑推理	言语理解与表达——片段阅读	判断推理——逻辑推理	资料分析
4	资料分析	知觉速度与准确性	资料分析	知觉速度与准确性
5	知觉速度与准确性	判断推理——逻辑推理	知觉速度与准确性	言语理解与表达——选词填空

其二,从分类的视角。问卷对《行政职业能力测验》考试内容与岗位需求关联度进行了调查,要求选出不超过五项、最能考查岗位需求能力的考试内容。文章阅读、片段阅读、资料分析、逻辑推理都进入了前五项,其中A类、C类已考录公务员认为文章阅读最能考查岗位素质,B类已考录公务员认为逻辑推理最能考查岗位素质;另外,A类、B类、C类已考录公务员都认为知觉速度与准确性较为重要,B类已考录公务员还认为演绎推理也同样重要。具体情况如图7.21所示。

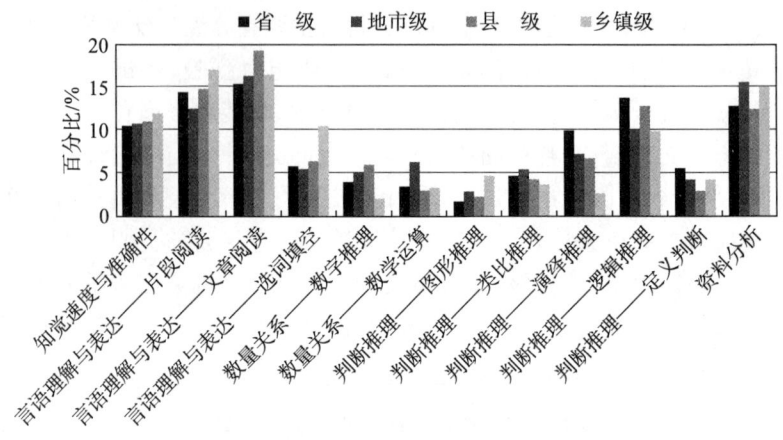

图7.20 各级岗位《行政职业能力测验》考试内容关联度调查

表7.6 《行政职业能力测验》分类关联度

排序	A类	B类	C类
1	言语理解与表达——文章阅读	判断推理——逻辑推理	言语理解与表达——文章阅读
2	言语理解与表达——片段阅读	言语理解与表达——文章阅读	言语理解与表达——片段阅读
3	资料分析	言语理解与表达——片段阅读	资料分析
4	知觉速度与准确性	资料分析	判断推理——逻辑推理
5	判断推理——逻辑推理	知觉速度与准确性 判断推理——演绎推理	知觉速度与准确性

(3)《申论》关联度分析。问卷对《申论》考查能力与岗位需求关联度进行了调查,要求选出不超过两项、最能考查岗位需求能力的考试内容,因为乡(镇、街道)级机关、B类、C类公务员不考《申论》,因此不纳入统计范围。省级机关、地(市)级机关、A类已考录公务员都认为文字表达能力最符合岗位需求,县(区、市)级机关已考录公务员则认为解决问题能力最符合,第二则与第一刚好相反,第三都选择了阅读理解能力,第四都选择了贯彻执行能力,如图7.22所示。

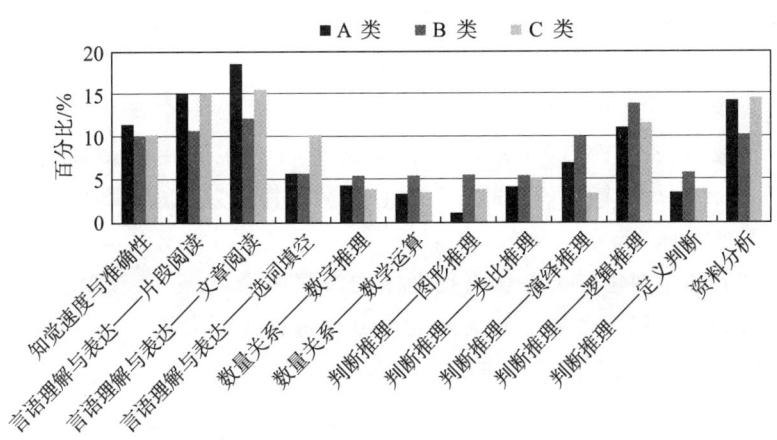

图 7.21 各类岗位《行政职业能力测验》考试内容关联度调查

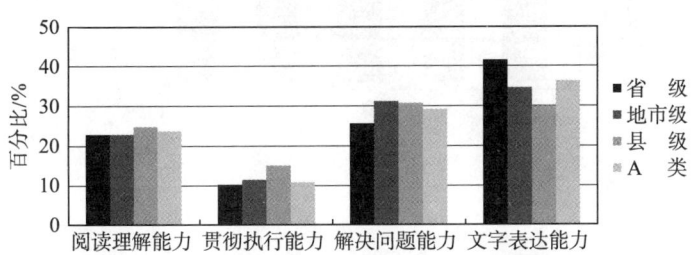

图 7.22 《申论》考试内容关联度调查

表 7.7 《申论》分级分类关联度

排序	省级	地市级	县区级	A类
1	文字表达能力	文字表达能力	解决问题能力	文字表达能力
2	解决问题能力	解决问题能力	文字表达能力	解决问题能力
3	阅读理解能力	阅读理解能力	阅读理解能力	阅读理解能力
4	贯彻执行能力	贯彻执行能力	贯彻执行能力	贯彻执行能力

7. 胜任力分析

选择恰当的人才是组织成功的关键,人才的质量集中体现为其胜任力(competency)。胜任力即组织成员完成任务的技能,包括专业技能、决策与判断技能、人际沟通技能、伦理道德信念以及自我评价技能。本章在公务员应具备的国家公务员九项通用能力基础上,将公务员的胜任力素质概括为 19 项,分别为:政治鉴别能力、依法行政能力、公共服务能力、调查研究能力、学习能力、沟通协调能力、创新能力、应对突发事件能力、心理调适能力、决策能力、综合分析能力、文字表达能力、全局把握能力、执行能力、计划统筹能力、自我认知能力、团队协作能力、处理变革能力和密切联系群众能力。

笔者通过对考录公务员直接上级的深度访谈,对近年来考录进政府机关公务员的已具备能力和欠缺能力分别进行了问卷统计,按照重要性先后排序,位列前 5 位的分别统计如图 7.23 所示。

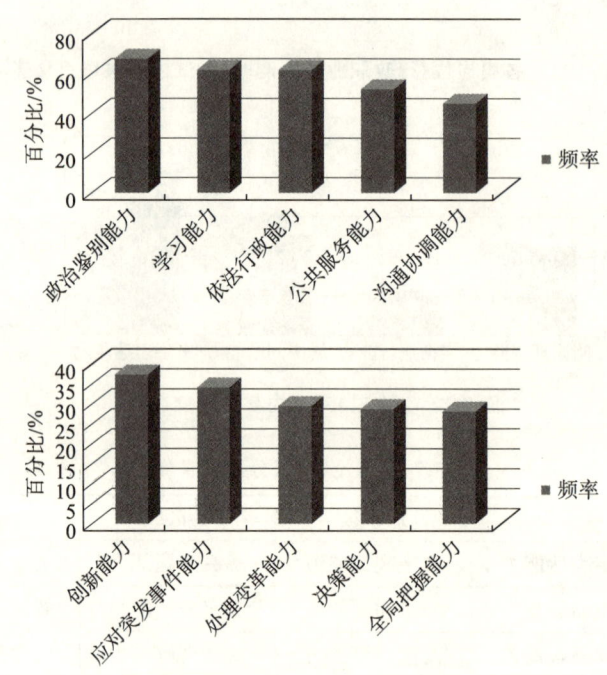

图 7.23　考录公务员已具备能力与欠缺能力排序

胜任力特征是公务员顺利完成工作所必须具备的一系列相关的知识、技术、能力或其他特征等。考录进政府机关的公务员在政治鉴别能力、学习能力、依法行政能力、公共服务能力以及沟通协调能力方面有出色表现,但在创新能力、针对突发性事件的现场处置与应对能力、决策能力、全局把握能力等方面明显不足。

8. 认同度分析

在回答"您认为,当前江苏是否需要进行公务员分级分类考录?"这一问题时,80%的公务员认为需要进行分级分类考试,主要原因在于有利于增加人岗的匹配度,选拔适合的人才,量才录用,优化公务员考录的科学性,统计如图7.24所示。

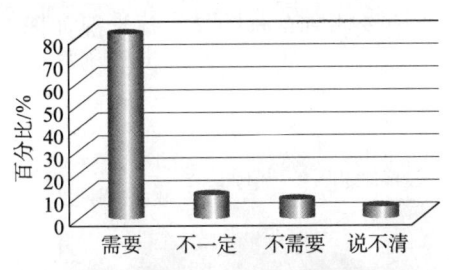

图7.24 是否推进分级分类考录的调查

9. 直接上级对考录进来的公务员绩效不高原因的分析

绩效是考核公务员工作的核心环节,绩效评估的具体要素包括效率、效果、效益以及满意度,它所关注的主要内容为效率、重要标准等。直接上级通常处于最佳的位置来观察员工的工作绩效,是员工最常见的绩效评价者。在对公务员直接上级设计的问卷中,针对"您认为您单位考录进来的公务员绩效不好的原因"这一问题,认为缺乏责任心与专业技能不足的所占比重最高,分别为46%和42%。

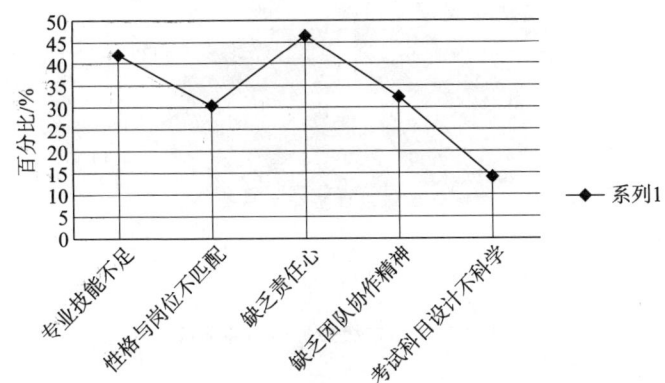

图7.25 直级上级对公务员绩效不高原因的分析

10. 公务员分级测评要素模型

在实证调研与分析的基础上,我们对省级、地市级、县乡级公务员的测评要素模型进行了设计。模型的设计以下列4个问题为基础,并针对公务员本人提出:"您认为,您现任岗位最需要具备什么方面的能力?您认为,您个人最突出的是什么方面的能力?"针对公务员的上级提出:"您认为,您下级公务员个人最突出的是什么方面的能力?您认为,您下级公务员岗位最需要具备什么方面的能力?"具体情况如图7.26、图7.27和图7.28所示。

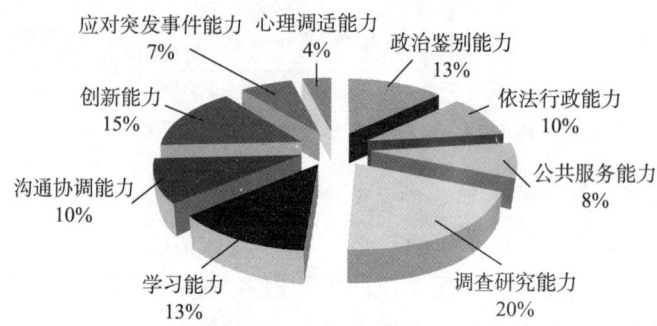

图 7.26 省级公务员测评要素

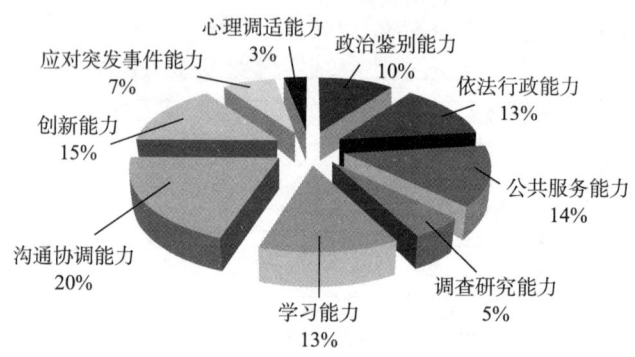

图 7.27 地市级公务员测评要素

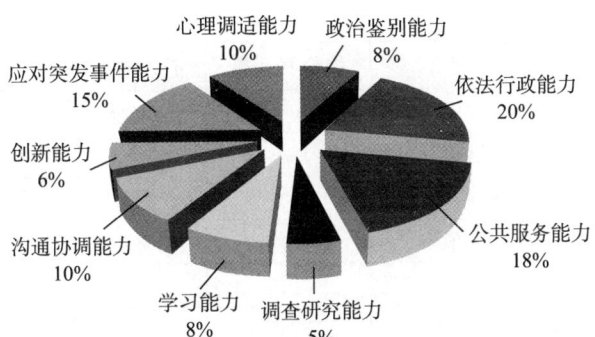

图 7.28　县乡级公务员测评要素

11. 公务员分类测评要素模型

我们针对综合管理类、行政执法类、专业技术类公务员构建分类测评要素模型,主要以下列 11 个问题为基础:"您认为,下列公务员考试的基本题型,最需要强化的是哪些？您认为,《公共基础知识》考试最能考查您哪些能力？您认为,《行政职业能力测验》考试最能考查您哪些能力？您认为,《申论》考试最能考查您哪些能力？您认为,结构化面试考试最能考查您哪些能力？您认为,《公共基础知识》考试中最能考查您现任岗位性质和工作能力需求的内容是什么？您认为,《行政职业能力测验》考试中最能考查您现任岗位性质和工作能力需求的内容是什么？您认为,《申论》考试中最符合您现任岗位性质和工作需求的能力是什么？您认为,下列哪些面试测评技术最能考查出您现任岗位对应试者能力的需求？您认为,您单位考录进来的公务员绩效不好的原因是什么？您认为,江苏省公务员考试需要重点考核、增加、减少哪些科目？"

表 7.8　公务员考试分类测评要素权重

科目类别	内容要素	综合管理类	行政执法类	乡镇类
公共基础知识	时政与哲学	15%	10%	5%
	当代中国政府与政治	15%	15%	15%
	法律知识	20%	35%	30%
	公文写作	25%	20%	15%

续表

科目类别	内容要素	综合管理类	行政执法类	乡镇类
公共基础知识	经济常识	10%	5%	15%
	职业道德	15%	15%	20%
行政职业能力测验	言语理解与表达	30%	25%	20%
	判断推理	20%	25%	30%
	数量关系	20%	15%	25%
	资料分析	30%	35%	25%
申论	决策能力	30%	25%	15%
	贯彻执行能力	20%	30%	35%
	解决问题能力	20%	25%	35%
	文字表达能力	30%	20%	15%

四、政策建议

人事行政是政府效率提升的关键,推进江苏省公务员分级分类考录制度是对我国现行公务员制度的发展和完善,它以社会发展和现实需求为基本出发点,以形成分级分类、科学合理的考录体系为研究重点,进一步提高公务员考录体制机制的针对性、有效性和科学性,实现人适其职、职得其人、人职匹配的考录目标。目前公务员考录较为重视知识性测试,笔者以为,在公务员考录中应当增加职业道德测试的情景模拟题,注重突发性事件处理、决策类案例分析、综合分析能力等创新类问题的考察,弱化仅仅依靠记忆性的知识以及行政职业能力测试中的烦琐计算题,以解决目前公务员笔试过程中普遍存在的"重知识、轻能力;重理论、轻实践"的倾向。

江苏公务员考录的内容效度,即考试科目与工作绩效的相关度亟须提升。其效度系数(validity coefficient),按照科目排序由高到低依次为:结构化面试、申论、公共基础知识、行政职业能力测验。考录公务员理论知识强、文化素质好,但在工作的实践层面,特别是决策、创新、突发性事件处理上的"街头行政能力"(street-level administrative capacity)需要着力提高,这在社会转型的当下中国显得尤为必要,因为决策是公共行政的本质,是政府有效管理的关键。

目前江苏省公务员考录机制所存在的突出问题表现为:实际工作能力考查欠缺,新录用公务员在面对纷繁复杂的问题时,往往不知所措,组织协调、综合处理突发事件的能力亟待提升;公务员考录的方式难以对考生素质作出全面客观的评价,人岗匹配性不够;考评要素相对固化,难以体现岗位的要求;试题设计内容单一,与具体行业的实际需求有所脱节等。破解当前公务员考录机制所存在困境的关键在于推进公务员分级分类考录制度的发展,大力提升考录的科学性和专业化水平。

(一) 从制度规范入手,完善顶层设计

制度建设以法治为基础,任何一项制度的良好运作都需要法律法规作为保障。公务员考录制度实质上是一种国家层面的人事管理制度,其公平性与科学性受到社会公众广泛的关注,因而进一步完善工作规范,加强立法执法与规矩建设,加大监督力度,是推进江苏省公务员分级分类考录的根本措施。

1. 完善考录工作规范

公务员考录工作规范,体现了一系列技术标准和制度规范。目前,国家及各省市公务员考录主管部门已经出台了一系列制度规范,如《〈公务员录用规定(试行)〉的通知》(国人部发〔2007〕134号)、《公务员录用考试违纪违规行为处理办法(试行)》(人社部发〔2009〕126号)、《关于进一步做好公务员录用考试管理工作的通知》(人社部发〔2010〕65号)、关于印发《公务员考试录用笔试考务组织办法(试行)》的通知(人社部发〔2011〕134号)、关于修订《公务员录用体检通用标准(试行)》及《〈公务员录用体检操作手册(试行)〉的通知》(人社部发〔2010〕19号)等,各省市也自行制定了《公务员录用面试工作实施细则》《公务员录用考察工作细则》等相关文件的具体实施办法。因此,从公务员录用的资格审查到笔试、面试、体检、录用、考察等大部分已经制定了相应的制度规范。

但是这些规定、办法与标准较为宏观,对于具体的实施细节与操作程序还需要进一步细化,以形成更为详尽、更具有操作性的技术规范。比如我国各省市的笔试和面试都尚未形成统一的模式,笔试的科目、内容、面

试的题量、时间、最终成绩的计算方法和加权比重等都不相同,缺乏一个"行业标准",急需将考录工作的流程固定下来,细化到时间、人员、题量、题型等等,对考录的程序、方式、人员、权限、责任等做出统一的规定和界限,规范整个考录工作,将每一项程序的运作呈现在公众面前,按规章制度办事,真正地做到公平公正。

2. 加强立法执法力度

江苏省应根据自身实际,在国家制定的一系列法律法规和实施办法等的基础上,抓紧制定植根于本地区的配套实施办法和规章制度,将公务员分级分类考录制定的考试原则、考试方式、报考的资格条件、考试内容、录用主管机构、面试、录取与晋升等相关规定,用立法的形式固定下来,形成制度与规则。这将为公务员考试、择优录用提供法律依据,做到"有法可依、有法必依",使公务员考录工作真正走上法治化的轨道。例如,可以对考录公务员的晋升实现"职务、职称、工资、职位"等多元化的调整渠道,打破终身制,实现人事管理的弹性化与专业化管理。

党的十八届四中全会提出全面推进依法治国,法治是治国理政的基本方式。要推进科学立法、严格执法、公正司法、全民守法,坚持法律面前人人平等,保证有法可依、有法必依、执法必严、违法必究;完善中国特色社会主义法律体系,加强重点领域立法,拓展人民有序参与立法途径;推进依法行政,切实做到严格规范公正文明执法。因此,在法律法规颁布后,必须加大执法力度,做到考录过程的公开、平等、公正、透明,接受群众的监督,对任何违规违纪、暗箱操作和弄虚作假的行为给予严肃的处理,完善责任追究机制,使我国公务员的考录工作走上"有法可依、有法必依、执法必严、违法必究"的法治化轨道。

3. 健全多元监督体系

党的十八届三中全会提出,要坚持制度管权管事管人,让人民监督权力,让权力在阳光下运行,是把权力关进制度笼子的根本之策。必须构建决策科学、执行坚决、监督有力的权力运行体系,健全惩治和预防腐败的体系,建设廉洁政治,努力实现干部清正、政府清廉、政治清明。要形成科学有效的权力制约和协调机制,加强反腐败体制机制创新和制度保障,健全改进作风常态化制度。

公务员考录的现场亦可以邀请人大代表、政协委员、新闻媒体、群众团体参加,将外部监督落实到位,而非仅仅由人事部门、纪检部门进行内部监督,这有助于大力减轻公务员考录部门的压力,亦可从根本上保障公务员考录的公平、公正与公开。

在监督的内容上,主要包括招考岗位的资格条件设置是否符合现实需求,报考的过程是否符合规定要求,笔试与面试的试题是否保密,考试的评分是否合理,体检的要求是否合理、过程与结果是否真实,考查是否客观公正等,由此形成多主体、全方位的监督体系。

在监督的方法上,首先要做到整个考录程序的公开透明。例如,公开考录的相关政策、制度规范以及招考方式,让民众了解到考录的运作机制,避免盲目的猜测和莫名的造谣;在面试环节,可进行现场录音录像,在不打扰考生答题的基础上,留存下影音资料以供将来有据可查;在笔试和面试上,建议笔试试卷和面试试题做到"考前绝密、考后公开",有关部门正面回答考试题目的设计理由,既接受民众对公平性的考验,亦听取民众对提高科学性的建议;公开笔试和面试的成绩以及拟录用人员名单,因为公务员作为国家公职人员承担着重要的社会责任,公开接受考察,可在一定程度上起到深入了解拟录用人员的作用;此外,畅通咨询和申诉机制,请专人解答民众的问题,增强考录的透明度,及时查核违章违纪的问题,提高考录的公信力等。

(二) 以岗位分析为基础,完善职位分级分类制度

诺贝尔经济学奖获得者舒尔茨认为,在所有资本中,向人力资本投资是促进社会发展的关键,他将教育和知识视为资本的重要形式。① 公开考试、严格考查、平等竞争、择优录用的考录制度是公务员制度的立足点与基本特征,其要旨在于将合适的人才吸纳进政府,从而提升公共治理的绩效,即高效、公平、公正地进行行政管理与公共服务。对具体区域而言,这一制度的广泛实施,为建立办事有力、运转协调、行为规范的行政管理

---

① 西奥多·舒尔茨认为:如果忽视了劳动者的技能改善和知识进步,忽视了让人们变得更有能力的信息,经济增长的事业则会没有意义,并且难以得到报偿。参见[美]舒尔茨.经济增长与农业[M].郭熙保,译.北京:中国人民大学出版社,2015:75,78.

体系奠定了坚实的基础。

职位分级分类制度是公务员录用的前提和基础,每个公务员岗位都有各自的工作职责,应当进行岗位分析,依据分析确定岗位所需能力,并依此进行职位分级分类,快速有效地分辨岗位的职能属性,从而构建相应的测评体系,为公务员考录奠定基础。良善的制度设计可以激发人的活力,调动人的积极性。

1. 科学划分岗位层级和类别

根据职业分类法逐步实现科学的分级分类考试是公务员考录制度走向科学化的重要趋势,例如美国将公务员按照工作性质、职务繁简、责任大小、资格需要进行分类,形成了以一般系列职位(CS)为主体的比较完整又系统的公务员职位分类制度,在 CS 职务分类的横向结构上,分为 23 个职组、420 个职系。英国文官考试根据一般行政职类,依其等级高低和所负职责程度不同,分为行政级、执行级、文书级、助理文书级四个等级进行,不同级别的人员考试内容有所区别。法国按照职务和文化水平的高低,从纵向把公务员分为 A、B、C 三大类,同时按照业务性质和内容,把近 2 000 个公务员职位横向分为行政类、财会类、技术类、教育与科研类、司法类、军事类。

目前我国在横向上把公务员分为综合管理类、行政执法类、专业技术类三类,在纵向上一般分为中央、省、市、县、乡五级模式,尚缺乏具体的分级分类标准,因此,无法为公务员的考录、培训、转岗、晋升等提供必要的客观依据以及技术标准。

本章建议江苏省公务员考录保持分级与分类相结合的方式,并在划分为综合管理类、行政执法与专业技术类、乡镇(街道)公务员三大类的基础上,进一步将综合管理类公务员细化为省、市、县三级子类,以体现不同层级的职位特征和用人标准;其他大类因在纵向层级上的岗位能力需求区分度不大,暂不需要进行层级的子类划分,以免分类过细造成考试成本过高,不具备可行性。

2. 制订岗位说明书等规范文件

我国公务员考录制度除缺乏具体级别和类别的划分标准外,还缺少对工作岗位的分析,岗位的作用、职责、能力需求等模糊不清,不仅难以为招录适岗人员做依据,也不利于考生对岗位的了解,考生无法进行自我定位,择业时存在很大的盲目性,这也就为入职后的工作积极性埋下了隐患。

为从根本上提高公务员考录的科学性和人职匹配度,笔者建议参考企业人力资源管理的经验,对各级各类工作岗位进行岗位分析。岗位分析的作用在于可以对岗位的性质、任务、职责、所需能力、任职资格、劳动条件和环境等进行系统的研究,并由此制订出岗位规范或工作说明书等规范化的人力资源管理文件,将一切标准和依据以文件形式确定下来,既可作为公务员考录的准则,为选拔和任用合格的公务员奠定基础,也可为公务员的培训、考核、晋升、开发、奖惩等提供参考依据,有利于进一步改进工作设计、优化劳动环境,也是制订有效的人力资源规划,进行各级各类公务员供给和需求预测的重要前提。

(三) 以胜任力为重点,构建分级分类测评体系

1. 构建分级分类胜任力模型

在岗位分析基础上进行的职位分级分类是公务员分级分类考录的前提条件,在完善公务员职位分级分类制度后,则需要以职位能力需求为重点,构建各级各类岗位的胜任力模型,并结合考试科目的测查能力,最终完成公务员分级分类测评体系。

所谓胜任力是指组织成员完成任务的技能,包括专业技能、决策与判断技能、人际沟通技能、伦理道德信念以及自我评价技能等。公务员考试的实质就是对考生的能力和素质进行综合评价的选拔性测试,不同层级、不同类别的公务员岗位,对拟任职者的能力和素质要求必然不相同,例如综合管理类侧重政策规划、办公管理、决策协调等能力,行政执法类与专业技术类强调专业素养、洞察力、反应力、敏锐度等能力,乡镇(街道)公务员则重视基层实务工作的能力;省级以上公务员对综合能力、指挥监督能力要求高,而市级以下公务员对行政执法能力、公共服务能力要求高。

本章建议在上文职位分类分级的基础上,结合2003年原人事部颁布的《国家公务员通用能力标准框架(试行)》,全面深入调查分析,细化各级

各类公务员岗位的用人特点和用人标准,如本章实证调研部分所示,选取不同类别、不同层级的公务员职位典型样本进行分析,在广义量化分析的基础上进行抽象的建模,探索并构建出综合管理类、行政执法类、专业技术类不同类别以及省、市、县、乡不同层级公务员职位的基本能力素质胜任特征模型。

既有的公平性主要体现在程序的公正上,包括从招考公告的发布、网上报名、审核、笔试、面试到公示、录取阶段。在下一阶段,公务员考录制度的发展与完善更应重视考核内容的针对性、岗位的匹配性,注重教育背景与结构,[①]将适合的人才选拔进来,而不是"千人一卷"或"万人一卷";大力推进分级分类考核,做到综合素质"通用尺"、专业能力"专门尺",从而便于量才择优,将规范化与专业化有机结合起来,构建基于胜任力模型的公务员考录制度,科学运用职位分析法,实现人职科学匹配,优化选拔考录的质量。具体如图7.29所示。

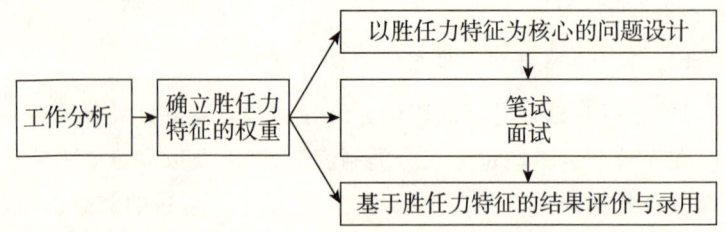

图7.29　基于胜任力模型的公务员考录制度

2.形成分级分类的公共科目组合

在胜任力模型的基础上,进一步探究公务员考试各科目的主要考查能力,两者相匹配,探究出适合不同部门、不同层级的公共科目,形成满足各种不同层级、不同行业考试需要的公共科目组合方式,同时根据层级要求的不同,设置不同分数比重的试题。

如上文实证调研所示,综合管理类适宜全面考查《公共基础知识》《行

---

① 之所以要高度重视考生的教育背景与水平,究其原因在于教育背景与人力资本的质量呈正相关,公务员的教育背景与行政管理的绩效亦呈正相关,政府从传统管理向现代公共治理转变的关键在于人力资本的现代化。

政职业能力测验》《申论》,并且根据省、市、县、乡层级要求的不同,难度系数从高到低进行区分;行政执法与专业技术类对目前公务员考试的认可度较低,认为最需要加强专业科目的考查,甚至应放在公共科目之前,可以先获取专业资格再进行公共科目考试测查通用能力,以提高专业能力在公务员考录中的重要性;而乡镇(街道)公务员对《行政职业能力测验》与工作的匹配度评价最差,建议弱化《行政职业能力测验》,加入《申论》或在《公共基础知识》中加大主观题的考试比重,丰富主观题的类型和方式,提高选拔手段的灵活性和针对性,同时在乡镇公务员考录中加入《农村工作常识》或《街道工作常识》一科,着重对基层问题的考查,突出基层岗位对实际操作能力的内在要求,考虑农村及城市社区干部队伍的特殊性,提高执法的技术性和有效性。在《公共基础知识》科目上,中央以及国内大多数省份已经取消该科目,将其内容并入《行政职业能力测验》中进行考查,本研究认为《公共基础知识》对法律知识、公文写作、职业道德、管理知识等相关内容的考查依然十分重要,特别是其对依法行政能力、问题分析能力以及案例分析能力的考查,关系到公务员最基本的素质,因而不宜直接取消或简单并入《行政职业能力测验》中,以免导致两者考试效度都为之降低。

3. 公共科目分级分类命题研究

在公共科目组合相对确定之后,需要注意分级分类的考察要素与科目,由于职业性质的不同,能力需求的不同,同一科目考查能力的侧重点亦有所不同。

建议以现有的试卷结构为基础,结合不同层级、不同类别岗位的胜任力素质模型,研究基于分级分类的《公共基础知识》和《行政职业能力测验》的测试结构、测试题型、题目数量、分值设置等,利用题型、题数、分值加权比重的不同拉开同一科目对不同层级、类别公务员的考试区分度。同时,尽快开发新的题型,建立一个科学规范、公正、有科学性的考试题库,确保出题的灵活性和有效性,使考试可以选拔出真正具有潜力、认知能力强、综合素质高、与公务员职位相匹配的人才。在《申论》上,则需在不同层级、不同类别公务员《申论》考试测评要素结构的基础上,拓宽和改进申论命题材料的来源,编制申论题目设计流程,建立申论试题评价分析指标体系,形成一套系统的申论考试命题评价机制,坚持能力导向,坚持"考用一致"的原则,从不同形式、不同角度出题,使试卷类型多样化,以适合分级分类公务员考试的不同要求。

(四) 以"N+X"为基础,创新分级分类面试方式

在分级分类测评过程中,要积极探索新方法、开拓新思路,创新考录形式。现阶段,江苏省公务员考录主要采用结构化面试的测评方式。从根本上说,有利于达到招录目的的面试方式即为好的方式。根据职位的要求,应采取灵活多样的办法,不必拘泥于固有的形式。时代发展对考试测评的内容、方式、方法、技术等提出了新的更高的要求,需要加大考试测评技术开发力度,开发科学实用的考试测评工具。积极借鉴国外人才测评的新成果,及时总结各地各部门创造的新经验。积极探索应用评价中心技术、职位胜任力标准模型、履历评价技术、文件筐测验、实地调研、情景模拟、工作价值观测验、心理素质测验、人格测量等方法和技术,通过技术方法创新和开发成果的转化应用,为考评工作提供有力的技术支撑。

其中,无领导小组讨论作为一种有效的集体面试法,因测评仿真模拟性高和真实性强而备受欢迎。在操作过程中,无领导小组讨论往往就一个实际问题展开,在整个过程中,每个人各抒己见,最后形成一个统一的意见。这种群体讨论决策的方式,在某种程度上与一个单位的决策者们商讨问题极为相似。虽然说在讨论中是无领导的,但是面对多元化的竞争对手,被测评者如何表述自己的观点、如何说服别人、如何争取他人的认可、如何对待不同意见、如何巧妙地控制讨论的局势,这些都能反映被测评者具备的综合分析能力、组织协调能力、说服力等显在和潜在的领导者素质。而且,由于需要每个人参与讨论,被测评者之间存在直接互动性,所以被测评者很难刻意掩饰自己的特点,能够更加充分地暴露自己,评价者可以更加真实地对他们进行评价,破除结构化面试的弊端。在公务员招录面试测评过程中,可以应用多维面试方法,提升甄选的匹配度。

1. 科学分析招录岗位,构建分级分类命题的体制机制

在面试的组织考录中,从考录的内容、形式到现场提问都应注意把握

应试者知识素质的结构特征,通过知识的个性化特征对其相关能力进行预测,可以增加半结构化或者无领导小组讨论的方式,注重思维方式与特质潜能评价,规范选任标准,增强人才评价的准确性。同时,加大对拟录用岗位的岗位分析评价建设。专业技术岗位的一个基本特点是对专业技术能力要求高,既要具有基础的语言表达能力、综合分析能力、创新能力、决策能力、组织协调能力、人际沟通能力等,也要有选拔岗位要求的专业技术能力。应将公务员专业技术人员面试建立在系统性岗位分析基础上,依据岗位分析确定胜任特征、胜任权重以及命题要求等。对每个岗位的工作职责、素质要求、专业限制等进行系统分析,从而明确岗位的特有要求、能力标准、专业层面等。通过对岗位的科学分析,列出岗位要求的能力和素质结构,明确重要性要素、必要性要素、合理性要素、舍弃性要素。得出对要素的分析结论后,再进行分类、排序、列表,根据不同的岗位要求侧重,对各项测评要素权重进行再分配,直到形成规范的测评要素标准体系。

公务员专业技术人员面试的基本要素是面试题本的编制。面试题本是否具备充分的科学性和合理性,直接决定着面试的权威性和可信度。面试命题,是一项责任重大、极其严肃的工作。命题人员要有宽广的命题思路、敏锐的命题视角、丰富的面试工作经验、娴熟的命题业务技能。要优化命题专家队伍的构成,既有理论素养,又能把握好行政实践工作的具体要求。需要从组织人事部门中选调一批,从有丰富实践经验的职能部门中遴选一批,注重从高校以及科研机构的专家中邀请一批,不断丰富充实命题考官队伍,使题目的设计能兼具前瞻性与实践性、科学性与艺术性的特点。定期组织命题专家开展多种形式的调查研究,拓宽视野、激发灵感,从而设计出既能全面考察考生能力素质,又与公务员专业技术岗位高度匹配的题目。内容的设计要能够"顶天立地",即具有理论高度,亦"接地气"的情境性题型,这能较为全面地反映考生宏观认识与微观实践的综合素质。要建立一套科学合理的面试考官素质标准体系。合格的面试考官应该具备如下基本素质:良好的个人品格和修养,相关的专业知识,良好的自我认识能力,丰富的社会工作经验,良好的人际关系能力,熟练掌握面试技巧和相关测评技术,以及良好的组织协调能力、敏锐的客观判断能力等。在选拔面试考官时,要根据标准化体系,选拔出优秀的面试考官。同时也要丰富面试考官的组成。目前各级公务员主管部门都基本建立了各自的面试考官库。公务员专业技术人员招录面试也应参照公务员面试考官的组成,既要包括行业内有丰富工作经验的领导、专家、组织人事部门人员,也要有意识地吸收对面试工作有研究的人才测评专家。在设计面试考官分组过程中,要注意这两类考官的合理配置。

通过面试应达到了解应试者的整体素质和实际能力,以及是否具备报考岗位所必备的水平和能力的目的,测试内容要按照"人岗匹配、能岗匹配"的要求,尽可能从岗位实际需要出发,突出测试应试者的综合能力。要建立分类命题办法,命题设计突出体现不同岗位不同层次不同的素质要求。可着重从行业分类、岗位分类和岗位层次分类等多角度入手进行分类选拔。在编制试题时,首先要进行职位分析,收集与职位有关的各种信息,了解招聘岗位的主要职责、任务、特点以及分析职位、职责、职权要求考生所必须具备的能力和素质,进而选取那些带有岗位要求的典型性的内容去设计试题。只有在职位分析的基础上,才能确定岗位要求的主要素质,才能做好测评要素的选择和设计工作。面试试题的科学性要求面试的素材既源于现实岗位需要,又高于现实,是经过命题者提炼、加工而成的,集创造与现实的统一,既不能是纯理论抽象,也不能是不加修饰的生活原版。因此,只有按照职位的要求进行系统设计,才能体现面试的效度,较好地反映出应试者的实际能力。

2. 创新面试方法,增强测试手段的有效性和多样性

推进分类面试,对报考不同职位的考生实行有针对性的分类面试,按照三类不同职位的特点,选取相应的面试形式、测评要素、题型和考官组织面试。综合管理类公务员测评要素主要着重于综合分析、计划决策、组织协调、理解沟通等,面试形式采用结构化面试、无领导小组讨论;专业技术类公务员测评要素着重于专业技术知识、调查研究以及实际操作能力等;行政执法类公务员测评要素着重于依法行政、应急处置与情绪控制等。面试测评标准是评委据以评定考生成绩的尺度。

面试测评的根本目的,是要衡量考生的能力素质、资格条件是否符合拟任职位对人员的要求,符合到什么程度,不符合到什么程度。面试的测评标准包含着三方面的内容:一是测评指标,即反映考生素质、资格的典

型行为表现；二是测评刻度，是描述这些行为表现所体现能力、素质或资格条件的数量水平或质量等级的量表系统；三是测评规则，即一定水平刻度与一定行为指标之间的对应关系。在面试过程中，由于考生的能力素质和资格条件是通过考生在面试中的言语和行为表现来体现的，评委在将考生的表现与职位的要求相对照，并对二者相一致的程度给出量化的描述时，往往容易受到题本要点和自身主观偏好的影响，导致测试有效性的偏离。因此，在科学设定测评标准时，首先要根据职位需求和特点来设置评分内容和标准，对各项分值进行合理分配，适当增加灵活性。应涵盖仪表风度、问题处理能力、自我控制与情绪、反应能力与应变能力等方面，重点考查综合素质和能力。其次，评分参考要有开放性。面试的目的是通过面对面的交谈了解考生的真实情况，但每个人对相同问题的认识是不同的，考生思考问题的深度和广度有时甚至可能会超出题本的设计和命题者的思路。因此，试题要尽可能一题多解，富有包容性。再次，评委在坚持公平公正原则的基础上，不能简单、机械性地执行测评任务，唯参考答案是从，而是要更加全面地考察考生的思维视角、思维定式和思维素质。面试过程中，评委应该更注重考生内在的逻辑思维能力而不仅是外在的仪表举止，从而不断提高面试测评的科学化水平。

3. 构建岗位能力素质模型，完善面试测试要素

公务员岗位分类复杂、专业划分繁多，人才需求的多样性决定了公务员人员测评方式的复杂性。对于公务员不同岗位的人员而言，其岗位职责不同，应聘所考核的素质重点及其组合也就不同，这就要求对不同人员的测试采用差异性的内容和方式。要对应聘人员的素质状况进行全面考察，就需要针对不同类别岗位，设计出适合其要求的素质框架。

素质模型将组织战略、工作、目标和个人素质有机地联系在一起，使公务员人员甄选的质量得以提高。一般来讲，对公务员人员备选素质的收集是通过行为事件访谈法这一核心方法和工具，通过一些统计法则来筛选和提炼这些收集到的备选素质，以此为基础对所确定的素质要素进行进一步的验证后，便可确定公务员人员素质框架的基本结构。公务员不同岗位人员的素质框架，根据其岗位特点、任务和职责等的不同也会有所差异。比如说，根据机关的发展目标，可以将专业知识、专业能力和专

业情操这三大模块作为公务员的素质框架,而每一个大模块又可以由若干指标要素来构成,并针对不同素质制定具体的行为标准。这样一来,对这一岗位任职人员的素质要求便清晰可见了。

4. 创新考录方式,科学推进公务员分级分类的考录体系

当前江苏省公务员考录有助于实现公平性的制度设计,以"360度考核"方法,即考录公务员自我评估,上级领导评估,同事评估,引进政府管理对象和服务对象即社会公众的评估,在"公平性"指标层面皆呈统计显著,这有助于行政部门吸纳社会精英,构建一个具有包容性的社会。下一步需要进一步推进公务员考录的"科学性",即公务员与岗位的匹配性与适应性,由此可见,科学性与职业化、专业技能是紧密相连的。

通过对江苏省不同层级、不同类别公务员岗位的职责权限及能力素质的分析与研究,有助于形成有针对性的公务员录用分级分类考试的测评体系,从而深化岗位职责分析,为公务员分级分类考录设计相应的测评内容、手段和工具提供客观依据,促使逐步采用"N+X"的测评方式。即确定"N"项必测要素与基本题型,确保试题的统一性,在此基础上围绕省级、市级、县乡级选设符合分级分类的测评要素,即"X",从而提高公务员考录的有效性与针对性。其中,根据不同层级、不同类别的职位或岗位对胜任力的不同要求,在充分考虑笔试特点的基础上,提出相应的笔试考试测评要素组合,以选拔出适合公务员不同职位的人才;拓宽和改进面试方式方法,建立分级分类面试内容评价分析指标体系,形成不同层级面试命题评价机制;从分级分类角度考察应试人员的综合分析、组织计划、应急处置、心理调适等多种能力,从而推进人岗匹配的科学性。在此基础上,需要以岗位为基础推动向公务员专业培训教育投资,以提升政府的公共管理水平与公共服务的质量。

五、小结

职位的分级分类是富有价值的管理工具。《中华人民共和国公务员法》提出:"公务员录用考试采取笔试和面试的方式进行,考试内容根据公务员应当具备的基本能力和不同职位类别分别设置。"这为公务员分级分类考录的实施提供了法理基础。本章以实证分析为基础,深入研究公务

员分级分类考录制度,完善其胜任力建设,将有助于不断提高政府公信力和执行力,解决社会问题,回应民众期待,造就高素质干部队伍。公务员行政能力的提升,需要高度注重形成思维的条理化、文字的规范化以及公共服务行政道德的修炼。这将为提升公共部门的治理能力,实现组织发展(organization development)奠定坚实的人力资本基础。

附：江苏省公务员分级分类考录制度实证研究调查问卷

编号：_____

江苏省公务员分级分类考录制度实证研究调查问卷（A卷）

尊敬的公务员：

  为选拔德才兼备、人岗匹配的优秀人才，提高公务员的行政效率，完善公务员队伍的建设，我们拟对江苏省公务员分级分类考录制度进行调查和分析。本次问卷采用不记名方式，仅针对岗位性质进行调研，请如实填写，对于问卷涉及的信息和资料，我们将严格保密，绝不向任何第三方提供。本问卷结果仅用于研究，您的填写将有助于我们全面了解江苏省公务员考录制度的现状、成就、不足和困难，敬请百忙之中予以协助！

【调查单位】江苏省公务员局考录处、江苏省行政管理科学研究所
【调查对象】通过江苏省公务员考试录用的公务员
【问卷填写】请按问卷上提示的相关要求进行填写（每项均须填写，请勿漏填；除规定"不超过几项"外，原则上只选一项；如有补充，可在横线上填写相应说明）
【问卷回收】请各市、各厅（局）负责问卷的回收，并将收齐的问卷以附件的形式发送至指定的电子邮箱

江苏省公务员分级分类考录制度实证研究课题组

第一部分 个人基本状况

请在题目括号内填写相应的阿拉伯数字。

( )01. 您的性别是：
   (1) 男   (2) 女
( )02. 您的年龄是：
   (1) 25岁及以下   (2) 26岁至35岁
   (3) 36岁至45岁   (4) 46岁及以上
( )03. 您的学历是：
   (1) 大专 (2) 本科 (3) 硕士 (4) 博士

(   )04. 您的政治面貌是：
　　　(1) 中共党员　　　(2) 共青团员　　　(3) 民主党派
　　　(4) 无党派人士　　(5) 群众

(   )05. 您任职公务员的年限是：
　　　(1) 2年及以下　(2) 3年至5年　(3) 6年至10年　(4) 11年及以上

(   )06. 您现任单位的性质是：
　　　(1) 党政机关　　　(2) 参照公务员法管理公务员

(   )07. 您现任单位的行政级别是：
　　　(1) 省级机关　　　　　　(2) 副省级城市机关　　　　(3) 地(市)级机关
　　　(4) 县(区、市)级机关　　(5) 乡(镇、街道)级机关

(   )08. 您现任的职务是：
　　　领导职务：(1) 厅局级正职　　(2) 厅局级副职　　(3) 县处级正职
　　　　　　　　(4) 县处级副职　　(5) 乡科级正职　　(6) 乡科级副职
　　　非领导职务：(1) 巡视员　　　(2) 副巡视员　　　(3) 调研员
　　　　　　　　　(4) 副调研员　　(5) 主任科员　　　(6) 副主任科员
　　　　　　　　　(7) 科员　　　　(8) 办事员

(   )09. 您参加江苏省公务员考试的年份是：(请直接填写)：_____

(   )10. 您参加江苏省公务员考试时报考的职位类别是：
　　　(1) A类，即省、市、县三级党政机关综合管理类职位
　　　(2) B类，即行政机关所属基层所、队、站行政执法类职位
　　　(3) C类，即乡镇(街道)机关职位

第二部分　江苏省公务员考试录用情况

下面是一些关于江苏省公务员考录情况的描述，请您根据实际情况选择，将相应的阿拉伯数字序号填在题前括号内。

(   )11. 您对江苏省公务员考录的科学性的评价是：
　　　(1) 非常科学　　　　(2) 较为科学　　　　(3) 说不清
　　　(4) 较不科学　　　　(5) 非常不科学

(   )12. 您对江苏省公务员考录的公平性的评价是：
　　　(1) 非常公平　　　　(2) 较为公平　　　　(3) 说不清
　　　(4) 较不公平　　　　(5) 非常不公平

(   )13. 您觉得,通过当前江苏省公务员考录可以选拔出适合的公务员吗？
　　　(1) 完全可以　　　　(2) 大部分可以　　　(3) 说不清
　　　(4) 大部分不可以　　(5) 完全不可以

(   )14. 您觉得,江苏省公务员考试是否考出了您的真实水平?
  (1) 完全考出   (2) 大部分考出   (3) 说不清
  (4) 大部分没考出 (5) 完全没有考出

(   )15. 您觉得,江苏省公务员考试的内容(《公共基础知识》《行政职业能力测验》《申论》)是否考查了您报考岗位所需的能力?
  (1) 完全考查   (2) 大部分考查   (3) 说不清
  (4) 大部分没考查 (5) 完全没有考查

(   )16. 您觉得,江苏省公务员考试的形式(笔试、结构化面试)是否考查了您报考岗位所需的能力?
  (1) 完全考查   (2) 大部分考查   (3) 说不清
  (4) 大部分没考查 (5) 完全没有考查

下面是一些关于您所在岗位情况的描述,请您根据实际情况选择,将相应的阿拉伯数字序号填在题前括号内。

(   )17. 您认为,您现任岗位在入职前需要有基层工作经验吗?[若选"(2)"或"(3)"则跳过第18题]
  (1) 需要   (2) 不需要   (3) 不知道

(   )18. 您认为,您现任岗位在入职前需要多长时间的基层工作经验?
  (1) 1年及以下 (2) 1至2年 (3) 3至4年 (4) 5年及以上

(   )19. 您认为,您现任岗位最需要具备什么方面的能力?(请选择您认为最重要的若干选项,最多不超过5项)
  (1) 政治鉴别能力 (2) 依法行政能力 (3) 公共服务能力
  (4) 调查研究能力 (5) 学习能力   (6) 沟通协调能力
  (7) 创新能力   (8) 应对突发事件能力 (9) 心理调适能力

(   )20. 您认为,您个人最突出的是什么方面的能力?(请选择您认为最重要的若干选项,最多不超过5项)
  (1) 政治鉴别能力 (2) 依法行政能力 (3) 公共服务能力
  (4) 调查研究能力 (5) 学习能力   (6) 沟通协调能力
  (7) 创新能力   (8) 应对突发事件能力 (9) 心理调适能力

下面是关于江苏省公务员考试内容和形式的描述,请您根据实际情况选择,将相应的阿拉伯数字序号填在题前括号内。

(注意:未参加下列题目中所述科目考试者,相应题目不需作答)

(   )21. 您认为,下列公务员考试的基本题型,最需要强化的是哪些?(请选择您认为最重要的若干选项,最多不超过3项)
  (1) 单项选择   (2) 多项选择   (3) 公文实务

(4) 案例分析　　　　　(5) 综合分析　　　　　(6) 材料处理

(　)22. 您认为,《公共基础知识》考试最能考查您哪些能力?(请选择您认为最重要的若干选项,最多不超过5项)
　　(1) 政治鉴别能力　　(2) 依法行政能力　　(3) 公共服务能力
　　(4) 调查研究能力　　(5) 学习能力　　　　(6) 沟通协调能力
　　(7) 创新能力　　　　(8) 应对突发事件能力　(9) 心理调适能力

(　)23. 您认为,《行政职业能力测验》考试最能考查您哪些能力?(请选择您认为最重要的若干选项,最多不超过5项)
　　(1) 政治鉴别能力　　(2) 依法行政能力　　(3) 公共服务能力
　　(4) 调查研究能力　　(5) 学习能力　　　　(6) 沟通协调能力
　　(7) 创新能力　　　　(8) 应对突发事件能力　(9) 心理调适能力

(　)24. 您认为,《申论》考试最能考查您哪些能力?(请选择您认为最重要的若干选项,最多不超过5项)
　　(1) 政治鉴别能力　　(2) 依法行政能力　　(3) 公共服务能力
　　(4) 调查研究能力　　(5) 学习能力　　　　(6) 沟通协调能力
　　(7) 创新能力　　　　(8) 应对突发事件能力　(9) 心理调适能力

(　)25. 您认为,结构化面试最能考查您哪些能力?(请选择您认为最重要的若干选项,最多不超过5项)
　　(1) 政治鉴别能力　　(2) 依法行政能力　　(3) 公共服务能力
　　(4) 调查研究能力　　(5) 学习能力　　　　(6) 沟通协调能力
　　(7) 创新能力　　　　(8) 应对突发事件能力　(9) 心理调适能力

(　)26. 您认为,《公共基础知识》考试中最能考查您现任岗位性质和工作能力需求的内容是什么?(请选择您认为最重要的若干选项,最多不超过5项)
　　(1) 马克思主义基本原理　　　　(2) 毛泽东思想概论
　　(3) 中国特色社会主义理论体系　(4) 当代中国政府与政治
　　(5) 国家机关工作人员的职业道德　(6) 法律知识
　　(7) 语文基础知识和公文写作　　(8) 经济知识和科技常识
　　(9) 中国近现代史　　　　　　　(10) 世界现代史
　　(11) 国际国内重大事件

(　)27. 您认为,《行政职业能力测验》考试中最能考查您现任岗位性质和工作能力需求的内容是什么?(请选择您认为最重要的若干选项,最多不超过5项)
　　(1) 知觉速度与准确性　　　　　(2) 言语理解与表达——片段阅读
　　(3) 言语理解与表达——文章阅读(4) 言语理解与表达——选词填空
　　(5) 数量关系——数字推理　　　(6) 数量关系——数学运算

(7) 判断推理——图形推理　　　(8) 判断推理——类比推理

(9) 判断推理——演绎推理　　　(10) 判断推理——逻辑判断

(11) 判断推理——定义判断　　　(12) 资料分析

(　)28. 您认为,《申论》考试中最符合您现任岗位性质和工作需求的能力是什么？(请选择您认为最重要的若干选项,最多不超过 2 项)

(1) 阅读理解能力　　　　　(2) 贯彻执行能力

(3) 解决问题能力　　　　　(4) 文字表达能力

(　)29. 您认为,下列哪些面试测评技术最能考查出您现任岗位对应试者能力的需求？(请选择您认为最重要的若干选项,最多不超过 3 项)

(1) 结构化面试　　　(2) 无领导小组讨论　　　(3) 管理游戏

(4) 文件筐作业　　　(5) 角色扮演　　　　　　(6) 其他：＿＿＿＿

30. 您认为,江苏省公务员考试需要重点考核、增加、减少哪些科目？

　　＿＿＿＿＿＿＿＿＿＿＿＿＿＿＿＿＿＿＿＿＿＿＿＿＿＿＿＿＿＿＿＿

　　＿＿＿＿＿＿＿＿＿＿＿＿＿＿＿＿＿＿＿＿＿＿＿＿＿＿＿＿＿＿＿＿

　　＿＿＿＿＿＿＿＿＿＿＿＿＿＿＿＿＿＿＿＿＿＿＿＿＿＿＿＿＿＿＿＿

31. 您认为,当前江苏是否需要进行公务员分级分类考录？为什么？您有哪些改进建议？

　　＿＿＿＿＿＿＿＿＿＿＿＿＿＿＿＿＿＿＿＿＿＿＿＿＿＿＿＿＿＿＿＿

　　＿＿＿＿＿＿＿＿＿＿＿＿＿＿＿＿＿＿＿＿＿＿＿＿＿＿＿＿＿＿＿＿

　　＿＿＿＿＿＿＿＿＿＿＿＿＿＿＿＿＿＿＿＿＿＿＿＿＿＿＿＿＿＿＿＿

调查问卷到此结束,再次感谢您的理解和支持！

编号：_____

江苏省公务员分级分类考录制度实证研究调查问卷（B 卷）

尊敬的公务员：

    为选拔德才兼备、人岗匹配的优秀人才，提高公务员的行政效率，完善公务员队伍的建设，我们拟对江苏省公务员分级分类考录制度进行调查和分析。本次问卷采用不记名方式，仅针对岗位性质进行调研，请如实填写，对于问卷涉及的信息和资料，我们将严格保密，绝不向任何第三方提供。本问卷结果仅用于研究，您的填写将有助于我们全面了解江苏省公务员考录制度的现状、成就、不足和困难，敬请百忙之中予以协助！

【调查单位】江苏省公务员局考录处、江苏省行政管理科学研究所
【调查对象】A 卷考录公务员所在部门的直接领导
【问卷填写】请按问卷上提示的相关要求进行填写（每项均须填写，请勿漏填；除规定
          "最多选几项"外，原则上只选一项；如有补充，可在横线上填写相应说明）
【问卷回收】请各市、各厅（局）负责问卷的回收，并将收齐的问卷以附件的形式发送至
          指定的电子邮箱

江苏省公务员分级分类考录制度实证研究课题组

第一部分　个人基本状况

请在题目括号内填写相应的阿拉伯数字。

（　）01. 您的性别是：
     （1）男　　　　　　　　　　（2）女
（　）02. 您的年龄是：
     （1）30 岁及以下　　　　　　（2）31 岁至 40 岁
     （3）41 岁至 50 岁　　　　　　（4）51 岁及以上
（　）03. 您的学历是：
     （1）大专　　（2）本科　　（3）硕士　　（4）博士
（　）04. 您的政治面貌是：
     （1）中共党员　　　（2）共青团员　　　（3）民主党派
     （4）无党派人士　　（5）群众

( )05. 您现任单位的性质是:
  (1) 党政机关   (2) 参照公务员法管理公务员
( )06. 您现任单位的行政级别是:
  (1) 省级机关 (2) 副省级城市机关 (3) 地(市)级机关
  (4) 县(区、市)级机关 (5) 乡(镇、街道)级机关
( )07. 您现任的职务是:
  领导职务:(1) 厅局级正职 (2) 厅局级副职 (3) 县处级正职
      (4) 县处级副职 (5) 乡科级正职 (6) 乡科级副职
  非领导职务:(1) 巡视员 (2) 副巡视员 (3) 调研员
       (4) 副调研员 (5) 主任科员 (6) 副主任科员
       (7) 科员   (8) 办事员

第二部分 江苏省公务员考试录用情况

下面是一些关于江苏省公务员考录情况的描述,请您根据实际情况选择,将相应的阿拉伯数字序号填在题前括号内。

( )08. 您对江苏省公务员考录的科学性的评价是:
  (1) 非常科学 (2) 较为科学 (3) 说不清
  (4) 较不科学 (5) 非常不科学
( )09. 您对江苏省公务员考录的公平性的评价是:
  (1) 非常公平 (2) 较为公平 (3) 说不清
  (4) 较不公平 (5) 非常不公平
( )10. 您觉得,通过当前江苏省公务员考录可以选拔出适合的公务员吗?
  (1) 完全可以 (2) 大部分可以 (3) 说不清
  (4) 大部分不可以 (5) 完全不可以
( )11. 您觉得,江苏省公务员考试能否考出您下级岗位所需录用人员的真实水平?
  (1) 完全考出 (2) 大部分考出 (3) 说不清
  (4) 大部分没考出 (5) 完全没有考出
( )12. 您觉得,江苏省公务员考试的内容(《公共基础知识》《行政职业能力测验》《申论》)能否考查出您下级岗位工作所需的能力?
  (1) 完全考查 (2) 大部分考查 (3) 说不清
  (4) 大部分没考查 (5) 完全没有考查
( )13. 您觉得,江苏省公务员考试的形式(笔试、结构化面试)能否考查出您下级岗位工作所需的能力?

(1) 完全考查　　　　　(2) 大部分考查　　　　(3) 说不清
(4) 大部分没考查　　　(5) 完全没有考查

下面是一些关于您下级公务员岗位情况的描述,请您根据实际情况选择,将相应的阿拉伯数字序号填在题前括号内。

(　)14. 您认为,您下级公务员岗位在入职前需要有基层工作经验吗?[若选"(2)"或"(3)"则跳过第15题]
　　　　(1) 需要　　　　　　(2) 不需要　　　　　(3) 不知道

(　)15. 您认为,您下级公务员岗位在入职前需要多长时间的基层工作经验?
　　　　(1) 1年及以下　(2) 1至2年　(3) 3至4年　(4) 5年及以上

(　)16. 您认为,您下级公务员岗位最需要具备什么方面的能力?(请选择您认为最重要的若干选项,最多不超过5项)
　　　　(1) 政治鉴别能力　　(2) 依法行政能力　　(3) 公共服务能力
　　　　(4) 调查研究能力　　(5) 学习能力　　　　(6) 沟通协调能力
　　　　(7) 创新能力　　　　(8) 应对突发事件能力　(9) 心理调适能力

(　)17. 您认为,您下级公务员个人最突出的是什么方面的能力?(请选择您认为最重要的若干选项,最多不超过5项)
　　　　(1) 政治鉴别能力　　(2) 依法行政能力　　(3) 公共服务能力
　　　　(4) 调查研究能力　　(5) 学习能力　　　　(6) 沟通协调能力
　　　　(7) 创新能力　　　　(8) 应对突发事件能力　(9) 心理调适能力

(　)18. 您对您已录用下级工作情况的评价是?
　　　　(1) 完全胜任工作,非常出色　　　(2) 可以做好工作,较为优秀
　　　　(3) 可以做好工作,但需要花费较多的时间
　　　　(4) 可以完成工作,但质量一般　　(5) 需要在他人的帮助下完成工作
　　　　(6) 无法应对工作

(　)19. 您对您单位考录进来的公务员整体评价如何?
　　　　(1) 非常满意　　　　(2) 比较满意　　　　(3) 一般满意
　　　　(4) 比较不满意　　　(5) 非常不满意

(　)20. 您认为,您单位考录进来的公务员绩效不好的原因是什么?(请选择您认为最重要的若干选项,最多不超过3项)
　　　　(1) 专业技术能力不足　　(2) 性格与岗位不匹配
　　　　(3) 缺乏责任心　　　　　(4) 缺乏团队协作精神
　　　　(5) 考试科目设计不科学　(6) 其他原因,请说明:_____

(　)21. 您认为,下列哪些面试测评技术最能考查出您下级公务员岗位对应试者能力的需求?(请选择您认为最重要的若干选项,最多不超过3项)

(1) 结构化面试 (2) 无领导小组讨论 (3) 管理游戏
(4) 文件筐作业 (5) 角色扮演 (6) 其他：_____

22. 您认为,您下级公务员的人岗匹配性如何？未来的职业发展趋势或前景如何？

   _____
   _____

23. 您认为,当前江苏是否需要进行公务员分级分类考录？为什么？您有哪些改进建议？

   _____
   _____
   _____

调查问卷到此结束,再次感谢您的理解和支持！

编号：_____

江苏省公务员分级分类考录制度实证研究调查问卷（C卷）

尊敬的公务员：

  为选拔德才兼备、人岗匹配的优秀人才，提高公务员的行政效率，完善公务员队伍的建设，我们拟对江苏省公务员分级分类考录制度进行调查和分析。本次问卷采用不记名方式，仅针对岗位性质进行调研，请如实填写，对于问卷涉及的信息和资料，我们将严格保密，绝不向任何第三方提供。本问卷结果仅用于研究，您的填写将有助于我们全面了解江苏省公务员考录制度的现状、成就、不足和困难，敬请百忙之中予以协助！

【调查单位】江苏省公务员局考录处、江苏省行政管理科学研究所

【调查对象】各单位主管公务员考录工作部门负责人及工作人员

【问卷填写】请按问卷上提示的相关要求进行填写（每项均须填写，请勿漏填；除规定"最多选几项"外，原则上只选一项；如有补充，可在横线上填写相应说明）

【问卷回收】请各市、各厅（局）负责问卷的回收，并将收齐的问卷以附件的形式发送至指定的电子邮箱

江苏省公务员分级分类考录制度实证研究课题组

第一部分　个人基本状况

请在题目括号内填写相应的阿拉伯数字。

（　）01. 您的性别是：
   （1）男　　　　　　　　　　（2）女

（　）02. 您的年龄是：
   （1）25 岁及以下　　　　　　（2）26 岁至 35 岁
   （3）36 岁至 45 岁　　　　　　（4）46 岁及以上

（　）03. 您的学历是：
   （1）大专　　（2）本科　　（3）硕士　　（4）博士

（　）04. 您的政治面貌是：
   （1）中共党员　　（2）共青团员　　（3）民主党派
   （4）无党派人士　（5）群众

(   )05. 您现任单位的性质是:
  (1) 党政机关　　(2) 参照公务员法管理公务员

(   )06. 您现任单位的行政级别是:
  (1) 省级机关　　(2) 副省级城市机关　　(3) 地(市)级机关
  (4) 县(区、市)级机关　　(5) 乡(镇、街道)级机关

(   )07. 您现任的职务是:
  领导职务:(1) 厅局级正职　(2) 厅局级副职　(3) 县处级正职
      (4) 县处级副职　(5) 乡科级正职　(6) 乡科级副职
  非领导职务:(1) 巡视员　　(2) 副巡视员　　(3) 调研员
       (4) 副调研员　(5) 主任科员　　(6) 副主任科员
       (7) 科员　　　(8) 办事员

第二部分　公务员考试录用情况

下面是一些关于江苏省公务员考录情况的描述,请您根据实际情况选择,将相应的阿拉伯数字序号填在题前括号内。

(   )08. 您对江苏省公务员考录的科学性的评价是:
  (1) 非常科学　　(2) 较为科学　　(3) 说不清
  (4) 较不科学　　(5) 非常不科学

(   )09. 您对江苏省公务员考录的公平性的评价是:
  (1) 非常公平　　(2) 较为公平　　(3) 说不清
  (4) 较不公平　　(5) 非常不公平

(   )10. 您觉得,通过当前江苏省公务员考试,您所在单位能否招到满意的工作人员?
  (1) 完全能　　　(2) 大部分能　　(3) 说不清
  (4) 大部分不能　(5) 完全不能

(   )11. 您觉得,江苏省公务员考试能否考出您所在单位所需录用人员的真实水平?
  (1) 完全考出　　(2) 大部分考出　(3) 说不清
  (4) 大部分没考出　(5) 完全没有考出

(   )12. 您觉得,江苏省公务员考试的内容(《公共基础知识》《行政职业能力测验》《申论》)能否考查出您所在单位各岗位工作所需的能力?
  (1) 完全考查　　(2) 大部分考查　(3) 说不清
  (4) 大部分没考查　(5) 完全没有考查

(   )13. 您觉得,江苏省公务员考试的形式(笔试、结构化面试)能否考查出您所在

单位各岗位工作所需的能力?
(1) 完全考查　　　　(2) 大部分考查　　　　(3) 说不清
(4) 大部分没考查　　(5) 完全没有考查

( )14. 您对您所在单位近期考录进来的公务员整体评价如何?
(1) 非常满意　　　　(2) 比较满意　　　　(3) 一般满意
(4) 比较不满意　　　(5) 非常不满意

( )15. 您认为,您所在单位考录进来的公务员绩效不好的原因是什么?(请选择您认为最重要的若干选项,最多不超过 3 项)
(1) 专业技术能力不足　　(2) 性格与岗位不匹配
(3) 缺乏责任心　　　　　(4) 缺乏团队协作精神
(5) 考试科目设计不科学　(6) 其他原因,请说明:_____

( )16. 您认为,您所在单位公务员在入职前需要有基层工作经验吗?[若选"(2)"或"(3)"则跳过第 17 题]
(1) 需要　　　　　　(2) 不需要　　　　　(3) 不知道

( )17. 您认为,您所在单位公务员在入职前需要多长时间的基层工作经验?
(1) 1 年及以下　(2) 1 至 2 年　(3) 3 至 4 年　(4) 5 年及以上

( )18. 您认为,下列公务员考试的基本题型,最需要强化的是哪些?(请选择您认为最重要的若干选项,最多不超过 3 项)
(1) 单项选择　　　　(2) 多项选择　　　　(3) 公文实务
(4) 案例分析　　　　(5) 综合分析　　　　(6) 材料处理

( )19. 您认为,下列哪些面试测评技术最能测试出您所在单位公务员岗位对应试者能力的要求?(请选择您认为最重要的若干选项,最多不超过 3 项)
(1) 结构化面试　　　(2) 无领导小组讨论　(3) 管理游戏
(4) 文件筐作业　　　(5) 角色扮演　　　　(6) 其他:_____

( )20. 您认为,《公共基础知识》考试最能考查哪些能力?(请选择您认为最重要的若干选项,最多不超过 5 项)
(1) 政治鉴别能力　　(2) 依法行政能力　　(3) 公共服务能力
(4) 调查研究能力　　(5) 学习能力　　　　(6) 沟通协调能力
(7) 创新能力　　　　(8) 应对突发事件能力(9) 心理调适能力

( )21. 您认为,《行政职业能力测验》考试最能考查哪些能力?(请选择您认为最重要的若干选项,最多不超过 5 项)
(1) 政治鉴别能力　　(2) 依法行政能力　　(3) 公共服务能力
(4) 调查研究能力　　(5) 学习能力　　　　(6) 沟通协调能力
(7) 创新能力　　　　(8) 应对突发事件能力(9) 心理调适能力

(   )22. 您认为,《申论》考试最能考查哪些能力?(请选择您认为最重要的若干选项,最多不超过 5 项)

  (1) 政治鉴别能力 (2) 依法行政能力 (3) 公共服务能力

  (4) 调查研究能力 (5) 学习能力   (6) 沟通协调能力

  (7) 创新能力   (8) 应对突发事件能力 (9) 心理调适能力

(   )23. 您认为,结构化面试最能考查哪些能力?(请选择您认为最重要的若干选项,最多不超过 5 项)

  (1) 政治鉴别能力 (2) 依法行政能力 (3) 公共服务能力

  (4) 调查研究能力 (5) 学习能力   (6) 沟通协调能力

  (7) 创新能力   (8) 应对突发事件能力 (9) 心理调适能力

(   )24. 您认为,您所在单位公务员最需要具备哪些能力?(请选择您认为最重要的若干选项,最多不超过 5 项)

  (1) 政治鉴别能力 (2) 依法行政能力 (3) 公共服务能力

  (4) 调查研究能力 (5) 学习能力   (6) 沟通协调能力

  (7) 创新能力   (8) 应对突发事件能力 (9) 心理调适能力

(   )25. 您认为,《公共基础知识》考试中最能考查您所在单位对公务员工作能力需求的内容是什么?(请选择您认为最重要的若干选项,最多不超过 5 项)

  (1) 马克思主义基本原理   (2) 毛泽东思想概论

  (3) 中国特色社会主义理论体系 (4) 当代中国政府与政治

  (5) 国家机关工作人员的职业道德 (6) 法律知识

  (7) 语文基础知识和公文写作 (8) 经济知识和科技常识

  (9) 中国近现代史   (10) 世界现代史

  (11) 国际国内重大事件

(   )26. 您认为,《行政职业能力测验》考试中最能考查您所在单位对公务员工作能力需求的内容是什么?(请选择您认为最重要的若干选项,最多不超过 5 项)

  (1) 知觉速度与准确性   (2) 言语理解与表达——片段阅读

  (3) 言语理解与表达——文章阅读 (4) 言语理解与表达——选词填空

  (5) 数量关系——数字推理 (6) 数量关系——数学运算

  (7) 判断推理——图形推理 (8) 判断推理——类比推理

  (9) 判断推理——演绎推理 (10) 判断推理——逻辑判断

  (11) 判断推理——定义判断 (12) 资料分析

(   )27. 您认为,《申论》考试中最符合您所在单位对公务员工作能力需求的是什么?(请选择您认为最重要的若干选项,最多不超过 2 项)

　　　　(1) 阅读理解能力　　　　　　(2) 贯彻执行能力
　　　　(3) 解决问题能力　　　　　　(4) 文字表达能力

(　　)28. 您认为,下列哪些面试测评技术最能考查出您现任岗位对应试者能力的要求?(请选择您认为最重要的若干选项,最多不超过 3 项)
　　　　(1) 结构化面试　　　(2) 无领导小组讨论　　　(3) 管理游戏
　　　　(4) 文件筐作业　　　(5) 角色扮演　　　　　　(6) 其他:_____

29. 您认为,江苏省公务员考试需要重点考核、增加、减少哪些科目?
_____
_____

30. 您认为,您所在单位公务员人岗匹配性如何?存在哪些问题?您有哪些改进建议?
_____
_____
_____

31. 您认为,当前江苏是否需要进行公务员分级分类考录?为什么?您有哪些改进建议?
_____
_____
_____

　　　　　　调查问卷到此结束,再次感谢您的理解和支持!

第八章　人力资本:基于江苏人才国际化战略的实证分析[①]

人力资本涵盖人才的数量和质量,能够有效提高社会生产率与经济收入。在不确定性和复杂性日益加深的全球化时代,人力资本是国家最为重要的财富。对于人力资本的投资,可以有效提升公共行政的质量与效率,促进技术化行政与民主化行政的双重发展。植根于知识共享社区的人才国际化建设,是公共行政有效促进经济、社会与生态可持续发展的重要路径,本章以江苏省为例,具体分析阐释人力资本的国际化之路。

一、全球化与人才国际化

(一) 人才国际化战略

随着全球化的深入展开,经济提升与科技进步的关键在于以人才国际化为先导的软实力(soft power)的竞争,从而实现发展方式由投资拉动型向创新推动型的转变。江苏省引进外资连续六年居全国之首,但不可否认的是这些外资企业仍然以制造业、批发零售业为主。江苏省自身具有知识产权的优势,但在国际上具有影响力的品牌明显不足。

从历史的长时段来看,劳动力成本优势并不能长久地成为引进外资的动力,真正决定资本流向的是人力资本。纵观英、美、法等早发内生型现代化国家,以及日本、亚洲"四小龙"等晚发外生型的现代化国家与地区,其经济与社会的可持续发展取决于人力资本的不断提升。究其原因就在于,人力资本的提升促进了技术与制度的双重发展,其中技术进步促

[①] 本章特别感谢佟晓雯、黄宝、胡寅、凌智明所提供的帮助。

进了劳动生产率的突飞猛进,制度发展促进了社会的有效治理,如图 8.1 所示。

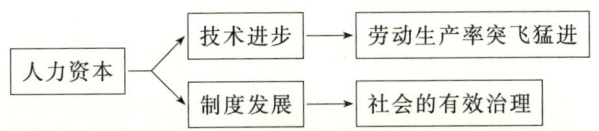

图 8.1　人力资本的提升促进了技术与制度的双重发展

21 世纪以来,全球化发展呈现出如下新的特点:经济全球化进入一个新的发展阶段,生产、贸易、服务的国际化程度迅速扩张,各类生产要素,包括物资、资金、技术、信息、人才,成为"资源流",在全球范围内加速流动,当今世界人才流动和智力流动的频率不断加快。只有实现劳动力成本优势向人力资本优势的转变,才能真正实现经济与社会的可持续发展,这其中人才国际化战略的实施是关键。从全球化的视角吸纳海外精英人才是人力资本提升的重要路径,美国加州硅谷的成功即为明证。

当前,知识经济加速发展,高新技术尤其是网络技术的发展,既使新经济时代的产业结构发生重大调整,也为资源的流动提供了重要的基础条件,更为重要的是高新技术的发展促使人才资源取代物质资源,成为新经济时代的第一资源,世界经济发展的动力已由主要依靠物质资本转到主要依靠人力资本。跨国公司日趋发展,国际市场一体化格局不断形成,为人才国际化提供了最直接的动力。全球化时代的主要特征是国际化,而人才国际化作为国际化的核心组成部分,将是各国人才资源发展的一种必然趋势。

建设创新型省份,实现经济振兴,需要大批具有国际视野、熟悉国际事务、掌握国际动态、能够引领发展的国际化人才。因此,从公共人力资源的角度,全面系统地建立江苏人才国际化战略体系是体现全面发展的必然要求。这需要正确处理好经济社会发展和人才队伍建设的关系,保持经济社会发展与人才开发相协调,既提高国际化人才的存量和增量,又促进国际化人才在城乡、区域、产业、行业和不同所有制之间的合理分布,从而按照建设服务型人事行政的要求,建立健全人才国际化的公共服务体系,通过体制创新,加大江苏在全球吸引人才的力度,全面提高人才市场建设在经济发展中的战略地位,加快促进人才国际化的跨越式发展,为实现江苏的发展提供科技和人才的可持续性支撑。

(二)研究综述

随着全球化的迅猛发展,人才国际化是国际竞争的必然选择,也是适应国际竞争的主动选择,人才是经济与社会可持续性发展的重要因素。以下总结了国内外学术界对于人才国际化的研究。

1. 国外研究综述

布迪厄(P. Bourdieu)、帕特南(R. Putnam)等人的社会资本理论,回答了如何吸引和留住国际化人才,如何发挥人才对社会的贡献两个重要问题。必须把人才的个人利益与社会共同体的利益密切联系起来,通过为人才提供更多参与社会的渠道和机会,使人才融入社会,服务于社会,这样人才在服务社会的过程中就能更好地体现其价值,满足其自我实现的需求。

行政学家古里克(Luther Gulick)认为公共行政的重要职能在于人才的选拔与培训,不仅如此,他认为需要保持良好的工作条件以吸纳优秀人才。①

舒尔茨(T. W. Schultz)、贝克尔(G. S. Becker)的人力资本理论研究认为,对人力资本的投资收益率大大高于对物质资本的投资收益率,人力资本投资的根本目的在于提高人力资本的质量和人力资本的合理流动性,即人才国际化问题。人才以人力资源为基础,一个国家的人力资源开发得越好,人才资源就越雄厚,整个社会的制度运行绩效实现得就越充分。②

卢卡斯(E. J. Lucas)揭示了人力资本与技术进步以及经济增长之间的内在关系,他认为边干边学拓宽了人力资本形成的途径。罗默(P. M. Romer)认为,积累的知识越多,用于生产知识的人力资本边际产出率就越高。将卢卡斯和罗默的模型推广到开放经济,可以得到内

---

① L. Gulick and L. Urwick, eds. Papers on the Science of Administration. New York: Institute of Public Administration, Columbia University, 1937:9 - 13.

② [美]贝克尔.人力资本理论[M].郭虹,等译.北京:中信出版社,2007:26 - 60.

生技术进步增长理论的政策含义,并被应用到发展中国家和地区的发展战略之中。①

2. 国内研究综述

首先,关于人才国际化标准的设立。龙永图认为组织国际化最为艰难的是人才国际化,指出人才国际化有三个标准:寻求优势资源能力,包括技术、管理和渠道;适应能力,吃苦耐劳的精神,适应国内外不同生活的能力;转化能力,以战略眼光转化国外优秀资源为我所用的能力。②

其次,从区域角度分析了人才国际化的内涵。沈荣华认为人才国际化是用人机制、分配机制、评价机制、流动机制、管理机制等与国际接轨。人才素质方面,要培养、引进精通国际规则,具有跨文化沟通能力,能够在本领域内熟练处理各种涉外事务的人才。

再次,对于人才国际化培养路径以及国别的研究。面对经济全球化和信息化的挑战,人才国际化的培养从师资队伍的国际化,让学生接触不同文化背景的知识内容与分析问题的方法,发展到教学内容的国际化以及培养方式的国际化。③ 在推进人才国际化过程中,应注重吸收高层次人才,利用高薪及优厚待遇吸引一流的国际化人才,重视高新技术,推进全方位人才国际化战略。④

基于已有的研究,需加强对人才国际化指标量化的研究,从而对人才国际化建设的水平与质量进行有效测量与评估;同时对江苏人才国际化战略实施现状与问题进行深入调查与分析,从而为人力资本的优化提出有针对性的政策建议。

(三)研究内容和方法

本章研究主要围绕以下内容。

(1)人才国际化的内涵与要素。主要包括人才素质国际化、人才构

---

① 叶明.人才国际化战略:机理与设计[J].东南大学学报(哲学社会科学版),2006(1).
② 国家行政学院进修部.提高对外开放水平[M].北京:国家行政学院出版社,2012:385.
③ 孙尔英.人才的国际化与培养[J].辽宁经济,2003(5).
④ 疾风.日本经济国际化中的人才国际化[J].世界经济与政治,1994(8).

成国际化、人才培养国际化、人才流动国际化、人才环境国际化、人才活动国际化。

（2）实证调研与分析江苏人才国际化的现状以及所存在的问题。江苏在全国率先将人才国际化纳入省级发展战略，在实施过程中取得了哪些成绩，存在哪些问题？

（3）江苏人才国际化建设的政策措施与实施路径。本章认为人才国际化战略的实施是一项系统工程，通过制度建设与体制创新，实现政府、高校、企业、社会之间的良性互动，从而培养出大量具备国际视野、语言能力、跨文化沟通能力以及创新思维能力的国际化人才，以应对全球化的挑战，为"一带一路"①战略的实施与发展提供优质的人力资本。本章紧紧围绕如何拓展江苏人才国际化的平台，在充分调查研究的基础上提出促进人才国际化有效操作的路径选择与政策建议，即通过政府引领、学校培育、企业创新、社会氛围之间的良性互动，实现人才国际化的战略，如图8.2所示。

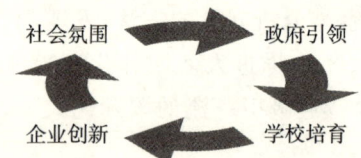

图 8.2　人才国际化战略的路径选择

本章将定性分析与定量研究的方法有机结合。定性分析的优势在于深描，从深入调查江苏人才国际化的现状入手，采用问卷调查、深度访谈、重点关注组等方式获得第一手资料，将政策设计建立在学术累积、反思、比较和逻辑推理的基础上，从而为人才国际化的战略发展提供富有价值的政策建议；定量研究则在运用统计技术的基础之上，收集江苏人才国际化的实证数据，考察事物"量"的规律性，构建出具有可操作性与测量性的江苏人才国际化建设指标体系。

---

① "一带一路"是"丝绸之路经济带"和"21世纪海上丝绸之路"的简称。它强调通过国际间区域交流与互动，编织互利共赢的合作网络。

二、人才国际化建设的内涵

(一)人才国际化建设的界定

1. 人才国际化的科学内涵

在一个全球化的时代,现代化建设的重点在于人才的国际化。人才国际化战略为加快转变经济发展方式,实现全面建成小康社会的奋斗目标奠定了坚实的科技和人力资源基础。何谓人才国际化?综合起来,主要有以下两类观点。

(1)人才国际化通常是指人才的国际性流动和跨国使用,人才的国际化教育与培养,以及世界范围内人才资源的市场化配置与使用等。它主要体现为人才竞争国际化、人才流动国际化、人才素质国际化、人才构成国际化。[1]

(2)人才国际化的内涵在于按照国际通行的人力资源规则和惯例,在全球范围内开发和配置人力资源,全面参与国际间人才分工和交往的过程和状态。具体来说,是指在人才管理和开发的过程中,以培养具备跨国工作能力的国际性人才为基础,以吸引和使用国外人才为重点,以开放性思维和全球性观念为导向的人才开发战略。[2]

本章在综合国内外学者对人才国际化阐述的基础上认为,所谓人才国际化是指人力资源已不再局限于某个国家或地区的狭隘范围内,而是在全球范围内进行配置、使用,造就具有国际化眼光、国际化视野、国际化思维的复合型人才。具体包括人才素质国际化、人才构成国际化、人才培养国际化、人才流动国际化、人才环境国际化、人才活动国际化六个方面。

2. 人才国际化的要素构成

(1)人才素质国际化。对人才素质的要求,主要有以下几个方面:首先,要具有全球视野、国际化战略思维,知晓国际通则;其次,要具备良好的跨文化沟通能力;再次,要具有创新意识,较高的信息敏感度,较强的组

---

[1] 万学远.人才国际化趋势及其影响[J].党建研究,2004(3).
[2] 徐国祥,马俊玲,于颖.人才国际化指标体系及其比较研究[J].上海财经大学学报,2006(3).

织能力与学习能力。

(2) 人才构成国际化。区域或行业拥有国际化人才的数量和质量是该地区和行业竞争力的衡量标准。不少学者认为，外国人常住人口不足城市总人口10%的城市，难以被视为国际化都市。同样，外国人才达不到一定比例的公司，难以被定位为国际化公司。

(3) 人才培养国际化。当今国际竞争，说到底是人才的竞争，占领人才高地已成为各国竞争制胜的关键。没有人才的国际化培养，就无法支持人才国际化战略的实施。建立高水平的中外合作办学机构、公派留学、跨国培训高层次人才、接纳外国留学生等都是人才培养国际化的有效途径。

(4) 人才流动国际化。人才竞争的国际化促进了人才的跨国流动。人才自由流动是经济发达的重要标志。一般说来，人力资源总是向高机遇、高发展、高收入的方向流动。全世界大约有1.3亿人在境外工作，国际性流动人口约占世界总人口的1/50。人才流动的国际化为江苏的引智工作提供了良好的环境与契机。

(5) 人才环境国际化。人才的政策环境、收入水平、生活居住环境、文化氛围等是一个国家或地区是否能吸引人才、留住人才的先决条件。出于对人才资源的争夺，各个国家或地区会致力于打造促进人才成长的环境，从而形成人才环境国际化。

(6) 人才活动国际化。随着人才国际化的进程不断推进，人才活动的成果必然是与国际接轨的。科学家的研究成果以及专利技术可以提高全球人民的福利水平，促进世界经济的融合与发展。随着全球化的拓展，一大批具有国际战略思维、全球化视野的人才在世界范围内的投资创业能够营造国际化经营的文化氛围。

(二) 人才国际化的指标体系

人才国际化不是一个抽象的概念，而是可以量化评估的实体。因此，笔者认为需要建立相应的评价指标体系，将原则化目标与基本要求具体细化和量化，分解成可以衡量和评价的具体标准。这有利于引导人才国际化进程，指明人才国际化建设的路径，准确评估人才国际化建设的状况与水平，有效推进人力资本的现代化。

根据人才国际化内涵的六个方面,人才国际化指标体系也由六个部分组成,即人才素质国际化指标、人才构成国际化指标、人才培养国际化指标、人才流动国际化指标、人才环境国际化指标、人才活动国际化指标。

1. 人才素质国际化指标

人才素质国际化指标反映一个国家或地区国际化人才的素质情况,用来衡量国际化人才所具备的综合实力的基本情况。具体包括双语人才比率、本科及以上比率、拥有高级职称比率等指标。

表8.1 人才国际化指标体系——人才素质国际化

目标层 A	准则层 B	指标层 C	单 位
人才国际化	人才素质国际化 B1	双语人才比率 C1	%
		本科及以上比率 C2	%
		拥有高级职称比率 C3	%

2. 人才构成国际化指标

人才构成国际化指标反映一个国家或地区国际化人才的分布情况。具体包括本地外籍专家就业率、制造业国际化人才比率、高新技术产业国际化人才比率等指标。

表8.2 人才国际化指标体系——人才构成国际化

目标层 A	准则层 B	指标层 C	单 位
人才国际化	人才构成国际化 B2	本地外籍专家就业率 C4	%
		制造业国际化人才比率 C5	%
		高新技术产业国际化人才比率 C6	%

3. 人才培养国际化指标

人才培养国际化指标反映一个国家或地区人才培养的国际化程度。具体包括建立国际合作项目的学校比率、出国留学生比率、在校外国留学生比率、年出国培训人数等指标。

表 8.3　人才国际化指标体系——人才培养国际化

目标层 A	准则层 B	指标层 C	单　位
人才国际化	人才培养国际化 B3	建立国际合作项目的学校比率 C7	%
		出国留学生比率 C8	%
		在校外国留学生比率 C9	%
		年出国培训人数 C10	人

4．人才流动国际化指标

人才流动国际化指标反映一个国家或地区人才流动的国际化程度。具体包括年外籍专家引入人数、出国留学人员回归率、本地人才国外就业率等指标。

表 8.4　人才国际化指标体系——人才流动国际化

目标层 A	准则层 B	指标层 C	单　位
人才国际化	人才流动国际化 B4	年外籍专家引入人数 C11	人
		出国留学人员回归率 C12	%
		本地人才国外就业率 C13	%

5．人才环境国际化指标

人才环境国际化指标反映一个国家或地区吸引和留住人才的环境因素。具体包括人均 GDP、人才待遇国际化指数、人均住房面积、多元文化包容与吸纳能力等指标。

表 8.5　人才国际化指标体系——人才环境国际化

目标层 A	准则层 B	指标层 C	单　位
人才国际化	人才环境国际化 B5	人均 GDP C14	元/人
		人才待遇国际化指数 C15	元/人
		人均住房面积 C16	平方米/人
		多元文化包容与吸纳能力 C17	个（国际化社区）

6．人才活动国际化指标

人才活动国际化指标反映国际化人才对国家经济、科学、文化发展的贡献。具体包括国际性专利数、国际性奖项数、国际性学术著作与论文数、拥有独立知识产权的企业数等指标。

表 8.6　人才国际化指标体系——人才活动国际化

目标层 A	准则层 B	指标层 C	单　位
人才国际化	人才活动国际化 B6	国际性专利数 C18	个
		国际性奖项数 C19	个
		国际性学术著作与论文数 C20	篇
		拥有独立知识产权的企业数 C21	个

（三）人才国际化建设的功能

1. 人才国际化建设是推进国家可持续性发展的重要支撑

国际人才竞争加剧，必然要求人才国际化。社会的发展取决于科技的进步，科技的进步取决于人才智能发挥以及发明创造成果的推广，人才对社会生产力发展起着决定性作用，极大地影响各个国家的前途命运。因此，世界各国竞相争夺人才，人才竞争已在全球范围内演变为一场人才大战。高层次人才是国际社会共同的稀缺资源，所以，对这部分稀缺人才的竞争更会愈演愈烈。在这种情况下，发展中国家仅通过防守战术来"守"住人才是不现实的，须主动采取"走出去"的策略。因此，我国的人才战略必须是开放的，通过加快推进人才国际化进程，积极参与激烈的国际人才竞争，努力开发国际人才资源，才有可能获得相对优势。特别是在当今的全球化时代，我国人才工作已直接站在了国际竞争平台上，推进人才国际化就显得更加紧迫。树立科学的人才观，人才的评价标准要采用国际上通行的、以能力和业绩作为主要尺度；创新人才机制，人才的流动、使用、分配、管理机制等要与国际接轨；加强人才创造力和能力建设，使人才的素质、技能、结构达到世界先进水平；优化人才环境，使人才工作环境、生活环境、人文环境、法制环境等能够满足国内外优秀人才创业、发展的需要。只有这样，才能改变我国目前高层次、国际化人才短缺的状况，才能不断提升我国人才的国际竞争能力，也才能使我国成为对世界优秀人才最具有吸引力的地方之一。

新加坡"国父"李光耀认为,一个国家人力资源的质量是决定国家竞争力的最重要因素,新加坡必须尽可能继续吸引来自亚太国家和发达国家的人才,吸引他们加入新加坡的团队。没有外来人才的涌入,即便是美国也不会如此成功。① 耶鲁大学校长理查德·莱文认为,在经济全球化背景下,人才国际化对于推进美国经济的强盛与社会的可持续性发展具有十分重要的意义,人才国际化亦是大势所趋。他认为一个"全球性大学"须具备四个要素:更多地吸纳来自不同国家的学生;在教学和科研中注入更多的国际化内容;与国外大学建立联系,加强校际交流与合作;开展国际网络教学,通过先进的通信科技将世界上更多的听众带入课堂。② 由此可见,国际化的办学理念是美国高校在世界遥遥领先的重要原因,因此推进人才国际化建设具有十分重要的战略意义。

2. 人才国际化建设是现代化建设的核心资本

人力资源的开发与提升是推进实现信息化、工业化、城镇化与农业现代化的基石。当今世界,人才资源已成为最为核心的战略资源,人才在综合国力竞争中越来越具有决定性的意义。人才数量的多少、质量的高低和结构的优劣,决定国家竞争力的强弱。大力提升我国的核心竞争力和综合国力,就要大力提升我国的人才国际竞争力,积极推进人才国际化进程。

人才的质量优化是经济腾飞的基础,人才拥有量的递增是国力壮大的重要保证。只有掌握了国际领域先进的科学技术,才可以稳步地推进信息化与工业化的发展。以"三农"(农业、农民与农村)为例,农业现代化相对于传统农业而言,高度重视科学技术的投入、农村教育的发展,重视培育先进技术与人力资本,通过农业技术的推广、农民素质的提升,实现农业的增产、农民的增收以及生态环境的可持续性发展,这样才能建设好新农村,破解城乡二元结构。

---

① 李光耀认为,美国的原子弹研制成功在很大程度上归功于希特勒执政的20世纪三四十年代逃亡到美国的欧洲人才,甚至美国的太空计划能够启动也要归功于德裔火箭专家沃纳·冯·布劳恩。大量国外的专业人士、学者、研究人员和作家被吸引到美国来,增加了美国的成就,拥有2.8亿人口的美国通过人才国际化实现了兴国的目标。参见[美]格雷厄姆·艾利森,等.李光耀论中国与世界[M].蒋宗强,译.北京:中信出版社,2013:104,107.

② 汪新兴,王欣欣.国际化人才培养模式探索[J].北京教育,2010(9).

三、江苏人才国际化建设的现状探究

经济的全球化需要人才国际化,随着生产力的提高和全球市场的形成,经济全球化的程度也不断提高,这是一种客观趋势。而经济全球化又反过来有力地促进生产力的提高和经济的发展。经济全球化和人才国际化是紧密联系的,经济全球化的程度不断提升,才能推动人才国际化进一步发展;而人才国际化的不断发展,又能促进经济全球化的不断深化。

(一)江苏人才国际化建设的现状

1. 人才素质国际化程度不断提高

随着人才国际化的进程不断推进,国民教育年限提高到 13 年,高等教育毛入学率达到 40% 以上,人才队伍的综合素质、国际意识和跨文化工作能力全面提升,外籍人才、留学人员及其他具有国际背景的人才总量明显上升,已经初步形成掌握现代管理知识,具有宽广国际视野的高素质党政干部队伍,在学科专业与技术开发领域有一批达到世界前沿水平的科技专家队伍,以及熟悉国际惯例、能够参与国际市场竞争的企业家队伍。

2. 人才构成国际化体系不断完善

人才集聚效应显著增强,外籍人才、留学人才及其他具有国际背景的人才占专门人才的比例明显上升,处于国内领先水平。近年来,江苏 4 万多人出国留学,2 万多人学成回国工作,回归率 50% 以上,超过了 33% 的全国平均水平。同时,海外高层次人才通过回国讲学、开展技术合作等不同形式为江苏服务共达 1 万多人次。近 5 年来,江苏的引智力度逐年加大。2012 年,在江苏的外国专家及我国港澳台地区的专家超过 8 万人,比 2000 年增长 5 倍,居全国第二。

3. 人才国际化流动规模不断扩大

外籍专家引入数、海外学者回归率等一直是衡量人才市场国际化的主要指标。作为人才强省,江苏着力扩大人才国际化市场。据国家统计局统计,近年来江苏的外国专家和我国港澳台地区的专家有

36 298人次,约占全国的 8%,在全国各省区市中排名第 3 位,长期在江苏工作的海外人员有 4.6 万人,其中外籍专家 0.53 万人,海外人员占经济活动人口的比例上升到千分之一。2008 年 9 月,"江苏万名海外高层次人才引进计划"正式启动,决定从 2008 年起到 2012 年,采用多种方式引进不少于 10 000 名的海外高层次人才,集聚不少于 50 名的具有世界领先水平的科学家和科技领军人才。2016 年以来,在江苏工作的留学回国人员累计超过 8 万人,连续 4 年增长率超过 20%。

(二)江苏人才国际化进程中存在的问题及其原因

1. 人才国际化进程中存在的问题

首先,政府在国际化人才体系构建中职能不健全。海外高层次人才"引进来"体制有待理顺,引智工作的法规体系不够完备。发达国家多以移民法为主体,建立了完善的吸引外国人才的法规体系。美国通过增加 H-1B 签证,即许可外国专门人才在美工作的签证等方式,吸引了大批海外优秀人才。新加坡从 20 世纪 80 年代开始就着手制定详尽的移民政策,并形成一套健全的体制。李光耀认为:"国家必须在全球范围内搜罗人才,欢迎外国人才。"[1]无论是人力资源管理立法已经形成完整体系的美国、法国等西方发达国家,还是现代人力资源制度化发展中的日本、新加坡,都采取了"哪个行业发展了,缺人才,移民法就往哪个方面松动"的策略。至今为止,我国还没有一部公开的、专门的引智工作方面的法律,引智工作依据的仅仅是一些文件、制度或不具备法律权威的部门规章。由于政策引导不够,江苏在引智工作上缺乏长期规划。政府与引智单位缺乏沟通,引智缺乏针对性。

其次,高校在国际化人才培养链中的作用缺失,教育国际化"软件"水平不高。江苏省虽然有一定数量的中外合作办学机构和项目,但是与国外著名大学共建实验室以及深层次合作的项目不多。具有海外留学经历的教师和外籍教师占教师队伍的比例还较低,并且没有形成大量吸引留学归国人员补充高校师资的有效机制。在专业、课程、教材等环节尚未达

---

[1] [美]格雷厄姆·艾利森,等.李光耀论中国与世界[M].蒋宗强,译.北京:中信出版社,2013:106.

到国际通用性要求,与国际先进水平存有差距,国际化人才的培养目标不够明确。高等教育与世界顶尖高校相比差距较大,以美国哈佛大学为例,从2002年至2008年,哈佛大学本科生在海外学习的比例提升了300%,2008年就有150名哈佛大学本科生在中国学习、研究与交流,哈佛医学院学生分别在中国五个不同的地方工作;2008年哈佛大学各学院的外国留学生的比例已接近20%,同时也吸引了世界一大批国际学生汇聚哈佛,这其中包括1 400多名亚洲学生。① 美国强盛的重要原因在于其人才的国际化,其高等教育体系培养与吸引了世界的顶尖人才,这为美国的发展提供了源源不断的人力资源。

再次,市场与企业在国际化人才配置中的基础作用不明显。实现人才的自由流动,必然需要充分发挥企业与市场机制在人力资源配置中的重要作用。江苏在人才配置方式的市场化方面已有了一定进步。同时,也必须看到,目前江苏尚未完全形成与国际接轨的成熟的国内人才市场体系,海外高层次人才来华的首选之地是上海、北京和广东等地,这明显与江苏在全国经济总量中的排名是不相称的。

2. 人才国际化问题的原因剖析

首先,全球化的人才资源开发理念不足。在实践中,重视引进资金、设备、项目,轻视引进海外人才;重视基本建设投入,轻视人才队伍建设投入。在人才视野上,缺乏战略思维和世界眼光。同时,在人才界定上,实行的是传统的"学历+职称"的标准,未能体现国际上按岗位、薪酬建立的人才知识、能力、业绩等多元评价标准。

其次,由于缺乏法律法规对引智工作中的行政管理关系加以规范和理顺,导致引智工作管理权限较为分散。江苏省引智部门涉及外事办、外

---

① 参见哈佛大学校长 Drew Faust 在北京大学以 "*Illuminating One's Bright Virtue: Higher Education in a Changing World*" 为题的讲演,原文为:There has been a more than 300 percent increase in the number of undergraduates studying abroad in just the past six years. This year 150 Harvard undergraduates are studying, researching or interning in China alone. Medical students are working at five different sites in China. And we welcome far more international students to Harvard as well, totaling nearly 20 percent of students across the schools and including 1 400 Asian students currently enrolled at the University.参见 http://www.harvard.edu/president/speech/2008.

国专家局、公安局、人社局等部门,致使政出多门、多头管理和多头审批现象严重,相关部门的职责权限界定不清。由于各职能部门之间缺乏协调,引发了不少矛盾,使管理对象无所适从,工作力量过于分散,从而严重影响引智工作的开展。例如,对非政府专项经费的出国(境)培训的审批,本应该由市场规则运作的事务却由政府介入,造成政府职能"越位";聘请外籍教师的单位必须符合具有独立的法人资格、安全保卫能力、基本的外事接待等规定,必须通过教育、公安等多部门的资格审核后,再报国家外国专家局批准,并每年进行年检,手续烦琐,增加了用人单位的聘用成本,造成政府职能"错位";对国(境)外专业人才中介机构缺少统一的规范和管理,对境内外国专家管理薄弱,对有关规定缺乏宣传,反映了政府职能的"缺位"等。

再次,缺乏国际人才交流配置的市场。加强国际人才市场建设,是推进人才国际化的重要措施。江苏省国际人才资源配置功能还较弱,没有很好地开拓国际人才市场,融入国际人才市场竞争。另外,网上人才市场最具发展潜力,是配置国际人才资源的有效途径,但网上市场还未有效建立起来。人才市场运作水平较低,目前江苏人才市场运行的基本格局是以政府的人才中介服务机构为主导,现有的人才中介服务机构真正实现市场化、产业化、企业化运作水平的较少,人才中介服务的社会化程度和专业化水平较低,人才市场规范性有缺陷。法规建设、市场监管、行业自律等都需要进一步加强。特别需要根据国际人才流动规律和国际通行规则,及时制定外国在华人才服务机构管理规定、网络人才中介服务管理办法等。

因此,江苏从总体上对国际化人才的强大吸引力仍有所不足,这已成为江苏人才国际化战略实施的梗阻,是制约由"江苏制造"(made in Jiangsu)向"江苏创造"(created in Jiangsu)发展的瓶颈。

四、江苏人才国际化体系的构建

(一)江苏人才国际化建设的政策导向

建立完善符合江苏人才国际化特点的政策法规体系和人才开发机制,要尽快完善人才国际化的政策法规体系,努力营造有利于留学人员和海外高层次人才创业的法治环境。在此基础上,要按照前瞻性、时代性、针对性和可操作性的原则,重点坚持三个政策导向。

1. 人才素质国际化导向

构建终身教育体系,多层次全方位地办教育。加大教育对外开放的力度,鼓励有条件的高校拿出重点学科、专业与国外高校同类强项学科、专业进行国际化合作办学。根据各类人才的不同特点,采取依托境外培训机构和高等院校等形式,加大国际化培训力度,全面提高人才素质。

2. 人才资源绩效薪酬机制导向

在各行各业尤其是高新技术领域实行年薪制、期权制、职工持股等股份化分配方式,大力推进管理、技术等生产要素参与分配的制度,从而从根本上解决人才的薪酬分配问题。要大幅度提高特殊专业技术人才的待遇,特别是高新技术领域,人才的岗位工资水平要努力达到国内同类岗位甚至国际市场水平。

3. 人才使用国际化导向

大力引进国际通用的职业资格认证制度。培养选拔适应国际职业发展和技术标准的专业技术人才,逐步建立起以国家职业资格制度为主干,以引进国际通用职业资格认证为补充的专业技术人员职业资格制度体系。

(二) 江苏人才国际化建设的指标体系

江苏人才国际化指标体系的设计必须以统计学、经济学和人才学理论为基础,以中外人才资源开发的研究成果为依据,在指标的构成、评价方法的确定、数据的选择与计算上,均应符合国际准则和惯例,增强指标体系的国际通用性与科学性。

由于关于国际人才的研究起步较晚,因而在统计指标的信息源、统计指标的构建上存在不少空白,这对指标的选择、数据的采集等均造成了不少困难。因此,在参照国际上有关人才评价的规范指标时,应尽可能在统计范围、统计的口径和推算方法上一致起来,以便在中外之间进行比较。

江苏省人才国际化指标体系的设计,既要考虑国际通用的评价指标,又要适应时代特征、中国特色;既要从国际范围审视人才资源问题,又要针对我国人才队伍的现状;既要实事求是,从实际出发,建构基于江苏省情的人才国际化指标体系,又要突出重点,适度超前地设计指标体系。

江苏人才国际化建设具体指标体系,如表8.7所示。

表 8.7　江苏人才国际化建设指标体系

第一层次指标	第二层次指标	第三层次指标
人才环境	经济发展	人均吸引外资金额
		人均公共教育经费
		人均吸引消化技术项目占科技投入经费的比例
		专业人员人均对外交流活动的经费投入金额
	科技进步	经济增长中的科技贡献率
		年专利授权量
	国际交流	江苏在境外的投资量
		国际组织数
		国际会展数
		常住外籍人士占该市总人口比例
人才结构	年龄	40岁以下人才占人才总数的比例
	专业分布	经济管理人才中的国际人才比例
		房地产、金融、外贸人才中的国际化人才比例
		高新技术人才中的国际人才比例
		咨询服务业人才中的国际人才比例
		每万人拥有律师数
		每万人拥有医生数
		每万人拥有会计师数
人才素质	学历	获得学士学位占人才总数的比例
		获得硕士、博士学位占人才总数比例
		获MBA/MPA学历占人才总数比例

续表

第一层次指标	第二层次指标	第三层次指标
人才素质	能力	具有外语交流能力人员数（PETS3 以上）
		国际互联网用户数
	学术水准	年获国际性奖项数
		被国际学术型组织授予荣誉称号数
		在国际性专业刊物上发表论文数
		达到世界先进水平或世界首创的科研成果数
人才培养	国内教育	高等学校数
		每万人在校大学生数
		年培养硕士、博士数
	国际教育	国际学校数
		重视双语教育的教师
		年出国留学生数
		学习半年以上的境外留学生数
		专业人员年出国短期学习、考察数
	职业培训	专业人员年培训率
		获得国际专业资质证书人员数
	中介咨询	人才中介机构数
		涉外人才中介机构数
人才流动	国际流动	年出境数
		年入境数
		本市在境外企业中方专业人员数
		出国留学人员回归率
	国内流动	年进江苏工作的专业人员数
		年离江苏工作的专业人员数

在江苏人才国际化指标中,第一层次有人才环境、人才结构、人才素质、人才培养、人才流动等 5 个指标;第二层次有经济发展、科技进步、国际交流、年龄、专业分布、学历、能力、学术水准、国内教育、国际教育、职业培训、中介咨询、国际流动和国内流动等 14 个指标;第三层次有人均吸收外资金额等 45 个指标,从而构成了一个完整的、系统的、可操作的江苏人才国际化指标体系。

(三) 重点内容的规划与设计

1. 推进制度创新,消除体制障碍

依靠政府宏观的引导,发挥社会的推动作用、高校的智力支持,在遵循市场规律的基础上结合江苏基本情况,推动江苏制度创新,为江苏的人才国际化工作清除障碍,为在江苏发展的国际化人才创造一个良好的环境和平台。主要包括:根据江苏企事业发展现状,以及以往的人才收入分配经验,不断完善江苏的国际化人才分配收入制度;创新江苏人才投资机制,合理拓宽江苏人才投资渠道,建立起政府财政支持、企业投资、社会集资投资的多元化的人才投资机制;通过制定科学的人才评价机制,对江苏"引进和送出"的各类人才进行科学评估,在此基础上制定相应的具有竞争力的激励机制,引领前来江苏的人才发挥其智力因素,推动江苏发展,建立功能完备的人才保障机制。

2. 优化人居环境,吸引一流人才

进一步完善各项基础设施、与世界接轨的教育环境以及诚信守礼的文化环境建设。从国际范围来看,目前有很多国际大都市已经建立了小型的外国人聚集区,江苏可以借鉴此经验,在完善现有城市基础设施的基础上,对人才聚集的社区进行功能完善,使其接近甚至超过国际水平;同时,为引进海外人才的子女解决入托就学问题,发展国际学校和双语学校,例如北京、上海、广州等城市已经通过这些学校较好地解决了来华海外人才子女的教育问题。我们认为,这些学校不仅招收海外人才的子女,也可以招收当地适龄青少年入学,创建一个具有包容性的多元文化氛围,为江苏实施人才国际化战略创造一个良好的人居环境。

3. 提升公共服务,满足人才需求

应有计划、分步骤地建立国际化人才的信息管理系统,通过多种手段与途径了解国际人才的需求和最新动态,并以此为基础提供公共服务,推进服务机构的建设。一方面,加快对于留学人员服务机构的建设,根据已有信息,建立科学化的服务流程,实现全方位、全过程的人才服务。另一方面,加快海外人才服务机构的建设,通过跨国社团的力量,建立人才工作联络站,以此为依托,为国际人才提供良好的海外人才引进的源头服务,为前来江苏的国际化人才打好良好的技术与前瞻性基础。另外,通过海内外的各类载体,增强对江苏国际化人才的服务。例如,可以通过开发区、科研院校、创业园、高层人才工作站、企业等载体,对"引进来"和"送出去"的人才提供服务,使这些主体发挥对国际化人才的集聚功能;通过创建海外人才的工作机构,延伸江苏国际化人才的公共服务网络等。

五、推进江苏人才国际化的政策设计

推进江苏人才的国际化,重在解决制约江苏人才发展的体制性障碍和主要瓶颈问题,逐步建立有特色的人才市场体系配置,基本实现人才管理的社会化、人才配置的市场化、市场运作的规范化和市场发展的国际化,构建人才集聚度高、人才融合性好、人才创新度强、人才贡献大、人才实现度优化的国际体系与能体现江苏不同地域特点和地区差异的机制。同时,创新人才发展体制,坚持以用为本、人尽其才,落实人才培养引进使用政策,广泛开展教育国际交流与合作,提高教育国际化水平,优化人才创新创业环境,培养与吸引一大批国际化人才,激发人才的创造活力。

(一)推进江苏人才国际化的思路

1. 江苏人才国际化建设的总体目标

建立健全运行规范、服务创新、功能配套并与国际接轨的统一开放的市场人才体系,以满足社会经济可持续发展对人才国际化的需要,实现人才有效配置和社会经济的协调健康发展;培养造就规模宏大、结构优化、布局合理、素质优良的人才队伍,确立人才竞争比较优势,为江苏进入人才强省行列,实现社会主义现代化奠定坚实的人力资源基础。

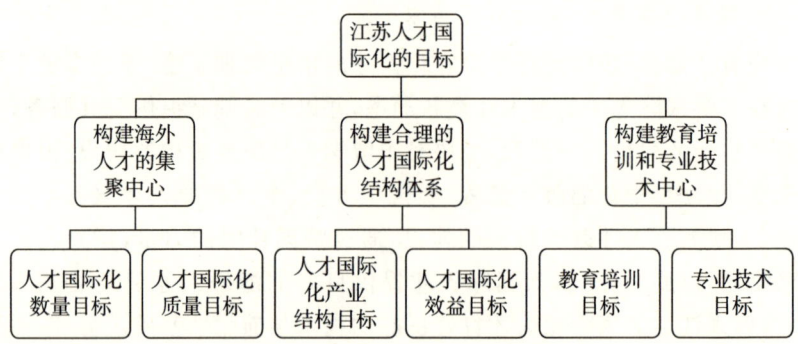

图 8.3 江苏人才国际化建设的总体目标

(1) 构建海外人才的集聚中心。2000 年以来上海常住外国人口 4.8 万,约占到全国常住外国人口的 4 成,通过柔性流动方式短期回国来沪人员约占到全国的五分之一,同一时期纽约常住外国人口占五分之一;新加坡和我国香港地区则占到十分之一,而江苏人口户籍中,外国常住人口未达到 1%。为适应国际化竞争的需要,在未来的一段时间内,江苏必须提高国际化人才的数量,使南京、苏州、无锡接近或达到世界发达地区的水平。

首先,提高外国常住人口数量。外国常住人口占城市总人口的比例是国际化城市的一个硬性指标,到 2020 年,江苏常住外国人口争取提高到 60 至 70 万人,常住外国人口比例占到江苏总人口的 1% 左右。

其次,提高江苏高校外国留学人员占在校生的比例。高校外国留学人员占在校生的比例是衡量世界一流学校的重要标准,是人才国际化体系构建的重要组成部分。到 2020 年左右,江苏重点高校外国留学生比例争取达到 10% 左右,为人才国际化的体系构建提供支持。

第三,提高海外留学人员归国总量。国际经验表明,发展中国家在经济起飞阶段,2/3 的留学生归国服务;1/3 的留学生在国外工作学习,同国内沟通信息。到 2020 年,江苏留学归国人员由少量回归过渡到大量回归阶段,争取回归率达到 2/3 以上。

从国内专利授权数、知识创新指数来看,江苏省专利和论文收集数量在国内处于较高水平,但与发达地区特别是发达国家相比还存在很大差距。到 2020 年,江苏国际认可专利数量争取达到 2 万项,以接近发达国家同类地区的水平。

(2) 构建合理的人才国际化体系。为衡量人才国际化的效益水平，引入人才当量系数这一概念。人才当量系数是衡量人才国际化效益的标尺，是指组织内员工学历、职称、技能等级按系数进行折算，三者之中最高的折算值累加之和占本组织员工人数的比率。江浙沪地区人才当量系数的比较如图8.4所示。

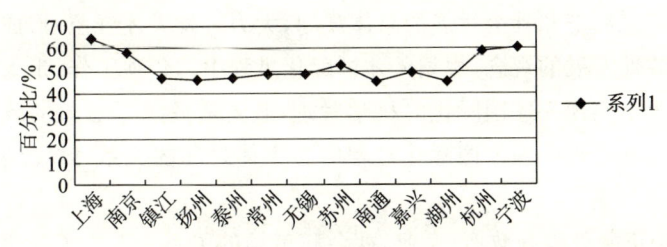

图 8.4　江浙沪人才当量系数

（资料来源：国家统计局）

由图8.4可见，江苏城市人才当量系数与上海等地相比还有明显差距，因此需要争取将人力资本对经济社会贡献率提升到0.7以上，将科技贡献对经济增长贡献率提升到0.7以上，将对外技术依存度降到0.3以下。

(3) 构建合理的教育培训中心和专业人才中心。教育培训中心的目标是：专业技术人才的国际化培训和覆盖面力度要有显著提高，每5年赴国外接受培训的专业技术人才覆盖面力争达到30%以上，中长期培训人员比例有显著上升。以各大高校和科研院所为依托，举办多层次海内外专家学者参加的国际性会议，力争每5年受覆盖率达到80%。

专业人才的目标是：江苏高等院校入学率达到80%以上，与世界发达国家和地区保持同一水平，对国外同行动态关注密切的专业技术人才达到2/3以上，通过产学研联手，依托人才工程和项目，造就一批具有国际水平的领军人才，依托国家实施的"新世纪百千万人才工程""长江学者计划"和江苏"333新世纪科学技术带头人培养工程""六大人才高峰""百万科技人才素质提升工程"等重点人才工程，以及重大科研项目、重点学科、重点科研基地、国际学术交流和合作项目，加大学科带头人的培养力度,集聚和培养一大批具有国际化水平的领军人才,推进一批高等技术产业化重大项目,形成一批具有国际影响力的高科技研发中心,力争高等教育的投入与产出达到世界发达国家的平均水平。

2. 转变政府职能,引领人才国际化发展

政府在人才国际化工作中应当注重职能的明确定位,即政府是人才国际化的方向把握者、战略与方针政策的制定者和监督者,需要将人才工作纳入国家经济和社会发展的总体规划,大力开发人才资源,形成社会各界以开放促发展的观念,规划人才国际化进程中的各项工作,走人才强国之路。为了实现人才国际化的科学管理,政府需要通过有效的政策设计与政策实施处理好人才国际化过程中各主体之间的关系,鼓励创新性人才的发育与成长。①

(1) 正确处理好政府、企业、社会和市场的关系。人才国际化工作是一个系统工程,政府作为整个人才国际化工作的宏观把握者,其主要的职责便是进行本身的正当定位,正确处理工作中的各类关系,研究和制定人才战略,制定相关政策法规,对人才国际化工作进行引导,监管人才国际化进程中的各项工作。政府应放权于社会、市场进行国际化人才的甄选。在人才国际化进程中,政府不能代替市场和社会力量,企业、高校、各类科研机构等是促进和实现人才国际化发展的主体,政府应通过制定政策、法规,从战略上给予支持和监管,鼓励形成以社会需求和市场调节为核心的人才配置机制。

(2) 人才国际化的策略是"走出去"和"引进来"有机结合。人才国际化,不仅需要"引进来"国际高层次科技和人才,更需要培养我们自己的国际化人才"走出去",在学习国外先进技术、管理经验的同时,不断提升江苏本土人才队伍的素质。著名思想家胡适认为,留学之目的,在于为本国创造新文明,留学应当以不留学为目的。江苏省在人才国际化工作中存在的问题是,"请进来"有余而"走出去"不足。以江苏国际化程度最高的

---

① 在推进人才国际化的发展中,政府起主导作用。经济学家林毅夫认为,历史上中国没有成功地爆发科学革命的原因在于政府大力推行的科举制度,使得知识分子无心于投资现代科学研究所必需的人力资本,因而从原始科学跃升为现代科学的概率大大减低了。参见林毅夫.制度、技术与中国农业发展[M].上海:上海三联书店,2008:260.

昆山为例，目前昆山的经济国际化程度已达85%以上，而人才的国际化程度仅为4%。这就要求我们要平衡发展，既要引进海外人才和技术，也不能忽视本土人才的国际化培养，这是大力发展人才国际化的必由之路。

（3）人才国际化的规范化管理。这需要科学制定人才国际化工作的各项指标。江苏未来的人才国际化管理工作应遵循科学性、导向性和可操作性的原则，在综合分析江苏经济、社会特点的基础上进一步细化江苏人才国际化工作的测量指标，在此基础上对江苏的人才国际化进行规范化的管理。同时，建立人才安全保障体系。人才国际化工作的安全关系到江苏经济、社会发展的全局，相关政府主管部门应当对全省的人才安全问题进行系统的调研分析，对人才市场进行规范化管理和监督，保障人才市场的健康发展，维护正常的人才竞争秩序。应准确规避潜在危险，对江苏的人才情况进行追踪监测，建立风险预警体系，以便及时采取应对措施。特别是对涉及国家安全、国家机密并掌握国家核心技术的人才，应当制定监测体系，对其服务期限、转入、准出等皆进行严格的规定。

（4）政府人事服务职能方式的转变。公共管理的理念、机制和行为，对于推动人才国际化工作具有借鉴意义，掌舵而不划桨的政府管理职能理念，以及政府服务应以顾客和市场为导向的服务行政的理念，推动着政府转变人事职能，加强社会管理的引导，建立服务型的人事行政。因此，人才国际化的推进，应树立服务理念，改变过去强调命令、指挥、管制的思维定式，树立公众本位和社会本位，以及增强公众满意度的行政理念，使政府的人事工作着眼于"服务"，自觉融入公众和社会之中，建立健全公共人事行政服务体系。

3. 建设包容性社会，推动人才国际化建设

（1）公众的开放心态。在人才国际化进程中，极富包容性的社会文化，将会提供催化剂的作用。包容性的公众心理、包容性的文化氛围，对于吸引外来人才具有不可忽视的效用。建设一个具有包容性的社会，一方面，公众应接受外籍人才对于江苏经济社会发展所做的贡献；另一方面，公众应自主接受外来文化对于我国传统文化的冲击，学会"拿来"和"摒弃"，将传统文化和现代性规则有机结合。

（2）优化形象，吸引人才。通过各种途径的文化输出和国际宣传，将

地方特色与国际惯例有效结合,塑造江苏"开放、包容、文明"的国际形象,进而吸纳全世界的高层次人才,使得人才国际化发展从以往的"争夺人才"变为"吸引人才"。

(3)构建社会合作机制。通过包容性社会的建设,推动政府、企业、高校之间建立良性互动,营造人才国际化稳定运行的有利环境。建设包容性社会,推动人才国际化工作的发展,需要在一个高度和谐的社会氛围内进行,通过建立社会合作机制,江苏的人才国际化工作应当走这样一条道路,即政府以政策方针做引领,企业社会投资人力、物力、信息力做推动,高校国际化学科项目做平台,共同推进江苏人才国际化工作的达成。

(4)重视社会政策对人才国际化生长的自发作用。通过基金会、创业辅助等经济模式,鼓励民间社团的介入,推动人才库的构建。国际上,国家之间在人才的"争夺"上,经常会引发争议,影响国家间关系的发展,民间社团的介入为缓解这一矛盾提供了契机:通过鼓励国际顶尖人才、海外族裔人才、留学人才等建立跨国的民间社团,政府采取扶持措施,配合侨务部门、政府猎头、研究机构,为政府和企业引进国际化人才服务。此外,这些跨国社团可以转变成转移知识、技术、资金或跨国展开合作的平台,推动人才的循环发展。通过这些跨国社团,迅速准确地收集人才信息,可以建立国际人才数据信息库。据联合国教科文组织统计,目前全球已有30多个国家通过正规知识联系网络建立了人才国际联络站。以韩国为例,早在20世纪,韩国教育部就已经在世界各国建立了韩国科学家和工程师协会,资助这些协会购买办公楼。这些跨国社团向韩国政府、大学、研究机构和企业开放,为这些机构按需锁定人才目标,为实现人才的国际化提供信息和服务平台。

4.优化教育机制,培育人才国际化基地

(1)树立本土人才国际化培养理念。高校教育要以学生具有跨文化交流能力和国际竞争力为目标,以经济全球化和科学技术的高度发达为背景,立足自身建立国际化人才培养体系,使学生通过接受国际化教育,成为国际化人才,适应江苏发展对国际化人才的需求。从中国的国情出发,我国的大多数学生需要在国内完成国际化,江苏应在尊重国情、省情、民情和教育规律的基础上,树立本土人才国际化的培养理念,不断探索创新本土人才国际化培养模式,不断完善人才培养体系。

(2) 探索本土人才国际化培养模式。英语是目前国际上通用的语言,在注重提升学生英语能力的基础上,要培养学生具备英语听说读写的综合能力,以适应国际技术交流和国际合作的需要。在国际化人才的培养中,可以实行双语教学的改革,在学生的课程设计、专业实践、考试设计、教材选择等多个教学环节当中注重对学生外语能力的培养和提升;开设国际化大讲堂,开阔学生的视野,提升其兼容并包的素质涵养等。

目前国际交流与合作多具有技术含量高、难度大、多学科渗透的特点,合格的国际化人才需要具备较强的组织管理能力和较宽的知识面。因此,应加强对学生专业能力的提升,在注重博雅与通识教育(liberal and general education)的基础上,提升学生的专业技能,进而对学生的整体素质进行提升,尤其是要加强对学生的领导能力(leadership)的培养,使之成为探索本土人才国际化培养模式的目标之一。

(3) 完善本土人才国际化培养体系。首先,通过双语教学课程的设置以及公开化的国际化大讲座,引导学生融入国际化教学当中;其次,通过鼓励和帮助学生积极利用先进的网络化教学资源,例如利用世界知名高校的开放课件,提升学生的国际化素养,全面发展其能力。再次,建设多元化和国际化的师资队伍。通过多种措施鼓励江苏高校教师出国进修、讲学、访问,以提升高校教师的国际化专业素养,开通人才引进绿色通道,并通过海外人才数据库,聘请世界一流高校的教授来江苏高校讲学与任教。

(4) 探索跨文化的教学培养体系。强化英文的实践技能培养,高校应当在英语教学上加大投资,进行外语课教学改革,使外语教学与国际接轨,外语教师应定期参加国际外语教学交流,更新教学模式和理念;投资购置国际先进的应用教学软件,提倡多媒体授课,调动学生学习外语的积极性;接收国际学生团的来华访问,鼓励学生与外国学生的交流;在教学、实践、考试环节上增加外语答辩环节,鼓励学生利用、查阅国外数据库,用英文撰写论文等。

根据江苏经济、社会发展特点,立足人才发展需要,通过科学预测,高校所进行的专业设置和调整,应当与世界接轨,设置国际化特色明显、社会急需、交叉性综合性强的专业学科,以适应江苏人才国际化工作的需要;同时,对这些专业进行国际化的认证,提升我国人才的国际竞争力。围绕国际化人才培养目标,在专业课程的设置上注意把握以下几点:一是在国际化的视角下,对于学生的期望和考核必须具体明确;二是在现有专业课程设置的基础上,注入国际化的内容,开设最新的国际化专题课程;三是在专业课程的设置上,注重打破专业壁垒,实现因此优化重组,构建现代课程的教育体系。事实上,现代课程教育对发展中国家经济发展具有十分重要的意义。① 因此,我们要构建现代课程教育平台,打造国际化课程体系。

5. 打造国际企业,实施人才国际化战略

(1) 建设国际化的企业文化。加快提升领导干部队伍、专业人才队伍和企业家队伍这三支队伍的国际化素质,有计划、分步骤地对这三支队伍进行国内外先进理念和技术的培训,加强国内外人才的文化融合,达成本土人才国际化和国际化人才本土化的并举,注重以人为本的企业文化建设。

(2) 探索人才国际化的培养模式。应发挥市场规律,引进国际化人才,优化国际化人才的资源配置。利用市场的"筛子"功能,对国际化人才资源进行更加合理的配置。企业在应对国际化和现代化转型的过程中,必然会打造众多平台和通道,或是创办国际性技术研究机构,或是以重大科研项目面向世界招标吸引国内外人才。法国著名的"尤里卡计划"就明确规定:任何一个项目必须至少有一个外国合作者参加,这样不仅吸引了国际化人才的加入,也是一条促进本土人才国际化的便捷渠道。

(3) 企业"产、科、研"一体化发展,吸引国际化人才。构建以企业为中心的科技创新体系是促进企业发展的根本动力,对吸引国际化人才具有重要的作用。企业作为先进科技的实践者,有必要也有能力实现"产、科、研"一体化。应强调具备全球视野,科学规划。一方面,运用国际眼光统筹运作人才资源,坚持开放式的人才工作;另一方面,通过更加柔性的人才措施,引进通晓技术前沿,具备强劲操作能力和全球化眼光的国际性人才,以较好地支撑江苏省高新技术企业的发展。这就要根据本区域产业发展与人才的需求,定期举办各类高层次的人才论坛,研究探讨加强人

---

① 林毅夫.制度、技术与中国农业发展[M].上海:上海三联书店,2008:261.

力资源开发和利用的对策措施,始终清醒地把握人才工作的重点和方向。同时要加强对人才工作体制、人才工作规律的把握与研究,进一步规范人才引进制度,认真落实科技和人才发展基金以及各项优惠措施,营造富有竞争力的人才制度环境,实现企业产业化、科技化、创新型一体化发展。

(二) 推进江苏人才国际化发展的治理路径

1. 健全人才国际化的软环境建设

着眼于开创人才辈出新局面,从选拔、使用、激励等方面入手,创造充满活力的人才工作机制,建设一支高素质的人才队伍,是当前江苏发展对人力资本建设提出的紧迫要求。解决这一问题,关键是要站在新的起点上,通过积极探索、大胆创新,加快建立起人才工作新机制。

(1) 不拘一格,创新选人机制。在开放社会条件下,人才是跨国界、跨区域、跨部门自由流动的。在人才的选拔上,需要以公开、平等、竞争、择优为原则,扩大选人的视野,打破体制壁垒,拓宽选人用人的范围,形成不拘一格的选人机制。

破除部门和行业限制的"格",跨领域选拔优秀人才。目前,各类干部实行分类管理,需要采取切实可行的措施,进一步加强党政领导人才、企业经营管理人才和科学技术人才这三支队伍之间的交流合作。

破除体制限制的局限性,跨体制选拔人才。目前人才流向主要是从体制内向体制外流动,而很少有体制外向体制内流动。要架起体制内外双向交流的桥梁,推动公有制经济体制与非公有制经济体制、党政机关和社会组织之间的人才交流,把人才的选拔拓宽到非公有制经济和自由职业领域,团结和聚集一大批经受市场经济洗礼、懂得现代管理、具有一定社会影响的优秀人才,在建设新江苏的大熔炉中锻造和选拔人才。

破除海内外限制的"格",跨国界选拔人才。架起海内外的桥梁,积极吸引海外人才甚至是外籍人才,创造条件让其参与到江苏建设的各项事业之中,为他们施展才华敞开大门、提供舞台,不断提高人才构成、人才素质和人才活动空间的国际化程度,从而形成一种海纳百川、广纳群贤的选人机制。

(2) 深化改革,创新用人机制。坚持服务发展、人才优先、以用为本、创新机制、高端引领、整体开发的指导方针,加速现代化建设需要的各类人才队伍建设,充分发挥国内人才作用,积极引进和用好海外高层次人才。新时期建设江苏国际化人才高地,选人是基础,用人是保障,应不断深化用人机制的改革。

因此,在人才的选拔机制环节,应进一步更新理念,勇于从僵化的观念、做法和体制中进一步解放出来。应认真研究评定人才业绩的考核体系,建立切实依据工作实绩来分析、判断人才价值的科学评价机制,力求科学、准确地反映出人才的工作实绩。对党政领导人才,要形成"德才兼备,群众公认"的机制;对企业经营管理人才,要形成"绩效考评,市场公认"的机制;对高校专业技术人才,要形成"教研并重,学术公认"的机制。只有这样,才能真正建立"德才兼备、任人唯贤、群众公认、注重实绩"的人才选用机制。

(3) 有效激励,创新分配机制。人才,作为第一资源,在市场经济条件下受到价值规律作用的影响。建立有效的人才激励机制,既要遵循我国市场经济条件下的价值规律,又要参照开放条件下的国际通行标准和方法;既要注意区分经济、社会组织和党政机关人才价值实现和评判标准的不同特点,又要建立可以相互贯通、相互参照的有机联系体系;既要发挥市场对人才价值实现的基础性配置作用,又要在特定领域中加强组织配置的作用。要深化对社会主义社会劳动价值规律的认识,通过进一步深化分配制度改革,强化收入分配对人才积极性与创新性的激励作用。

2. 构建人才与经济、科技、社会全面发展战略

人才、企业、高校能够产生巨大的集聚效应,此为国际共识。在经济全球化浪潮中,人才开发的内涵正在发生深刻的变化,特别是人才与经济、科技、教育一体化对人才资源优化配置的主导作用日益突出:一是人才配置以智力流动为先导、以项目合作和开发为媒介的契约制越来越成为潮流,人才"柔性流动"越来越成为一种趋势。二是企业成为人才、经济、科技、教育一体化的主导单位,主要表现在企业人才占社会人才总量的比例已达70%以上,且拥有众多一流人才;企业成为"产学研结合"的龙头,是人才与经济、科技、教育"一体化"的载体与纽带。构筑新时期江

苏国际化人才高地，必须遵循人才、经济、科技、教育"一体化"的规律，推进江苏人才国际化与经济发展、产业转型的联动跨越。

（1）加大江苏留学创业园区建设力度，以吸聚海外高层次人才。科技园区具有吸纳创新创业人才，打造新兴产业链群，推动集约发展的集聚效应。创新园区管理方式和运作机制，最重要的是要探索创业园所有权与经营权的分离问题，理顺政府和创业园的关系。按照现代企业制度的原则建立创业园内部的治理模式，将创业园的经营权或所有权进行出售转让，形成"国有民营""公私合营"以及"民有民营"等多样化、混合型创业园模式。改制后的创业园由具有企业管理经验的管理者经营和承担责任，最大限度地将资源积聚到创业企业，针对不同企业提供具有针对性的服务。

（2）完善创业园核心孵化服务体系。主要体现在以下几个方面：

第一，形成对企业进行科学评测的系列体系，从而为融资提供可靠性的保障。创业园可选择与著名的管理咨询公司进行合作，建立具有科学性、客观性和实用性的中小企业评测系统，对入园企业提供咨询服务，经过入园评估、运行评估、投资机会评估和已投资企业评估四个阶段，从园内企业的经营策略、执行能力和运作框架三个方面，对企业进行定期和不定期的评测，从而实现对企业及时、有效的监测，为企业提供针对性的服务。

第二，设立科技发展专项资金，鼓励留学人员创业、企业自主创新。对列入地方科技计划的项目，原则上按照地方资助经费的30%～50%进行配套；对列入国家级科技计划的项目，原则上按照国家资助经费的50%～100%进行配套。对经认定的高科技企业，给予奖励资助；对获得专利和专利产业化的项目，按有关规定予以配套资助。

第三，扶持高科技产业重点项目发展。对于技术含量高、生产工艺设备先进、产品附加值大、市场前景好的新引进生产性项目及扩建或技术改造项目，给予项目建设资金贴息支持。支持高科技重点企业发展融资，根据项目情况、基建规模、出口规模、纳税额和项目资金运作情况，给予一定比例和一定期限的贷款贴息；对分期付款购买土地厂房的企业，允许申办土地使用权证，用于项目融资。

（3）优化园区服务内容，构筑企业软硬件发展平台。主要体现在以

下几个方面:

第一,建立比较完备的中介服务体系。包括会计师事务所、律师事务所、专利事务所和必要的商业服务机构;提供财务、税务等业务代理服务。

第二,拓展专业性的服务内容。建立创业培训服务体系,增设企业经济管理、国际质量认证、营销策略、财务管理、人事管理等培训服务;组织国内外考察、访问活动;提供项目审核、科技立项技术鉴定、成果评定、技术转移和知识产权等专项服务;为信息交流、产品展销、展示广告宣传等提供政策、技术咨询以及提供投资合作项目等。

第三,优化综合配套硬件环境。对于新设园区要进行国际统一认证的标准化管理系统建设,同时加大投入,对部分老园区进行智能化改造升级,为留学人员创业提供优良的硬件设施环境。

(4)建立多元化的资金扶持方式。主要体现在以下几个方面:

第一,创业创新基金。申请国家或者省级科技型中小企业创业创新基金项目,经管委会批准列入申报计划的,参照国家或者上级主管部门拟资助资金额度和规定配套比例,给予适当资金扶持。根据中小企业和项目的不同特点,创业创新基金分别以贷款贴息、无偿资助、资金投入等不同的方式给予支持。

第二,贷款贴息。对已具有一定水平、规模和效益的实体业创新项目,原则上采取贴息方式支持其使用银行贷款,以扩大生产规模。一般按贷款额年利息的50%~100%给予补贴,以促进实体制造业核心技术的发展。

第三,无偿资助。主要用于中小企业技术创新中产品研究开发及中试阶段的必要补助,以及科研人员携带科技成果创办企业进行成果转化的资金补助。

(5)建立政府风险基金与担保机构,为海内外优秀人才来江苏创业提供保障。总体而言,一个新成立的高科技企业仅仅靠自筹资金完成科研或产业化,比较困难。人才需要和项目与资金结合来发挥作用,同时技术、项目、资金也都需要与优秀人才结合才能使用好,两者是相辅相成的关系。因此,国际上普遍注重通过人才与政策、产业、项目、资金的有机结合来吸聚人才。

表 8.8　部分国家或地区通过政府风险基金进行人才竞争

国家/地区	政策与方法
俄罗斯	俄罗斯第一个国家风险基金于 2006 年设立,由国家预算分期划拨,并争取私营企业的合作,通过俄罗斯风险公司进行管理。2006 年划拨了 50 亿卢布,2007 年划拨了 100 亿卢布。俄罗斯还计划建立 8～12 个专项风险基金,扶持 100～200 家从事高科技创新的小型公司,重点是信息技术开发领域
日本	日本政府在通产省设立了"风险投资公司",目的是促使银行向高科技企业贷款,规定银行贷款的 80% 由该公司给予担保。成立了"研究开发型企业育成中心",对持有高技术但因资金不足难以商品化的风险企业,承诺无担保的财政保证
英国	英国政府制订了"贷款担保计划",规定私人金融机构对高技术中小企业贷款,其中金额的 80% 由政府担保。英国政府还成立了技术协会(BTG),直接参与风险投资。该协会先后投资了 430 家企业,累计投资高达 2.26 亿英镑
芬兰	芬兰重视高新技术的研究开发与产业化,芬兰全国现有 22 个风险投资公司,资金大多来源于地方政府、银行和企业,各方面投入资金按股份制管理。若投资失败,大部分由政府承担。如奥鲁的 OULUTECH 公司,市政府就是股东之一,政府以此鼓励创新,包容失败
中国台湾	创建高科技园区,如新竹科技园区。我国台湾地区管理部门建立了政府风险基金进行扶助,对符合条件的新办企业最高可提供 49% 的风险投资。2004 年,新竹科技园区管理局总共资助园区企业的 39 个项目,资助总额达 1.06 亿新台币,占资助项目总成本的 22.2%,有力促进了大量优秀人才的回归

为推动江苏高科技、新兴产业的迅速发展以及相关海内外优秀人才的回归和使用,江苏必须加快建立一个专门对重点行业、高新技术与新经济领域符合条件的企业进行扶助的政府风险基金以及担保机构,由政府预算分期划拨。

同时,要鼓励发展非政府创办的风险投资公司、风险投资基金和投资银行,以及积极进行第二板块市场和产权交易市场方面的探索和实践,形成多样化的投入和退出机制,为高科技企业及人才的创业和发展创设良好的条件。

(6)实施"引进来"策略,促进海外人才的柔性使用。美国英特尔公司政府事务部主任迈克尔·麦巴什曾说过:"如果美国的大学培育造就了世界上最为优秀的人才,那么美国的公司就应该有权力雇佣他们,让我们给工程技术博士学位贴上一张绿卡。"外国留学生比直接引进的外籍人才更熟悉国情,相对本土人才则节省了义务教育阶段培养成本,因此,许多国家都把招收留学生当作补充人才资源的重要手段,有条件地提供奖学金或助学金,在签证上提供便利。当前,江苏应重点引进先进制造业、现代服务业、高新技术产业等领域的紧缺急需人才,特别是高端新型电子信息、半导体照明、电动汽车、太阳能光伏、核电设备、风电、生物医药、节能环保、新材料、航空航天、海洋等11个战略性新兴产业领军人才。

当前江苏在引进优秀人才的工作中,要特别加快引进一批有潜力、有创新的优秀青年人才,为今后江苏科技、产业的跨越式发展提供智力支撑。

国际人才竞争中人才待遇的标准,通常不是由国内人才市场定价来决定,而是由全球市场人才定价来决定的。待遇不仅仅是薪酬收入等显性因素,还包括相对收入、生活物价、发展前景、收入增长空间等。如何吸引海外留学人员归国?笔者对留学人员学成归国与不愿归国的情况做了问卷调查与统计,结果如表8.9所示。

表8.9 留学人员归国与不归国的个人原因比较(可复选)

回国原因	比例	尚未回国原因	比例
家庭与亲情	55.97%	国内待遇没和国际接轨	32.11%
事业的发展潜力比国外大	59.72%	难以适应工作与生活环境	34.21%
在国内有当家做主的感觉	34.72%	在海外一样能为国服务	18.42%
研究基础与研究条件较好	24.72%	研究条件未能和国际接轨	30.72%
文化的认同	44.72%	子女教育难以接轨	32.72%

可见,吸引海外留学人员归国,需要整体性的制度设计,具体包括薪酬设计、生活环境、研究条件、子女教育等诸方面。

3. 立足人才内育,推进"本土人才国际化"战略

在今后相当长的时期内,跨国公司、国家级的大企业集团凭借雄厚财力,在人才竞争中将占据一定的优势。江苏应扬长避短,在强化国际

化人才引进的同时立足于人才内育和国际化素质的培养,推进"本土人才国际化"战略。为此,在人才培养上,必须要有战略思维、世界眼光,走出新路。

(1) 反思现有管理体制,推进高等教育的国际化。按照世界一流大学的要求创新高校管理体制,给予高校应有的自主权,包括在人财物的管理权限、技术路线决定权、学科专业设置等方面减少行政审批,推进教授治校、学术至上,从而在高校形成崇尚知识和探索真理的文化氛围。

就亚洲范围来看,前来江苏高校留学的人数规模有待提升,学科选择范围也较为狭窄,江苏高校学生去欧美留学较多,而反向的,欧美大学生来江苏留学的人数则较少。究其原因在于江苏高校的国际化建设不足。因此,江苏高校需要加快集聚国内外一流科学家、学科领军人才与创新团队,加强与世界一流高校之间的实质性合作与交流,有效融合国内外优质教育资源,建设国际先进的优势学科,广泛开展高水平人才联合培养,从而培育具有国际视野的各领域精英人才。应支持重点大学建设一批用双语授课的特色和优势学科专业;鼓励大学招收外国留学生在江苏攻读研究生课程;鼓励和扩大有特色的高职院校招收留学生;建立富有弹性、充满活力的国际化人才培养体系。通过建设世界一流大学和一流学科、一流专业,有效吸引海内外优质生源,扩大留学生规模。

师资力量是衡量一所大学办学条件的重要指标,它直接影响学校的学科建设和发展方向,也影响着学校培养人才的目标和质量。一所高水平的大学,其师资力量往往是高度国际化的,这已被世界上许多著名大学所证明。江苏正以"学术大师引进计划""江苏特聘教授"选聘计划为依托,辅以引进外籍教师的相关政策,从国内外引进具有海外学习和研究经历、从海外名校获得博士学位的中外优秀中青年学术骨干,并重点培养一批学科带头人,从而大力丰富江苏高校教师学术背景的多样性,提升教师队伍的国际化研究水平。

(2) 规范科研经费的使用与管理,充分调动科研人员的积极性。推动人才国际化建设,必须要推进学术研究的深化。而一流的学术研究需要有一定的经费支撑,因此原中国工程院院士李宁挪用科研经费的事件曝光后,引起人们广泛关注。李宁头顶一系列常人难以企及的光环:中国最年轻的工程院院士,克隆技术、转基因研究的学术领军人物,国家顶级科研基金的获得者。但是这位学者竟然涉嫌将其千万科研项目经费转移至名下公司,令人匪夷所思。需要反思的是,当前科研经费使用中频出问题之原因何在？是否具备有效的治理办法？究其根本,有以下两个方面的原因。

首先,中国传统文化中的公私不分问题,导致公与私之间缺乏明确的界限。费孝通曾用"差序格局"来说明之,即以"己"为中心,犹如石子投入水中,一圈圈推出去,由己到家,由家到国,由国到天下,公与私之间未有明确的边界。作为研究者,经过激烈竞争申请到科研经费后,往往将其视为己有,缺乏应有的规则意识、边界意识。

其次,当前科研经费的管理体制问题。科研项目的评审需要在公正、平等、竞争的健康环境下,以研究质量为学术优劣的唯一标准,同时项目申请与评审之间应当有严格的回避制度,而不能仅仅是形式回避。从李宁事件中,我们可以看到：李宁既是重大项目的评审者,也是这些项目课题的申请人,形成了既当裁判员又是评审者的双重身份。邓小平曾言,制度好可以使坏人无法任意横行,制度不好可以使好人无法充分做好事,甚至会走向反面。人性皆有善恶,好的制度不让人们有贪腐的机会。

因此,整治科研腐败与经费使用的问题需要有新的思路与方法,要改变过去"头痛医头,脚痛医脚"的碎片式治理方法,标本兼治,才能实现科教兴国。一方面,要注重科研人员操守意识的养成,明确各类科研基金使用的边界,即基金的使用范围和规则意识,优化科学研究的学术氛围与良好环境。另一方面,深化政府主导型的科研项目管理体系改革,引入竞争机制,注重结果导向,通过市场力量进行深度变革,改变科研评审的行政化趋势。朱熹曾言,问渠哪得清如许？为有源头活水来。客观、公正与独立是提升科学研究质量,形塑一流教育与科研的活力之源。

(3) **强化特色教育,探索精英教育人才培养模式**。随着我国高校扩招计划的实施,江苏实现了教育发展的阶段性飞跃,受过高等教育的人数渐渐增多。但是,同其他很多地区一样,在江苏高等教育发展过程中,特色化没有得到足够的重视、有效的提倡和切实的保障。要重视高等教育的探索、求新、创造,将提倡、开展和促进特色化的高等教育与探索国际化教育的人才培养模式作为江苏培养高质量本土人才的战略性措施。要重视人力资本的国际化,同时注重因地制宜、因势利导、因材施教,构建人才培养的科学化体系。

(4)以需求为导向,重点开发创新型人才与技术产业。第一,人才培养要强调时代性、提高针对性,建立起以实际需求为导向的人才开发体系。将境内培训与境外培训相结合,抓好行政管理人才、企业经营管理人才、专业技术人才的教育培训,高度重视高技能人才、农村实用人才以及教育、卫生、文化人才培训,全面提高各类人才素质。立足于江苏高新技术产业的发展,培养新能源、新医药、新材料、信息产业、生物育种、节能环保、电动汽车、海洋技术、航空航天技术等新兴战略产业、先进制造业的高级人才;着眼于经济全球化、人才国际化,抓紧培养熟悉国际贸易规则和国际经济运作的专业人才和社科类人才;着眼于深入发展现代服务业的要求,培养法律、金融、证券、保险、商贸物流、现代管理和交流传播等方面的专业技术人才。

第二,创新培养模式,打造工匠精神。校企合作要立足"双赢",高校积极承担合作企业在职职工技能培训以及心性的培养,主动参与企业的新品研发、技术改造、技术攻关,努力为企业的发展提供人才和技术服务。校企双方要不断深化合作的内涵,聚集双方优势,共同制定培养方案,共同参与教学过程,共同负责师资培训,共同建设实训基地,共同培养紧缺型高技能人才。职业院校应根据市场需求和自身特点,灵活采取"订单式"培养、冠名办班培养、"互为基地"培养、"工学交替"培养、产教研一体化培养等合作形式,不断探索校企合作的新途径,培养一流的工匠。

第三,适应江苏发展创新型经济的需要,培养一批能够突破关键技术、具有自主知识产权的创新型科技人才和依靠核心技术自主创业的科技企业家,尤其是要高度重视培养高层次创业创新领军人才和团队,建设高层次创新创业人才团队。例如,依靠17项创新专利,无锡双良集团让上海迪斯尼乐园更节能、更环保,每年可减少二氧化碳排放量7.5万吨。这家传统制造企业能够引领世界溴化锂中央空调潮流的奥秘在于其拥有的技术创新团队:国家级技术中心和博士后工作站。[①]

(5)实施江苏省"科技企业家培育工程"。应着手培育建成一支具有

---

① 贺广华,王伟健.无锡市创新驱动产业升级[N].人民日报,2016-10-04.

全球视野、战略思维和持续创新能力的科技企业家队伍。通过他们的带领,推动形成多个年销售收入超千亿元的新兴产业集群,新增上市企业,新增销售收入超10亿元的创新型龙头企业。

培育对象为江苏高新技术企业主要负责人。重点选拔在江苏发展的新能源、新材料、生物技术和新医药、节能环保、软件和服务外包、物联网等战略性新兴产业领域以及高新技术企业、创新型企业的科技企业家。每年选送一批培育对象到国内名牌大学、培训基地或赴海外研修,参加MPA、MBA学位班学习,组织培育对象学习企业经营管理、资本运作、自主创新等方面的知识,帮助他们开阔视野、更新理念,着力提升他们的创业与创新能力以及国际化素质。同时,运用"合作式""引进式""混合式"的境内外合作办学模式,吸引和鼓励世界一流大学、研究院到江苏办分校、培训机构或通过远程教育等现代高科技手段实施培训,鼓励和支持世界500强企业在江苏设立培训中心和研发中心,为江苏培养国际化人才服务。

六、"钱学森之问"的反思

爱因斯坦曾言:"提出一个问题往往比解决一个问题更重要。"2005年7月,中国著名科学家钱学森对时任国务院总理温家宝说:"现在中国没有完全发展起来,一个重要原因是没有一所大学能够按照培养科学技术发明创造人才的模式去办学,没有自己独特的创新的东西,老是'冒'不出杰出人才。这是很大的问题。""钱学森之问"揭示出制约我国创新与创业发展的瓶颈之所在:"为什么我们的学校总是培养不出杰出人才?"因为优秀人才是创新的关键与来源,没有技术与管理的创新,大学生创业的成功率低、风险大,事实上创业亦难以有效发展。2014年,中国普通高校毕业生为659.4万人,国家统计局调查数据显示,大学生自主创业扶持力度与大学生创业增长并未形成正比,大学生自主创业热情普遍偏低。我们在随机抽样的调查中,1 000名受访者中仅有11名学生有自主创业的打算。以色列号称"创业的国度",罗伯特·斯科博的调研曾发现,以色列"是这个世界上唯一让我感觉仿佛置身硅谷的地方。在参观中国或印度的时候,每个人都告诉我:'我想去微软或者谷歌工作。'但是在以色列,每个人都告诉我:'我想开一家自己的公司'"。①

2015年9月,李克强总理在第九届"夏季达沃斯论坛"上发表特别致辞。该届年会的主题是"描绘增长新蓝图",李克强总理指出,"大众创业、万众创新"是推动发展的强大动力。在李克强总理5 678个字的主题发言中,"发展""创新"与"创业"是高频词,其中"发展"出现了40次,"创新"出现了19次,"创业"出现了13次。改革开放以来,中国经济平均每年增长9.7%,但是2012年以后经济增长下滑,2015年上半年只有7%,"新常态"下的中国经济发展面临着巨大的下行压力。

长期以来,我国经济的发展仍然是粗放型,依赖资源消耗、投资拉动以及劳动力价格的优势,实现从高投入到高产出,这其中的代价亦是巨大的。中国仍处于全球产业链的中低端。以苹果电脑为例,iPad的产地说明标注为"苹果加州设计,中国组装"。在整个产业链中,资源耗费大、价值低、对环境影响较大的制造业在中国,高科技与高利润的产品创意、产品设计、终端零售等皆在美国。当前随着人口老龄化的发展,人口红利的消失,人员工资的上涨,我国劳动密集型产业的比较优势正在丧失。不仅如此,当前我国环境风险仍在加剧,按照《环境空气质量标准》(GB3095—2012)监测的161个城市中,2014年我国空气质量达标的城市占9.9%,未达标的城市占90.1%。中国经济所面临的困难,正如李克强总理所指出的,是国内长期累积"深层次矛盾"的显现,必须加快推进结构性改革,推动"大众创业、万众创新",实现制造业从粗放型增长到集约型增长的升级发展。

诺贝尔经济学奖获得者索洛(Solow)的研究也表明,资本和劳动的投入只能解释12.5%左右的产出,投资加倍并不意味着经济增长的效果也会加倍,反而会出现边际效益递减,经济的可持续性发展取决于技术的进步。那么,如何实现技术的进步呢?关键在于人力资本的提升,事实上这也是有效实现创新驱动发展战略的路径选择。只有实现劳动力成本优势向人力资本优势的转变,才能真正实现经济与社会的可持续发展。舒尔茨、贝克尔等学者的研究发现,对人力资本的投资收益率大大高于对物质资本的投资收益率,人力资本投资的根本目的在于提高人力资本的创

---

① [美]丹·塞诺,[以]索尔·辛格.创业的国度:以色列的经济奇迹[M].王跃红,韩君宜,译.北京:中信出版社,2010:205.

造力和人力资本的合理流动性,即创新与创业。通过创业、创新推动经济与社会的可持续性发展,关键在于人力资源的建设,而提升人力资本的有效路径在于教育。

例如,日本明治维新的基本宗旨是"求知识于世界",1872年日本政府颁布了《学制令》,该法令明确要求:"他日,村无不学之户,户无不学之人。"明治维新时期的政治领袖木户孝允认为:"吾国臣民,与今日之欧美民众无异;一切皆教育与否之所致也。"1906年至1911年间,日本教育经费花费了城乡预算的43%,这一切有力推动了日本经济与社会的发展。由此可见,教育促进了人力资本的提升,人力资本的发展促进了日本由传统社会向现代社会的制度转型。再如,20世纪60年代的韩国与加纳处在同等发展水平,经济数据亦大致相同。30年后,韩国成为工业巨人,成为世界一流经济强国,拥有大量创业公司与创新产品,出口商品包括汽车、电子器材以及尖端技术,人均国民生产总值达到西方发达国家水平,并且迈上了稳固的民主制度化进程。而在加纳,这些变化却无一出现,加纳的人均国民生产总值只相当于韩国的十五分之一。究其原因在于韩国政府的公共政策对教育的高度重视,受到良好教育的中产阶层成为推动经济与社会发展的主流。①

"钱学森之问"引起了中国社会各界的广泛关注与讨论,其实,从钱学森的讲谈录中,我们可以找到问题的答案。钱学森谈道:"加州理工学院给这些学者、教授们,也给年轻的学生、研究生们提供了充分的学术权力和民主氛围。不同的学派、不同的学术观点都可以充分发表。……所谓优秀学生就是要有创新,没有创新,死记硬背,考试成绩再好也不是优秀学生。"②当前教育的问题亦反映了体制的问题,政府在人事、政策、财政等方面对学校干预过多、过细,这导致学校管理的官僚化、衙门化,行政权力至上,忽视了学术本位。官本位的僵化体制、数量化的学术考核以及晋升方式与追求创新、创业的发展南辕北辙。那么,如何通过全面深化改革推进"双创"型人才脱颖而出,从而促进经济与社会长期持续健康发展呢?

---

① [印]阿马蒂亚·森.身份与暴力:命运的幻像[M].李风华,等译.北京:中国人民大学出版社,2012:92-93.
② 钱学森.钱学森讲谈录[M].北京:九州出版社,2013:296.

首先,宏观层面要推动政府职能的转变。政府的职能在于制定公共政策、有效监管、公共服务,确保法律得到公正执行。应通过顶层设计,进一步简政分权,深化行政审批制度的改革,赋予学校、企业等组织以自主性活力,优化创新人才和创业文化氛围的形成。

其次,中观层面要尊重市场机制的抉择。充分发挥市场对社会资源配置的决定性作用,通过优胜劣汰,让优秀人才竞相迸发。自由机制远比行政强制更能促进经济增长和社会公平。

再次,微观层面要推进人才培育的国际化。从历史的长时段来看,劳动力成本优势与投资驱动并不能长久地成为推进发展的动力,真正有效的提升来源于人力资本。人才国际化指标测量如表 8.10 所示。

表 8.10 人才国际化指标测量

	指标名称	标准	要素
人才流动指标	外籍人才引入指标	人/年	高层次外国人才数
	留学人才培养指标	人/年	计划数
	留学人才指标	人/年	实际数
人才培养指标	国际化办学指标	%	国际化办学的高校比例
	境外派遣指标	人/年	包括在校学生出国留学、在职人员国外深造等
		%	占年均人才培养总人数的比重
	国际化继续教育指标	人/年	战略性培训与开发
		%	占年均人才培养总人数的比重
人才评估指标	人才综合素质指标		职称、语言、国际竞争力
	人才业绩指标		专利、创办企业、发表论文等
	人才结构指标		学历结构
			年龄结构
			性别结构
			海内外结构

续表

指标名称		标准	要素
人才投资指标	人才开发基金指标	人/年	人才政策支持人数
		元/人	人才资金支持数
	人才服务投资指标	项/年	公共基础设施项目建设投资
		元/年	
		项/年	人才服务机构建设投资
		元/年	
		元/年	人才保障资金
	人才发展支持资金指标	元/人	人才创业、创新支持资金
		元/人	人才再培训支持资金

钱学森曾回忆道,1935年秋他从上海交通大学毕业后到美国麻省理工学院航空工程系留学,结果发现上海交通大学的课程设计、教学环节包括实验课等课程皆与麻省理工学院的课程内容是一样的,因而以拔尖的成绩,仅用一年就获得了麻省理工学院的硕士学位,他据此认为:"上海交大当时的大学本科教学是世界先进水平的。"[①]因此,要深化人才管理与培养的国际化,为"双创"型人才提供源源不断的动力之源。

推进"大众创新、万众创新",需要转变政府职能,优化市场配置,构建与国际接轨的人才培养与管理体系,只有人力资本国际化,才能实现向"中国创造"产业核心竞争力的根本提升。因此,推进人力资本的发展需要有大的格局,主要包括加强人力资源开发、创新人才国际化组织体制、优化人才国际化的社会环境、建立人才国际化的培养体系等。

第一,加强人力资源的开发。

人力资本国际化的建设重点是提高国际人才的流量、数量和质量。流量是前提,数量是基础,质量是关键。加快推进国际人才体系建设就是在合理基础上建立一支流量合理、数量充足、质量优良的国际人才体系,保证人才总量与经济社会发展相适应,人才结构与经济结构相吻合,为江

---

① 钱学森.钱学森讲谈录[M].北京:九州出版社,2013:290.

苏省的发展提供充分的人才保障。首先,培养各类具有国际化素质的各级政府行政人才,提高其执政能力和社会公共服务水平。其次,提高各级企业管理人才开展国际经济合作和适应国际竞争的能力,培养一批具有国际视野、了解国际竞争、熟悉国际惯例和商业运作规则、一专多能的跨行业人才,实现由"江苏制造"向"江苏创造"企业核心竞争力的根本提升。再次,注重培养高层次科技人才和创新人才,不断提高其科学技术研发能力和科技领域的创新能力。

第二,创新人才国际化组织体制。

注重体制的规范性、机制的灵活性,做到体制与机制创新的有机统一,最终形成符合江苏实际、中国国情、国际惯例的国际人才组织体制。应充分发挥市场机制的基础性调节作用,强化各类组织的用人主体,通过体制机制创新引导和鼓励企事业组织吸引、培养更多国际人才,更好地使用国际人才,从而有效提升国际人才工作体制的运行能力。首先,推进人才市场体系创新。打破人才流动的身份制约、地域限制和部门限制,通过创新国际人才体系构建起以政府授权为主导的公益性服务体系和以市场运作为主的竞争性服务体系,实现有效的人才市场体系。其次,推进人才中介体系建设。以功能开发为中心,强化各种中介组织的参与能力,重点研究和开发人事代理、猎头服务、人才规划、生涯设计、人事咨询诊断等产品,通过建设人才中介组织培育出具有国际竞争力的大型产业化人才服务集团。再次,推进人才市场的国际化发展。扩大包括服务行业在内的对外开放程度,把提升人力资源能力建设作为参与国际人力资源开发分工与合作的主要领域。强调市场机制在人才国际化发展中的基础性作用,大力引进海外人才,缩小与国际先进水平之间的差距。

第三,优化人才国际化的社会环境。

人才在环境中生存,在环境中成长,在环境中作为。着力打造适合国际人才交流的体制环境,在全社会范围内形成江苏人才国际化战略的良好声誉,吸引更多的国际化人才来江苏发展。这其中安定、有序、文明的法治环境与开放、透明、包容的社会氛围是人才国际化不断发展的前提和动力。首先,加强法治建设。在国家法律和法规体系框架内,探究适合江苏发展实际的人才法律法规,形成相关配套措施,优化政策措施,为人才国际化的发展打好制度基础,形成留住人才、吸引人才的良好法治环境。

其次,重视服务环境建设。提供优质的公共服务系统,解决人才的后顾之忧,借鉴发达地区的经验,吸引优秀人才。重点在人才落户、出入境、子女就读、医疗照顾等方面,设立服务专窗。建立海外人才公共服务平台,提供人才流动服务专窗,构建"一口受理、一站办结"的服务机制等。再次,优化人文环境建设。尊重不同国家、种族和民族的不同生活方式及文化习俗,建立国际化的语言环境、文化环境,逐步建立起多元宽容的环境友好型国际人才体系,以包容性的人文环境吸引更多更优秀的海外人才,为江苏经济和社会的全面发展提供人才保障。

第四,建立以政府为引导、企业为纽带、高校为服务、社会为保障的人才国际化培养体系。

政府通过人才国际化的政策,将"本土人才国际化"(走出去)、"国际人才本土化"(引进来)有效结合,推进人力资本的不断发展。

首先,借鉴国际一流企业的培训经验,推动企业建立和完善现代企业职工培训制度。把高技能人才的培养、选拔和使用情况,作为企业经营管理者业绩考核的重要内容,纳入目标管理,为职工创造主动学习、终身学习、海外学习生产技能的良好环境。充分发挥企业的主体作用,通过强化岗位培训,以及技术攻关、岗位练兵等活动,培养和形成一批技能带头人队伍;推行企业培训师制度和名师带徒制度,建立技师研修制度,发挥高技能人才的传帮带作用;积极开展班组长和技能带头人的培训;注重职业化培训高技能人才,并为他们的创业创新创造条件。

其次,建立国际化的高技能人才校企合作培养制度。紧密结合行业、企业对高技能人才的需求,建立学校和企业联合培养高技能人才的机制。以产业部门和企业为依托,在高等院校建立紧密型校企合作机构,实现学校教学与企业需求的紧密结合。

最后,培养高层次科技人才和创新人才,提高其科学技术研发能力和科技领域的创新能力。围绕增强自主创新能力和建设创新型城市,江苏应以培养高层次创新人才为重点,以江苏省内重点高校为依托,提高教育等软件设施的投入,从海外集聚一批有创新能力和科研能力的创新型人才,为江苏经济与社会发展迈上新的台阶提供智力保障。

七、小结

资本理论的中心概念是投资收益率,对人的能力与知识的投资收益率要远远大于对物的投资收益率。因此,人才国际化建设需要政府、高校、社会以及企业的通力合作,建立健全政府宏观管理、市场有效配置、单位自主用人、科学培养人才的管理体系。技术创新是经济繁荣与社会发展的最主要动力,教育培训各类人才,大力引进与培养各类高层次人才特别是国际一流人才,集聚大批高层次的科技人才、高水平的创新创业团队、高素质的管理人才、高技能的专业人才,从而推进产业结构转型升级,促进人才强省战略的有效实施。

人类文明史的实践表明,经济与社会可持续性发展之路在于人力资本的有效提升,基于人才国际化的教育与培训则是人力资本发展的必由之路。这也为构建文明、理性、法治的社会打下了坚实的基础。

第九章　政府与社会:社区治理分析

改革开放以来,随着城镇化、工业化战略的实施,经济体制的转轨,城市成为现代化建设的重要载体。伴随单位制的解体,组织摩擦、社会冲突与危机不断涌现,城市也成了各种利益与社会矛盾的焦点。天下之治,始于里胥。随着治理重心的下移,现代城市社区承载着越来越多的社会管理与整合功能。这需要拓展基层民主,加大源头治理力度,形成缓解社会矛盾的减压阀,促进社会的公平正义,使之成为构建社会稳定与提升政府合法性的重要基石。社区治理重在实现政府行政管理与社区自治的良性互动。

一、社会稳定面临的挑战

1949 年后的中国在高度集中的计划经济体制下,逐步形成了全能主义(totalism)管制模式。[1] 社会与经济活动均由党和政府自上而下地统一组织与安排,单位制应运而生,单位组织成为政府控制社会的组织方式与有效手段,构成了大一统的一元化社会。高度一体化的国家与社会,强大的组织与动员机制,虽然克服了 100 多年来中国社会所面临的全面危机,但也严重桎梏了社会的生机活力与经济的持续发展。邓小平曾言:"中国社会从一九五八年到一九七八年二十年时间,实际上处于停滞和徘徊的状态。"[2]1978 年之后以"分权让利"公共政策为基础的改革开放,打破了原先政府垄断资源和严格控制私人活动空间的格局,促成国家与社会关系的重构。在推进市场经济的过程中,随着国企改革,现代企业制度

---

[1] 邹谠.二十世纪中国政治:从宏观历史与微观行动的角度看[M].香港:牛津大学出版社(香港),1994:69.

[2] 邓小平.邓小平文选:第 3 卷[M].北京:人民出版社,1993:237.

的建立,企业成为独立经营、自负盈亏的法人实体。政企分开,政社分开,使原先由单位承载的经济与社会功能回归社会领域,自由流动阶层与自由活动空间不断增长。①

20世纪90年代以来,社会经济持续多年高速增长,各种社会问题也集中显现:贫富差距带来的不良利益驱动,城镇化进程中的大规模人口迁移,就业矛盾扩大中的无业人员急剧增多,社会的集体情绪处于躁动之中等,社会冲突与危机的不断涌现给社会稳定带来巨大的压力与挑战。近年来,我国群体性事件涉及面广、主体成分多元化,行为方式激烈,组织化倾向明显,其数量与规模亦急剧增多。

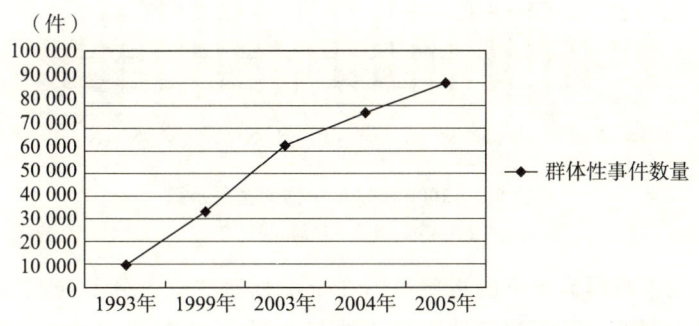

图 9.1 近 10 年来群体性事件发展趋势
(资料来源:于建嵘.中国的骚乱事件与管治危机[EB/OL].
http://www.methodfirst.cn/rostrum.html)

从国际发展经验来看,中国的发展正进入人均 GDP 3 000 美元的转型关键期。这一阶段是产业结构快速转型、社会利益格局剧烈变化、政治体制不断应对新的挑战的时期,是既充满新的机遇又面临着各种社会风险的时期。社会问题大量产生,社会矛盾不断累积,一旦处理不好,就会形成社会危机,进而危及社会的稳定与和谐。本章将在实证分析的基础之上,研究社会不稳定的根源究竟在哪里,进而探求通过制度设计,实现社会稳定与和谐的有效路径与发展方式。

---

① 孙立平."自由流动资源"与"自由活动空间"——论改革过程中中国社会结构的变迁[J].探索,1993(1).

二、社会稳定与城市基层民主

1978年以来,在"效率优先,兼顾公平"的公共政策下,社会成员整体间收入差距不断拉大,反映收入差距的基尼系数①从改革开放前的0.15到突破0.5,我国已属于世界上收入分配不平等比较严重的国家之一。我国2000年以来基尼系数的变迁,如图9.2所示。

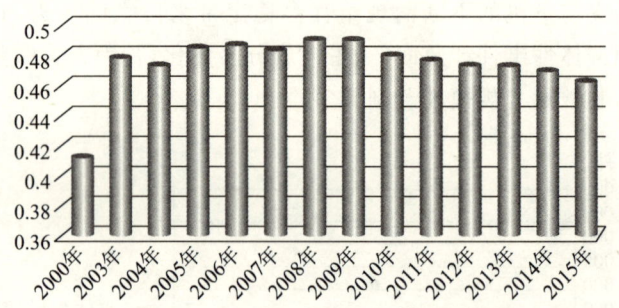

图9.2 2000年以来中国的基尼系数

(资料来源:国家统计局,2016年)

基尼系数居高不下的重要原因在于不合理的收入分配与腐败问题,涉及民众利益的政策制定缺乏公正性与透明度,掌握资源的官员和依赖于权力的人员能够凭借公共权力迅速致富,社会弱势群体收入水平下降。公共管理体系缺乏透明化与有效的监督机制,没有形成顺畅表达民情与民意的沟通机制,社会弱势群体的利益难以得到满足和有效保障,由于自下而上矛盾疏解渠道的梗阻,其日益递增的不满情绪,往往导致他们用暴力而非法律来维护自身的合法权益。由此可见,精英的权贵化与大众的粗鄙化导致社会群体利益冲突加剧。中国社会科学院曾对"社会群体利益冲突的认知分布"问题进行了全国抽样统计,如图9.3所示。

---

① 基尼系数(Gini Coefficient)是意大利经济学家基尼(Corrado Gini,1884—1965)于1922年提出的定量测定收入分配差异程度的标准。基尼系数是衡量家庭收入不平度程度的标准,根据世界银行(World Bank)的解释,0代表完美的收入平等,而1代表全部财富归一人所有的极端不平等的情形;其值在0和1之间,越接近0就表明收入分配越是趋向平等,反之,收入分配越是趋向不平等。这其中0.4是国际警戒线,表明收入分配差距比较严峻。

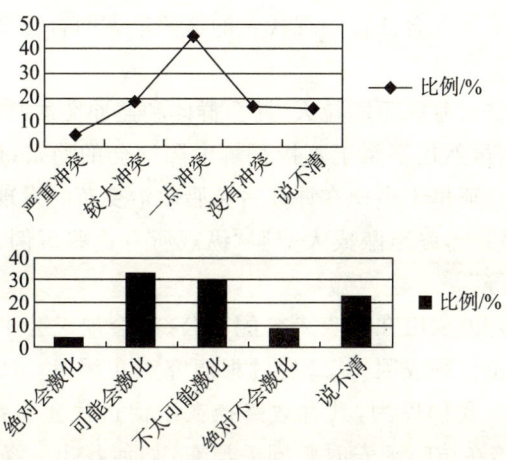

图 9.3 关于社会群体利益冲突的认知分布(样本量:7061)
(资料来源:汝信,等.2007年:中国社会形势分析与预测[M].北京:社会科学文献出版社,2006)

调查结果显示,对于"我国各个社会群体间是否存在利益冲突"的问题,只有 16.3% 的人认为"没有冲突";67.9% 的人认为有冲突;4.8% 的人认为有严重冲突;18.2% 的人认为存在较大冲突;38.6% 的人认为矛盾会激化。

2007年,在新成长的失业青年中,应届高校毕业生占40%,较2006年同期增长了 1.5%。[①] 近年来,应届毕业生一年内的隐性失业率接近10%。[②] 亨廷顿通过对发展中国家现代化的研究曾指出,"社会经济变革与发展势头和日益加剧的政治动乱与暴力冲突两者直接相关,这是二次世界大战后亚洲、非洲和拉丁美洲各国的普遍特征。……失业的、离异的或因其他缘故而牢骚满腹的人受教育的水平越高,不安定因素走向极端的可能性就越大","经济发展远没有促进政治稳定,反而趋于造成政治上的动荡","经济发展使经济上的不平等越发严重,与此同时,社会动员又

---

① 汝信,陆学艺,等.2008年中国社会形势分析与预测[M].北京:社会科学文献出版社,2008:34-35.
② 陆学艺,李培林,等.2013年中国社会形势分析与预测[M].北京:社会科学文献出版社,2012:167.

在削弱这种不平等的合法性。现代化的这两个方面合起来便产生了政治动乱"。①

当前社会贫富悬殊不断拉大,社会群体利益冲突加剧,民众不公平感情绪也有递增,虽然还不至于直接瓦解中国社会的稳定,但聚沙成塔,其危害不容小视。亚里士多德在评述古希腊政治变革时发现,"小节的怠忽往往逐渐积成后患,终至酿成大变","纵观所有这些事例,煽动叛乱的原因全在于不平等"。②

社会不稳定的成因在于收入分配不公、社会缺乏公平正义、腐败、环境污染等。无论何种成因,其背后的根源究竟在哪里?如何改变治乱循环的两极悖论?我们以为,其有效路径在于促进民主机制的渐进生长。1945年,黄炎培在访问延安时曾问毛泽东:如何找出一条新路,跳出"其兴也勃焉","其亡也忽焉"的历史周期率。毛泽东回答:"我们已经找到新路,我们能跳出这周期率。这条新路,就是民主。只有让人民来监督政府,政府才不敢松懈。只有人人起来负责,才不会人亡政息。"③在中国这样的超大型国家,向民主过渡的理性选择是基层民主建设的稳步推进提升。

我国社会主义民主与法治的奠基人彭真曾言:"没有群众自治,没有基层直接民主,村民、居民的公共事务和公益事业不由他们直接当家做主办理,我们的社会主义民主就还缺乏一个侧面,缺乏全面的巩固的群众基础。……有了村民委员会,农民群众按照民主集中制的原则,实行直接民主,要办什么,不办什么,先办什么,后办什么,都由群众自己依法决定,这是最广泛的民主实践。他们把一个村的事情管好了,逐渐就会管一个乡的事情;把一个乡的事情管好了,逐渐就会管一个县的事情,逐步锻炼、提高议政能力。……办好村民委员会,还有居民委员会,是国家政治体制的一项重大改革,对于扫除封建残余的影响,改变旧的传统习惯,实现人民当家做主,具有重大的、深远的意义。"④

---

① [美]塞缪尔·P.亨廷顿.变化社会中的政治秩序[M].王冠华,刘为,等译.北京:生活·读书·新知三联书店,1989:44-45,47,54.
② [古希腊]亚里士多德.政治学[M].北京:商务印书馆,1965:240,234.
③ 黄炎培.八十年来[M].北京:中国文史出版社,1982:148-149.
④ 彭真.通过群众自治实行基层直接民主[M]//彭真文选.北京:人民出版社,1991:608.

之所以专注于城市社区民主治理的研究,其原因在于:通过税收、储蓄以及多种途径,大量农村中的资源源源不断地流向城市社会,不少村庄已成了"空壳村";传统社会向现代社会的转型阶段是高风险与高危机的过程,城市已成为各种利益与社会矛盾的焦点;从理论研究与实证分析的视角看,推进城市社区民主的研究具有重要的理论价值与实践意义。同时,国内外学术界对中国城市基层民主的研究仍较为薄弱。

城市社区民主在于保障市民的合法权益,培育社会自我管理、自我服务以及有机生长的能力。拓展城市社区民主,优化人们相互交往、合作与信任的社区治理能力,形成缓解社会矛盾的减压阀,促进社会的公平正义,是构建社会稳定与提升政府合法性的重要基石。

三、社区治理分析

随着单位制的解体,社区成为人们生活的重要组成部分,成为中国社会结构的重要环节,是实现国家与社会良性互动的关键。

亚里士多德认为"社区"是为了实现人间之善。[①] 斐迪南·滕尼斯认为"社区"是指那些有着相同价值取向、人口同质性较强的社会共同体。[②] 吴文藻将社区的要素界定为三个环节:人口是社区的生活基础,环境是社区的地理基础,文化是社区的历史基础。[③] 因此,社区是指聚居在一定地域空间的社会生活共同体,社区治理体现了积极互动的过程,生长稳定持续的关系,促进归属感、情感的投射以及市民社会的建构。在中国社会由计划经济体制向市场经济体制的转变过程中,国家所实施的一系列改革措施,力图打通单位组织与非单位组织间的壁垒,把改革推向深入。这就相应产生了用"社区"取代"单位"的需要,以"社区"接纳原有的"单位人",办理原有的"单位事",承担原先由"单位"所行使的社会功能。从一定意

---

① 亚里士多德在 *Politics* 一书中认为:Every community is established with a view to some good; For mankind always act in order to obtain that which they think good.
② [德]斐迪南·滕尼斯.共同体与社会:纯粹社会学的基本概念[M].林荣远,译.北京:商务印书馆,1999:65.
③ 吴文藻.论社会学中国化[M].北京:商务印书馆,2010:442.

义上说,正是"单位"的衰落导致了"社区"的兴盛。[①] 社区治理是指在一定区域范围内,政府与社区组织、社区公民共同管理社区公共事务的活动。社区事务是一定范围内的社会公共事务。社区事务的治理模式与治理手段是公共管理研究的重要内容。社区治理的核心在于增进社区自治(self-government),建立社区拥有的政府(community-owned government)。社区的问题在于社区本身难以成为一个实体,而是成为政府下延的行政区。社区治理作为区别于政府行政化管理和企业市场化管理的公共管理模式,其权力运行的方向并不总是单一的、自上而下的,它是一种多向度的、上下互动的过程,从而实现分层治理的制度化。因此,社区发展的根本在于构建社区的实体性与自主性,形成植根于社区的公共服务,依靠社区化解各种冲突。

社区组织建设是社会转型时期解决社会矛盾、维护社会稳定的重要路径。社区组织开展社会服务,监督政府行为,影响政府决策,在公共事务中发挥作用,进行社区建设和社区自治来完善社会结构,促进社会和谐,让民众通过自组织来参与社区建设,自我管理,自我教育,自我服务,将是构建社会稳定的重要选择。随着治理重心的下移,现代社区承载着越来越多的社会管理与整合功能。

解决社会的不稳定问题,仅仅依靠政府的力量已经捉襟见肘,需要组织化与制度化的社会力量,与政府进行有效博弈,形成政府与市民社会的良性互动关系。社区组织要承担部分以往由政府包揽的公共服务,提供公共产品,弥补政府与市场的不足与缺陷。由于社区是民众日常生活的场所,社区组织便于整合并集中表达群众的利益诉求,拓展基层民主参与的渠道和途径。只有把这些问题解决在基层,解决在萌芽状态,才能在根本上促进社会和谐。

针对如何通过民主治理,建构社区自治组织与政府和企业民主协商的渠道与机制,从而塑造社会矛盾的减压阀,构建社会稳定,笔者在实证调查分析的基础上提出以下对策。

---

① 童星,赵夕荣."社区"及其相关概念辨析[J].南京大学学报(哲学·人文科学·社会科学版),2006(2).

1. 转变组织机制与理念,构建"有限政府,市民社会"的发展模式

此种机制形成的最主要条件是权力分散、下放,不断提升社区组织的自主权,形成有效的社会预警机制。因为只有在能够独立做出决策的组织里,创新而敢于负责的观念与行为才有机会涌现。政府存在的目的是为了保障公众权利,实现个体自由,它的权力必须受到法律的限制和社会的制约。"有限政府、市民社会"的发展模式在于公民通过参与各种社区组织形成了互惠、信任、合作等规范,这些规范恰恰是维系社会稳定与发展不可或缺的社会资本。孕育市民社会的精髓体现为:民主参与、自愿自治与法律契约的社会规范,这与社区组织的精神是一致的。社区组织的运作由单纯的社区服务逐渐转向全面整合的社区发展。政府组织在促进社区公共服务的同时要重视培育自治、专业的社区非政府组织(NGO),从而提升社区自治与自我发展的能力。

社区组织常常是一种松散的组织结构,它更多地依靠成员之间的相互认同,如果成员之间没有那种基于共同性统合而成的群体的共同成员感情,就会顾及各自的利益,难以合理分担工作职责,进行优势与资源互补,确立领导、尊重与信任的关系,也就无法把个人、组织、社会整体的利益协调起来。积极营造一种团队的气氛,创新多种多样的合作方式,是社区组织机制建设的突出特征。"社会资本"表明社区组织在社会稳定与发展的进程中起着不可替代的作用。实践显示,在一个充分动员民众意识与能力的市民社会,政府的公共政策总是比那些包揽一切的政府绩效更高,成本更低。这就会在限定地方政府扩展范围的同时,提升政府的行政效率与质量,建立有限政府,以优化公共服务为己任,最终形成善治(good governance)的行政理念与实践。具体表现为:通过民营化,减少政府对企业的微观管理;通过简政分权,有效地发挥市场机制的作用;通过公私合作的伙伴关系,推进公共服务的社会化和市场化,提升公共服务的供给质量和效率,实现公共利益的最大化。

在此背景下,政府要注重向社区授权,建立社区拥有的政府。以美国为例,面向社区的治安工作正在全美 300 多个城市展开,有 1.8 万个"居民治安哨"小组,成员达 100 万人,与当地警方合作保护自己的社区免受犯罪的祸害。"面向居民点的治安"意味着警察不能只是等发生犯罪事件

后才做出反应,警察应帮助各居民点解决导致犯罪的深层次问题。①

2. 由街居制向社区自治制的转型

推进基层社区的民主化建设是实现社会稳定的有效途径。社区参与意识来源于居民对自身在社区中的主体性地位的确认,而这种主体性地位的确认需要在参与社区事务的决策过程中才能实现。街居制是20世纪50年代形成的政社合一的管理体制,居民委员会实为政府部门的"腿",所谓"上面千条线,底下一根针",行政职能是其主要职能。当前社区自治能力不强、自治意识不高,社区居民委员会应当在积极动员社区成员参与的基础之上,将有关社区居民切身利益的公共事务交给居民自己决定,逐步培养其政治与社会参与的意识与能力。我们需将居委会建成社区居民自我管理、自我教育、自我服务的社区自治组织,亦如滕尼斯所言的"生机勃勃的有机体"②。

3. 党内民主与社区参与

在制度创新过程中,组织发展是通过结构化的变革来实现的。1949年中国共产党通过多年革命夺取政权,成为执政党,这需要在深层知识与行动上,向执政党"品质"作结构性转变,深入转换革命党的"本色",例如,领袖魅力(卡里斯玛型权威)、斗争哲学、运动群众、宁"左"勿"右"、缺乏理性与宽容的执政思维等。执政能力的发展体现在注重协调、对话、妥协,消弭冲突,孕育社会包容的多元文化,亦如伏尔泰所言,我不同意你的观点,但我誓死捍卫你说话的权利。中国共产党由革命党向执政党结构性转变的有效路径是实行党内民主,不断深化党内民主的内涵与外延,从而吸纳各阶层,融合多方利益。塞缪尔·亨廷顿曾言:"稳定的先决条件至少得有一个高度制度化的政党。……政党的功能在于组织参与、综合不同利益、充当社会势力和政府之间的桥梁。"

党内民主的扩大带动社会民主,增进党内融洽,促进社会和谐,尊重党员主体地位,保障党员民主权利,推进党务公开,营造党内民主讨论环

---

① [美]戴维·奥斯本,特德·盖布勒.改革政府:企业家精神如何改革着公共部门[M].周敦仁,等译.上海:上海译文出版社,2006:21-22.

② [德]斐迪南·滕尼斯.共同体与社会:纯粹社会学的基本概念[M].林荣远,译.北京:商务印书馆,1999:54.

境，在充分汲取民意的基础上，实现社区党组织机制的优化，促进社区管理的结构从单一化向多元化发展，从工作群体化(work group)向工作团队化(work team)转变。居委会组织则以民主自治和社区建设为自组织建设的轴心，完善其外部环境和内部机制，重构居委会和居民以及居委会与政府的关系。在具体操作上，可采取以下几种措施。

(1) 外部环境——理顺政府与居委会关系。如果政府只是注重强化对居委会的行政控制，管理许多不必由政府管理的、杂乱烦琐的社会事务，必然什么都管不好，只会徒增政府管理成本的投入，形成"大政府、小社会"的保姆型的不良管理模式，所以国家基层政权应当对社区内的群众性自治组织——居委会，予以方针政策的宏观指导，尽量减少摊派行政性事务，取消创收经济指标，将社会职能的载体落实在社区，使居委会的工作更多地产生于本社区居民的实际需要，增强社区居民对居民委员会的归属感。通过扶持、建设、资助居委会使政府获得威信，有利于政府对基层社会实现有效整合，实现社区的和谐与稳定。

(2) 内部机制——加强居委会自身建设，转换职能。关于此方面，目前可着手进行的有以下几点：一是加强居委会的党组织建设，发挥其中党员的先锋模范作用。实践证明，加强居委会的党组织建设，对加强居委会自治职能，不仅没有妨碍，相反会有极大的促进作用。这是因为，中国共产党的宗旨是全心全意为人民服务，只要着眼于这一点，就使居委会的自治职能有了得以实行的坚强核心，并能充分发挥党员的示范和表率作用，调动广大群众的积极性。二是改变居委会领导成员的构成。当前企事业单位正深化改革，精简员工，社区存在着一大批政治文化素质皆较高，会管理、善协调、懂经营的中青年党员，可以通过社区公开选聘和民主选举相结合的方式，从这些人中产生城市居委会的领导班子，使居委会的领导成分得到优化，并逐步规范化、制度化。笔者在 N 市 L 区调研时发现，该区以《城市居民委员会组织法》为依据，按照民主、竞争、择优、直接和差额选举的原则，产生了新一届居委会领导成员，使居委会的干部来源、年龄结构、文化程度、政治面貌等方面发生了很大变化，大大提高了干部队伍的整体素质，也为机关、企事业单位分流人员和下岗就业创造了条件；同时健全了居委会组织，建立和完善了居民代表会议制度。以下为 N 市 L 区居委会干部结构民选前后对比表。

表 9.1　N 市 L 区居委会干部结构民选前后对比表

干部结构	上届居委会干部情况 总数:120 人			本届居委会干部情况 总数:116 人		
	类别	人数	比例	类别	人数	比例
干部来源	职工家属、离退休人员	120	100%	下岗职工	98	84%
				职工家属	18	16%
年龄结构	40 岁以下	8	6.7%	40 岁以下	68	59%
	41 岁~60 岁	97	81%	41 岁~60 岁	48	41%
	61 岁以上	15	13%	61 岁以上	0	0
文化结构	大专以上	4	3%	大专以上	82	71%
	高中(中专)	80	67%	高中(中专)	34	29%
	初中	20	17%	初中	0	0
	小学	16	13%	小学	0	0
政治面貌	共产党员	15	13%	共产党员	93	80%

这样既使得居民们有了选择"社区管家"的民主意识和社区的政治参与，也吸纳了不少下岗失业人员，使得居委会干部的年轻化、知识化成为可能，从而适应新形势，开展新工作。美国行政学家里格斯（Riggs）认为，只有在非官僚的权力强大到足以控制、奖惩官僚成绩表现时，以及政策的执行步骤能很清晰地被规制时，我们才能期望一个高水准的行政产出的获得。

社会发展最终决定于各方面现代性因素自下而上地逐步积聚和升华，社会进步和政治发展的根本动力在于基层社区发展的程度。在微观层面，社区参与是社区发展的内在动力，社区参与的规模、效度和制度化水平将直接关系到社区发展的整体变迁与目标模式；在宏观层面，社区参与作为基层民主最广泛的实践，将是社会进步和政治发展的结构性驱动力和新的增长点。社区参与涵盖了社区的政治参与和社区的社会参与。政治参与，意味着群众在自己生活的社区中进行公开的民主实践。例如，居民直接民主评议和选举居民委员会的领导人；市民以投票为主要方式，对所在社区的政府官员和职能部门的工作做出评价和监督，表达自己的意见和建议;社区居民的"万人评议政府"模式等。政治现代化的常见测量指标是政治参与度。这种较现实、可操作的政治参与能够极大地调动市民当家做主的积极性,提高其政治素质。中外正反两方面的历史经验教训表明:这是防止在发展中国家现代化过程中造成社会动荡的过激行为的化解剂,也是通向高度政治文明的起点。社会参与,意味着居民对社区责任的分担和成果的共享,在这一过程中增强了对社区的认同感和参与感,逐步培养起"我为人人,大家为我,共同参与,共建家园"的社区意识,从而形成促进社区稳定与和谐的文化力量。

四、小结

社会的飞速变迁往往使社会稳定面临挑战,政府需要及时回应民众日益高涨的需求,以实现社会的公平正义,避免名与实的分离。费孝通认为,从整个社会来看,领导阶层若能追得上社会变迁的速率,则社会可以避免因社会变迁而发生的混乱。[①] 道格拉斯·C.诺斯曾言:"一种公正的制度只有通过个人积极参加变革制度才能产生","规定和实施完善的产权及愈益有效和扩大的市场将把资源导入新的渠道"。[②] 通过民主自治和社区组织建设,促进社区的稳定与发展,把社区民众参与社会管理的积极性调动起来,使得基层社会中公民之间、公民与组织之间处于相互信任和帮助的良性状态,它对于社区乃至社会发展形成了一种自下而上的结构性张力:在社区层面,推动了社区的良性发展,优化了社区资源的合理配置,塑造了以公共参与精神为内核的社区精神风尚;在政治层面,深化了政治体制的改革。市场经济条件决定了政府必须将计划经济时代的大量职能还归于社会,社区居民通过居委会积极自主地参与承接下来大量的社会事务,如志愿服务活动的广泛兴起提高了社会化服务,满足了居民的多样化、个性化的生活需要和精神需求,有利于政府的行政能力和行政效率的提高。政府精简了大量的"不需要管,也管不好"的社会职能,通过社区建设由居民自发解决,这就提高了社会的自治与服务能力,增强了社

---

① 费孝通.乡土中国[M].南京:江苏文艺出版社,2007:86.
② [美]道格拉斯·C.诺斯.经济史上的结构和变革[M].厉以平,译.北京:商务印书馆,1992:63,188.

会体系的灵活运转,从而提高了社会治理创新能力,有利于政府与社会合作的增强,不断破解人类社会发展所面临的困境。

总之,政府在社会参与和制度化建设之间找到了平衡点:一方面获得了广泛的民意基础,推动改革的深入推进;另一方面将不断膨胀的社会参与引导到社区中,从而避免了"参与爆炸"的无序局面,这有利于增强政府的合法性和凝聚力,亦从根本上营造了有利于社会稳定与社区发展的生长机制。

第十章 国家与市场:城市社会治理研究

当前中国社会正经历着深刻的社会变迁,城市化是其重要特征,这表现为城市的地域、数量、规模、人口的有效增长。根据第六次全国人口普查主要数据公告,2010年我国的城市化率为49.68%,与2000年第五次全国人口普查相比,城市人口比重上升了13.46个百分点,相较于1949年、1978年则分别提升了42.38%、31.76%,如图10.1所示。

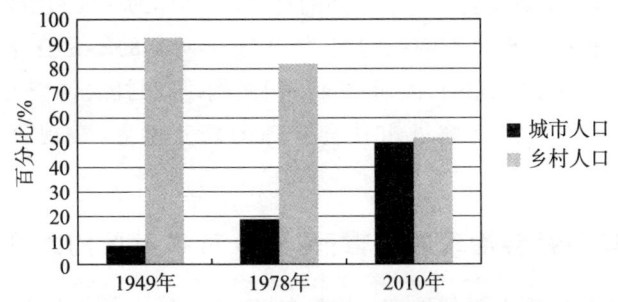

图10.1 新中国成立以来城乡人口比率的变化
(资料来源:国家统计局第六次全国人口普查主要数据)

若将城市中非农就业的农村流动人口计算在内,毋庸讳言,城市已成为主导国人的生活区域,但学术界已有的研究比较关注乡村社会的治理研究,对于城市基层社会的治理研究相对薄弱。学术界对城市基层治理的研究主要围绕以下两个方面:① 以街区权力的行政运行为视角。本杰明·里德(Benjamin Read)认为城市居民委员会是行政性草根接触(administrative grassroots engagement)的邻里组织,在其中国家创造、支持并管理着城市底层的组织网络,此种组织网络发挥着推进治理与政策执行的功能。① 朱健刚用"社区行政建设"分析了1949年以来街道权力的变迁。② ② 从社会发展与政治建设的角度,费孝通先生认为在城市社区建设的目标中,应确立起以群众自治为核心的基层民主化的主导方向;林尚立将城市社区视为中国政治建设的战略性空间等。③

一、问题的提出

本章试图从分析城市基层治理现状入手,通过具体的案例分析,探讨纷繁复杂的社会现象背后基层治理所隐藏的逻辑机制是什么,国家与社会之间如何实现有效的合作,并在案例研究的基础上思考善治的内在理路与社会机制。相较于实验法、大样本统计分析而言,案例研究有助于检验与创造理论、辨识前提条件、检验前提条件的重要性、解释内在的运行机制。以案例为导向的研究注重探寻客观现象之间的联系以及直接当事人对自己在事件中动机和信念的访谈,这些联系和参与者的陈述可以为揭示因果关系提供线索,而本章需要进一步追问的是:这些具体的原因和结果代表了什么样的更为普遍的现象和内在的逻辑?④ 案例研究的不足在于个案的普推性问题(generalization),因而本章采用案例研究、社会调查与理论分析有机结合的方法,来理解城市社会管理的真实世界,实现公民的美好生活。

二、城市社会治理的逻辑:基于N市X社区的案例分析

逻辑是对客观世界的推理、总结、抽象,以获得系统知识的思维过程,是关于"一切物质的、自然的和精神的事物的发展规律的学说。换句话说,逻辑是对世界的认识的历史的总计、总和、结论"。⑤ 基层治理逻辑主要包括基层治理的基本预设、运行机制与价值取向。下面以N市X社区为例进行分析。

---

① Benjamin Read. Roots of the State. Stanford University Press,2012.
② 朱健刚.城市街区的权力变迁:强国家与强社会模式[J].战略与管理,1997(4).
③ 林尚立.社区民主与治理:案例研究[M].北京:社会科学文献出版社,2003:325.
④ [美]斯蒂芬·范埃弗拉.政治学研究方法指南[M].陈琪,译.北京:北京大学出版社,2006:48-65.
⑤ 列宁.哲学笔记[M].北京:人民出版社,1956:67.

X 社区位于南京市 Q 区东部,占地 24.1 万平方米,居住着约 1 600 户居民,不少业主租用的是小区车位。2010 年 8 月开发商张贴告示:自 2010 年 9 月 1 日起不买地下车位的业主,车子一律不准进小区,由开发商聘用的物业公司随之执行该规定,阻止未买车位的业主驱车进入小区。2010 年 9 月 1 日早上,小区物业公司不让未买车位的业主私车进来,引发冲突,傍晚下班时因为小区物业的阻拦导致几十辆小区车停在小区大门外,堵住小区入口与杉湖西路,愤怒的业主打断了小区入口的门栏。9 月 4 日,冲突进一步升级,开发商雇人穿上保安物管制服,协助物管暴力打伤部分业主,这期间辖区派出所多次接到业主报警电话。

9 月 5 日多名业主驱车来到 Q 区政府寻求说法,Z 副区长接见业主代表,答应在一定期限内回复相关问题。9 月 6 日,X 社区所在的仙林街道办事处(归属 Q 区政府管辖)责令开发商和物业公司必须让业主车辆正常停放,在征求小区业主意见的基础上,拿出一个妥善解决问题的方案。小区于 2010 年 9 月 24 日召开"首届业主大会",并且设立 10 个流动票箱,每个票箱由 2 名小区居民和 2 名街道工作人员保管,通过民主选举产生了业主委员会,而后由新组建的业主委员会重新聘用了物业公司,采用"租售"并行的方式,"车位门"冲突逐渐平息。

从上述案例出发,采用博弈论为分析工具,可以从冲突与合作两个层面来理解当前中国城市基层治理的基本逻辑。

首先,市场的逻辑。在基层社会场域中,理性的主体即使不是全部也是大多数,他们追逐各自收益的最大化。假设车位出租,开发商有一定的收益,也方便了业主停车,双方的收益各自为 1,业主是以较低的价格实现停车,开发商也会获得相应的报酬。如果开发商将车位出售,则可以获得更高的收益,与此对应,未买车位的业主相较过去则须付出很高的报酬,开发商与业主的各自收益为 (9,—9),因为月租 200 元的车位,此时若买车位则已从开盘时的 8 万元涨到 13 万元,业主与开发商之间形成了如下的博弈关系:

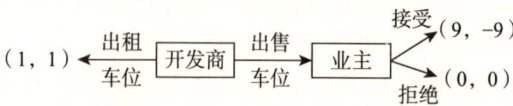

图 10.2　业主与开发商的策略互动(strategic interaction)模型

　　个体理性的策略使得拥有地下车库产权的开发商将车位"只售不租"视为最优策略,并且贴出告示:"从 2010 年 9 月 1 日起,不再对地下车库有产权车位进行出租,如需固定车位位置的业主请联系……"物业公司系由开发商聘用,他们之间形成了"共谋"的关系,物业公司随即发布通知:"不允许地面停车","不买车位,业主开车回不了家",他们认为业主别无选择,只能购买车位。

　　业主的理性选择是拒绝接受,并且打断了物业公司封门的护栏,在小区内悬挂"无良开发商,强卖车位没商量","反对强卖车库,还我和谐家园"的条幅。因此在这里,开发商与业主(不合作,不合作)不仅是纳什均衡(Nash equilibrium),也是各自的优势战略(dominant strategy),一旦锁定,双方都陷入困境之中,这就蕴含了深刻的隐喻:单纯依靠市场机制的治理是不完善的。

　　新公共管理(NPM)主张建立以市场为导向的政府,通过市场力量来进行变革。① 其基本假设为只要满足社区个体的需求则为良好的治理,市场是万能的,依靠"这只无形的手",人们之间就可以相互合作,提供帮助。通过追求个人利益的最大化,可以使资源的配置得到最优,舍此别无他途,亦如亚当·斯密所言:"我们每天所需的食料和饮料,不是出自屠户、酿酒家或烙面师的恩惠,而是出于他们自利的打算。"② 但是个体自利的理性选择,也可能导致集体的非理性,甚至整体利益的最小化。这就需要外部力量的调节,霍布斯认为要保障大家生活幸福,须"把大家所有的权力和力量托付给某一个人或一个能通过多数的意见把大家的意志化为一个意志的多人组成的集体。……在这种行为中,大家都把自己的意志

---

①　David Osborne, Ted Gaebler. Reinventing Government: How the Entrepreneurial Spirit is Transforming the Public Sector. Addison-Wesley, 1992.

②　[英]亚当·斯密.国民财富的性质和原因的研究[M].郭大力,王亚南,译.北京:商务印书馆,1972:14.

服从于他的意志,把自己的判断服从于他的判断",因为大多数人不但缺乏发现所有定律的能力,即使有也不见得能准确运用。①

其次,国家的逻辑。X 社区因"车位门"所引发的困境由行政权力的介入得以化解,在区政府、街道的支持下,社区业主第一次民主选举产生的业主委员会重新选聘物业公司,车位采取租售并用的双轨制,从而自然化解了冲突。行政体系的权威性、公共性,对社会资源的掌控与分配能力,使得城市基层政府仍具有较高的危机化解与服务能力。我们以随机抽样的方式对 N 市 6 个社区 520 户居民发放关于"组织信任度"的结构化问卷,问卷题目为:"你认为下列哪些组织能代表与保护居民的利益?"统计如图 10.3 所示。

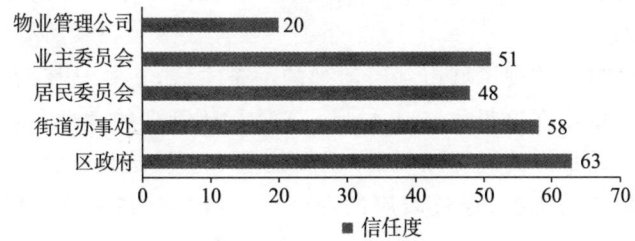

图 10.3 公众对基层组织的信任度

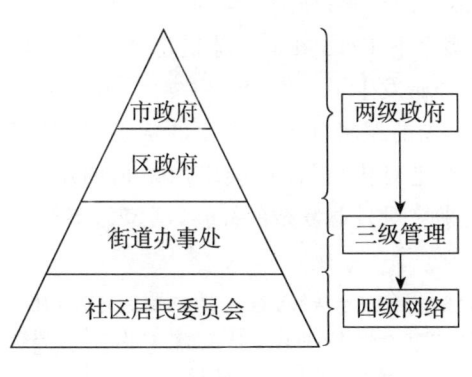

图 10.4 城市管理的科层制结构

当前随着城市行政资源下沉,国家的逻辑体现为"两级政府、三级管理、四级网络"的科层制结构,如图 10.4 所示。

这种自上而下的制度设计,一方面使得国家政令得以有效地贯彻执行,而另一方面科层制结构的等级化、封闭性、逆向负责制使得基层政府对社会事务的管理往往存在着迟缓、被动、

---

① [英]霍布斯.利维坦[M].黎思复,等译.北京:商务印书馆,1985:131.

前瞻性匮乏等问题,自下而上的沟通渠道出现梗阻,问题由萌芽生成危机之后才会着手治理,正如参与集体行动的 X 社区业主所言:"不闹不解决,小闹小解决,大闹大解决。"①同时,这种命令—控制型的治理结构也使得不少决策难以反映公众的真实诉求。例如,N 市进行"小区出新",将原先居民自己搭好的铁皮停车棚拆掉,可是新做的车棚由于不具备防盗功能,小区内的车辆丢失较以前上升许多,民众对出新效果觉得失望;②Q 区政府房产局决定对 F 社区整治出新,施工队进场对居民楼粉刷出新,可当工程进行到一半时,突然停工了,原来区政府拆迁办通知房产局,这里将拆迁。因此,居民楼的外墙黑黄相间夹杂在一个立面上,再加上原先还夹杂着一些白色和紫色的涂料,社区居民说:"整幢楼看上去是一张不折不扣的大花脸,比以前还难看。"③结果基层政府 10 多万元的花费,并未带来群众的满意。

国家的逻辑体现了城市基层治理的一条主线,正如马克斯·韦伯所言:"(中国)城市在这里——基本上——是行政管理的理性产物,城市的形式本身就是最好的说明。"④国家逻辑的基本预设是只有政府才可以做出正确而理性的决断,通过政府的深度干预维护公共利益、提供公共服务,但实际情况是在纷繁复杂的当下社会,指令的发布者无法做到全知全能。正如约翰·密尔所言:"政府一到不去发挥个人和团体的活动与力量却以它自己的活动去代替他们的活动的时候;一到不是对他们进行指教、劝导并有时指摘而是叫他们在束缚之下工作,或是叫他们退立一旁而自己去代替他们工作的时候,害处就开始发生了。"⑤

我们并不否认国家的逻辑与市场的逻辑在治理方面的优点,但是当这两种逻辑在基层治理实践中变得绝对化后,往往会走向事物的反面。因此,需要以一种辩证的思维方式来应对日益复杂的社会,国家与市场之

---

① 托克维尔认为,让各个阶层以及人民参与到政治生活和社会公共生活中去,才能让他们适度中庸,不走极端,形成治世经验,这需要以构建公共空间培养人们治理社会以及自治的经验,从而有效克服人民的崇尚极端、热爱暴力的狂热心态和情绪。参见李鸿图.治国的技艺——以托克维尔对法国革命研究为中心的考察[J].中国行政管理,2014(7).
② 群众"不满意工程"不得验收[N].扬子晚报,2013 - 10 - 06.
③ 梅建明.南京七里街一小区出新一半竟停工[N].扬子晚报,2010 - 05 - 27.
④ [德]马克斯·韦伯.儒教与道教[M].王容芬,译.北京:商务印书馆,1995:62.
⑤ [英]约翰·密尔.论自由[M].许宝骙,译.北京:商务印书馆,1959:137.

间并非简单的二元对立。正如"车位门"冲突的平息所揭示的,国家通过有效的制度构建,可以为基层民主与社会自治的实现提供安全保障,破解治理的困境,实现社会的可持续发展。

三、城市网格化治理研究

"车位门"事件平息后,X 社区所在的仙林街道进行了基层社会管理的改革,将群众自主参与社会管理与政府公共服务"下沉"相互集合,形塑了多元治理的网格化平台。具体做法是以社区为基本单位,楼栋为基本单元,将街道 23.17 平方公里具体分为 6 个一级网格,40 个二级网格,1 144 个三级网格(驻街单位),覆盖辖区 8 个广场、11 所高校、14 个商业网点、1 个经济适用房小区、24 个商品房小区、25 条道路、908 家五小行业、1 341 个楼栋,如图 10.5 所示。

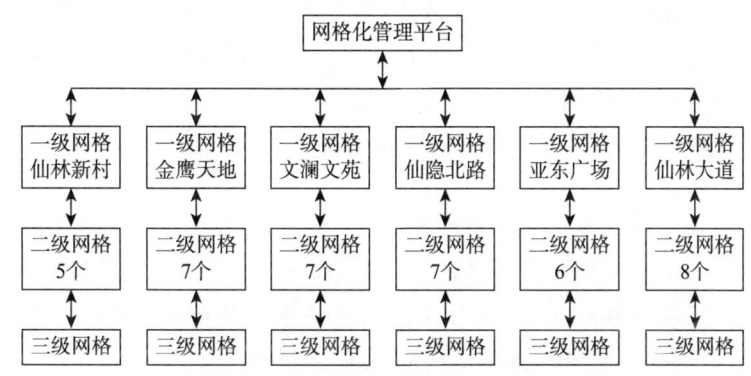

图 10.5　网格化治理的双向结构

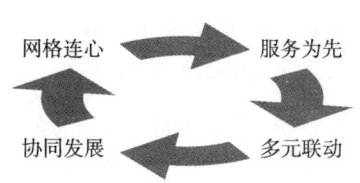

图 10.6　网格化治理的模式

"头痛医头,脚痛医脚"式的社会管理方法,其结果是减轻了一个症状,又导致或引发了多个症状的出现,难以标本兼治。与此不同,仙林街道社会管理将自上而下的行政管理与自下而上的公众需求有机结合,其基本模式为网格连心、服务为先、多元联动、协同发展的复合治理路径,如图 10.6 所示。

"网格连心",即以公众为关注焦点,建立横向到边、纵向到底的社会管理网格化体系,使社会管理服务覆盖到街道每一个区域、各类人群以及所有社会组织,同时在社会管理中减少中间环节,缩短管理过程,实施"贴心、安心、暖心、知心、凝心"等"五心计划",架起政府与群众之间的"连心桥"。

"服务为先",即以群众的需求为导向,通过街道干部制度化、常态化地"下沉"到底,深入群众、前移关口,把握群众意愿需求,及时发现社会管理中的矛盾和问题,强化风险应对、过程控制,不断增强工作的前瞻性、主动性和有效性,把工作重心从治标转向治本、从事后应急转向源头治理。

"多元联动",即充分依靠群众的力量,民主选举产生居委会与业主委员会,自主管理社区公共事务,优化街道内部干部的岗位责任体系,打破机关干部与社区干部的条块分割,建立街道、社区、企业、驻街单位、社会组织、社会成员之间的互动机制,促进政府行政管理和基层群众自治的有效衔接和良性互动。

"协同发展",即把公众利益放在首位,将经济发展、城市管理、平安法治、民生保障、科教人才、精神文明等工作统筹兼顾、整体推进,促进社区的全面协调与可持续发展。①

2013年2月,笔者对三级网格负责人F进行了访谈。

问:你觉得网格化管理的特点如何?

答:网格化治理其实是网格化服务,比如昨天下了大雪,店前的道路上都是积雪,不好走。我给二级网格的负责人打了电话,很快就来人清除了道路积雪,马路畅通了。

问:主要是些什么人过来帮忙的?

答:他们有志愿者组织,不少大学生参加,机关人员也下来了。

问:你在这儿有10多年了,网格化管理和以往的管理有区别吗?

答:最大的区别是现在碰到问题知道去找谁了,而且政府也会帮你去解决,不像以前那样没人管。

问:这种沟通渠道畅通吗?

答:蛮畅通的,我们可以打电话,也可以直接找到他们,你看街上

---

① 参见南京市栖霞区仙林街道办事处文件.以群众工作为根本,创新社会管理"仙林模式". 2011.

穿统一"黄马甲",佩戴"工作牌"的就是网格化管理的工作成员。我们遇到事情,他们都会帮助解决,所以上一级网格的要求,我们也会尽量去做好。①

针对"网格化管理",笔者也对相应的街道干部进行了访谈。

问:政府推进网格化管理的目的何在?
答:政府希望将矛盾化解在基层,问题处理在社区,我们每个人负责 200 至 300 户居民。
问:你觉得效果如何?
答:以前基层社会好多事没人管,现在老年人问题、社区清洁与安全等等,都有专人来负责。例如,过年前我们社区有个刚从监狱出来的年轻人,父母已去世,房子也没有了,也没有正当职业。社区讨论决定给这位居民 3 000 元的补助,让他过好年,并且帮助联系适合的单位,安排他就业,解决好社会的隐患问题。
问:网格化治理对基层公务员有何影响?
答:以往我们还是很轻松的,坐办公室,看报纸,当然要完成好领导交办的事。现在压力大了,网格反映的问题要及时解决,群众无小事,我们要下到社区,基层一线。过去是让领导满意就可以了,现在还要让群众高兴才行。②

由此可知,仙林网格化治理使得平日"坐办公室"的基层干部直接走向了工作的一线,减少了中间层,构建了协商与参与的公共平台,突破了科层制,一方面发挥政府在社会管理中的引导作用,主动发现问题并解决在民众不满意之前,从源头上解决因决策不慎所造成的社会矛盾与冲突,破解国家与社会之间的疏离与对立;另一方面重视多元主体的自主、自治特别是相互之间的协作,培育社会自组织建设,构建互惠、合作与信任的社会资本,力图实现国家与社会之间的良性互动,在政府、市场和社会之

---

① 访谈时间为 2013 年 2 月 20 日。
② 访谈时间为 2013 年 4 月 26 日。

间维持一种必要的张力与弹性机制,从而形成多中心的治理结构,实现主体间互惠互利的合作,弥补政府失败、市场失灵与社会局限。

仙林网格化治理实施以来,取得了良好的效果:街道在每月N市城管考评中由过去的20多位跃升至前列,2011年全年月度综合排名获得10个月第1名,2个月第2名,街道综合工作全年在全区月度排名10个月第1名,2个月第2名;先后与驻街高校联合成立了5个科技园,引进项目24个,没有发生一起安全责任事故;由于及时解决民众问题,保障其合法权益,有效提供公共产品,政府与民众的关系明显改善,民调满意度达到95%以上。① 那么,仙林网格化管理为什么能取得成效呢?下面从治理的结构、主体、机制与技术四个方面具体分析其运行特点。

(1)治理结构:由金字塔型结构向扁平化结构转变,街道干部"下沉"到具体网格,"办公室"设在各自负责的网格中,实现"人到格中去,事在网中办"。依据社会管理对象的特点成立网格服务中心、高校服务中心、物业服务中心和商业服务中心,集中解决独立网格难以解决的问题,从而将网格与中心相结合,提高了行政效率。

(2)治理主体:由单一管理主体向多元管理主体转变。政府、居委会、业主委员会、企业、学校、物业公司成为网格治理的节点,通过定期召开的网格联席会议,改变了科层制政府垄断性的制度安排,形成了政府、社会和企业协同参与、多元共治、相互制约的管理格局。

(3)治理机制:由被动处置向主动预防转变,由条块分割向网格集成与综合治理转变,实施"全方位、无缝隙、精细化"管理,力图将矛盾解决在萌芽状态。政府部门之间协调一致,主动回应民众合理需求,迅速解决问题,正如社区居民所言:"现在知道有什么事情,去找谁了。"

(4)治理技术:植入了计算机领域的"云管理"模式,通过信息服务,形成松散耦合而统一的云处理,形成协同治理的共享模式。三级网络相互支撑,将社区管理、公共卫生、安全生产、民众信访全部纳入网格化平台,及时采集、存储、分析、反馈与决策,实现信息交换与共享。

由上述对仙林网格化管理模式的分析可知,网格化治理是一个上下关联、左右协调、紧密相连的有机体。从知识谱系上溯源,网格化治理可

---

① 王勇,等."仙林模式"赢得各方赞誉[N].新华日报,2011-10-14.

以归结到苏格拉底,他认为:"当一个国家最最像一个人的时候,它是管理得最好的国家。比如像我们中间某一个人的手指受伤了,整个身心作为一个人的有机体,在统一指挥下,对一部分所感受的痛苦,浑身都感觉到了,这就是我们说这个人在手指部分有痛苦了。"①

网格化治理在中国的出现是在社会冲突加剧倒逼社会管理改革的背景下产生的,在具体建设方面要突破三个误区。

(1) 网格化治理往往会被简化为将社区分为若干网格,社区分配专人去负责一定的户数,注重加强控制。此举恰恰忽略了网格化治理的实质在于构建一种双向而平等的互动机制。

(2) 政府管得过宽、过细,缺乏中间缓冲层,对网格内社会自治组织培育不够。这极易导致政府规模的进一步扩大,压制公众的活力与创造性。

(3) 由于条块分割所造成的部门林立、机构重叠、反应迟缓的机制,难以有效回应民众的诉求。

网格化治理的操作方式在于:执其两端,用其中于民。政府通过综合信息、提升服务与规范、建构法治②、培育社区自治组织等公共产品供给,发展各网格的自主性,促进社会的自我管理、自我监督、自我优化,形成稳健的社会中间层,从而使社会管理有序而富有活力。其规避治理误区的模型如图10.7所示。

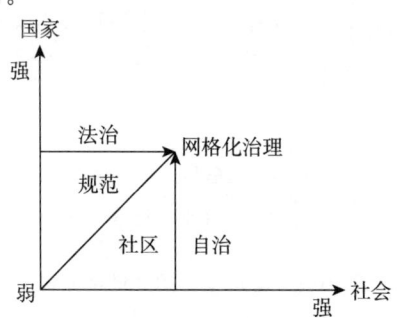

图 10.7 网格化治理误区的规避模型

---

① [古希腊]柏拉图.理想国[M].北京:商务印书馆,1986:197.
② 这里的法治(rule of law)不等同于法制(rule by law),两者的区别在于法律的权威性问题。前者强调法律的神圣性,没有个人与组织能超越于法律准绳之外,具有价值理性与工具理性的特点。后者更侧重于法律的工具理性,法律的伸缩性与可变通性,依法治民,握有权力的群体或者个体则可以超越于法律之外。由此可见,权力的良善运行应当着重于法治建设。

四、中道的逻辑

早期的组织管理在公平与效率两个层面都比较欠缺。在马克斯·韦伯看来,需要依照理性原则建立起科层制组织,自上而下的科层制管理有助于整体性公共产品提供,政府有形之手对于实现社会公平亦有积极意义,但庞大而臃肿的官僚结构压制了个人自由与活力,阻碍了效率的提升。以市场制为基础的新公共管理激发了个人的活力与创造力,有助于组织效率的优化,但政府的缺位无助于整体性公共产品的提供,单靠市场机制难以实现社会公平。卡尔·波兰尼认为,现代文明发展的历程是自我调节的市场运动与社会的自我保护运动交织共生的双向运动(double movement),"市场经济只有在一个全面信任的氛围下才能运转"。① 网格化治理的意义在于威权制政府通过自身的主动改革,积极回应社会诉求,以人为本,以行政疏解矛盾,推动国家与社会之间的良性合作与信任。

因此,网格化治理的发展并不意味着行政下移、加大控制,亦不是政府职能的弱化与缺位,而是将社区治理划分为若干网格化、弹性化的工作团队,通过"居民议事会""社区恳谈会""网格联席会"等形式,建立深入交流与合作的互动机制,重视公众参与、政府回应,完善公共服务,创新调解机制,不断提升网格自治能力的新型国家与社会关系,从而吸纳压力与化解风险,形成植根于具体场域,有效合作的治理结构,从而实现社会公平,提升组织效率,如图 10.8 所示。

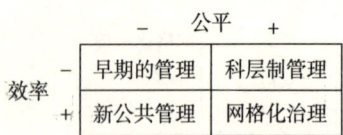

图 10.8　管理模型的两维度分析

---

① [英]卡尔·波兰尼.大转型:我们时代的政治与经济起源[M].冯钢,刘阳,译.杭州:浙江人民出版社,2007:208.

五、小结

网格化治理(governing by network)的逻辑在于超越国家抑或市场的单一治理逻辑,规避市场治理与政府管制的内在缺陷,其实质是中道的治理逻辑,蕴含着节制、中庸的美德以及自我修复和实现公众幸福的机制。此种"中道的治理逻辑",亚里士多德曾引用诗人潘季里特的话语来说明将治理保持在中间形式:

无过不及,
庸言致祥,
生息斯邦,
乐此中行。

约翰·密尔将此归纳为:"在生活中的一些重大实践关注点上,真理在很大程度上是对立面相互协调和结合的事情。"① 正是在此意义上,国家构建制度化的渠道以保障公众的利益诉求,促进信息的自由流动,促成社会的和谐与发展,亦使得政府的高效与廉洁行政成为可能。

---

① [英]约翰·密尔.论自由[M].许宝骙,译.北京:商务印书馆,1959:50.

结语:实现行政之善

本书力图将公共行政研究的学术严谨性与实践应用性紧密结合,这亦反映了公共行政学的学科特点:从技术到思想,从思想到行动。管理学大师彼得·德鲁克将管理科学的重心视为"人民与权利、价值观、架构与组织,以及最重要的:责任,亦即在研究管理学时,将之视为真正的人文教育(management as a truly liberal art)"①。公共行政学的核心是关注人、关注人的决策与执行、关注人类的组织、关注人类的命运,直面政府管理与社会发展所面临的问题。随着技术的发展,人类社会的命运愈加紧密地联系在一起,也使得各种人造灾难(man-made disaster)的深度与广度愈加扩展。政治与行政二分法忽视了公共行政的基本属性,即公共性,亦如沃尔多所言:"政治—行政二分法缺乏经验证据,因为行政人员显而易见既执行政策,又制定政策。"②公共行政的使命在于高效地组织和管理公共机构,优化公共产品与服务的供给,以实现社会的公平正义,即善治。

回眸20世纪,这是人类历史上最为残酷的时段,上亿人因为世界大战、国家暴力而遭到杀戮,行政执行大规模屠杀以及种族清洗成了人类社会事务安排中的显要能力,在面对行政之恶时普遍存在着道德与伦理上的无力感,行政之恶在现代技术型社会愈加普遍与隐秘。美国著名行政学家艾赅博、百里枫重新审视了纳粹大屠杀,强调大屠杀的行政管理与执行层面的意蕴,有力地揭示了行政之恶,但是他们并未提出如何减少以致

---

① [美]沃兹曼,劳勒.旁观杜拉克[M].张美惠,译.麦格罗·希尔国际股份有限公司台湾分公司,2013:145.
② [美]乔治·弗雷德里克森.新公共行政[M].丁煌,方兴,译.北京:中国人民大学出版社,2011:5.

避免行政之恶。① 公共行政要规避行政之恶,实现行政之善,亟须倡导公共行政的精神,借鉴"圣雄"甘地思想的人性之道。

公共行政的精神是行政的理论范式与实践逻辑的交汇点。甘地(Mohandas Gandhi),一个其貌不扬、瘦小谦恭的平民律师,却领导印度民众实现了几代人的独立与自由之梦。他教导世人摆脱人性中暴力的一面,他示范了如何透过道德攻势而非肢体攻击与暴力去推动社会改革、伸张正义,他的精神与实践改变了过去的世纪,亦体现了公共行政的至善。著名的后继者马丁·路德·金(Martin Luther King,1964年诺贝尔和平奖获得者)曾说:"人类的进步,非借鉴甘地之路不可。"人类虽然仅仅走过了短暂的瞬间,反思逝去的时段却充满了仇恨、屠杀和战争。历史上的众多恐怖与血腥常常是以国家、正义、文明与民族的名义进行的,从世界大战中的纳粹暴行,②到科索沃种族灭绝以至新千年的"9·11"事件和伦敦恐怖事件等等,现代技术理性亦让大量无辜的生灵涂炭。马克斯·韦伯认为:"这种决定性作用会一直持续到人类烧光最后一吨煤的时刻。"③

当时谁也不敢想象,印度这样一个几亿人口、教派对立的殖民地,不用暴力可以独立,然而甘地做到了。这需要有悲天悯人、直面暴力的勇气,有众生平等、无所畏惧、拒绝使用暴力的行政智慧与行政的领导力。④综观圣雄甘地的人生历程,充分展现了其对各方(包括英国殖民者)人格、利益、权利的尊重以及博大而宽容的精神理念,依靠"圆桌会议"的方式,通过对话、沟通与协调,平衡各方需要,形成"积极性的非零和博弈"(positive

---

① [美]艾赅博,百里枫.揭开行政之恶[M].白锐,译.北京:中央编译出版社,2009:13-14,49.
② 乔治·弗雷德里克森将二战中丹麦官员保护犹太人的行为视为行政之善,即"以民主服务中的道德英雄主义而著称";德国纳粹官僚的行为是"以痴迷职业成功而著称",这种'行政中立'层面上的职业成功最终助长了邪恶",也不能成为他们支持纯粹邪恶行为的理由。弗雷德里克森试图比较行政之善与行政之恶这两种不同的行政行为。参见[美]乔治·弗雷德里克森.公共行政的精神[M].张成福,等译.北京:中国人民大学出版社,2003:172-173.
③ [德]马克斯·韦伯.新教伦理与资本主义精神[M].于晓,陈维纲,等译.北京:生活·读书·新知三联书店,1987:142.
④ 领导力(leadership)的品质主要包括:智力(intelligence),自信(self-confidence),坚毅(determination)、诚信(integrity)、交往(sociability)以及自助(self-help)精神。领导力的品质中,智商的比率只有17%,情商的比重为83%。尼赫鲁曾描述甘地:他从容不迫地显现出柔顺和谦逊的样子,但是他很有力量和权威。他有一种天真烂漫的态度使他富于魅力。参见Peter G. Northouse. Leadership:Theory and Practice. Sage Publications, Inc., 2001:19-20.

non-zero-sum game),以爱与非暴力的方式达成国家与社会的和解。甘地认为:要与普遍的和无所不在的真理的精神面对面地相见,人们必须爱护最卑微的生物,一如爱护自己;地球提供给我们的物质财富足以满足每个人的需求,但不足以满足每个人的贪欲。事实上,护生即护心,是心理资本的具体体现。人类故事背后隐藏了深刻的隐喻(metaphors)。基于对人性的理解,产生了行政行为的内在逻辑:涵养积极的心理资本,通过教育与培训促进人力资本的提升,建设基于合作互利、信任网络与民主法治的社会资本,如图1所示。

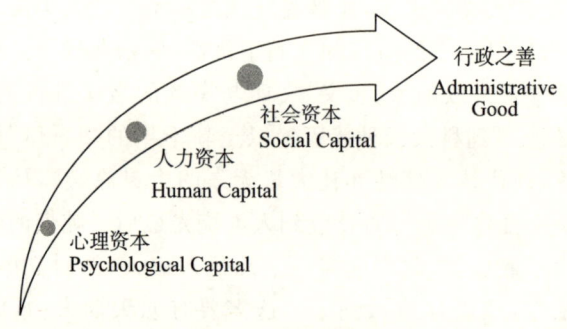

图 1　行政的逻辑

从伍德罗·威尔逊、甘地、马丁·路德·金到特蕾莎修女以及纳尔逊·曼德拉,他们之间的思想存有相通暗合之处。人的本性也许只有通过怜爱、仁慈和平等才能形成不断向善的内生动力。除此之外,就是坚忍不拔的执行力,在实践的累积中获取行政之善。政府来自于人民,有什么样的民众就有什么样的政府(The nation has the government it deserves)。公共行政需要通过理性与情感的相互认同而协调各自的行动与利益,将宪政主义与管理主义有机结合,使公共政策既有助于提升组织的效率,又符合人性深层次的需求,从而形成公序良俗。以武力起家的拿破仑在人生的最后曾自白:"世界上有两种力量——利剑和精神。从长远说,精神总是能征服利剑的。"恐怖、强制和暴行,无论它们以何种形式出现,从长远看终将无济于事。回归理性与文明的行政之善必将构建在宽容、协商与关爱的理念之上,从思想到行动蕴含着怀大爱心做小事情的信仰与实践,推进公共事务治理制度的有机生长,形塑民主国家与有效政府的双重治理机制,从而实现行政之善,即人类的美好生活与国家的繁荣昌盛。

主要参考文献

1. 马克思恩格斯文集[M].北京:人民出版社,2009.
2. 建国以来重要文献选编[M].北京:中央文献出版社,1992.
3. 建国以来毛泽东文稿[M].北京:中央文献出版社,1997.
4. 中华人民共和国宪法[M].北京:法律出版社,2007.
5. 陈鼓应.老子注译及评介[M].北京:中华书局,1984.
6. 邓小平.邓小平文选[M].北京:人民出版社,1993.
7. 费孝通.乡土中国[M].南京:江苏文艺出版社,2007.
8. 费孝通.江村农民生活及其变迁[M].兰州:敦煌文艺出版社,1997.
9. 顾准.顾准文稿[M].北京:中国青年出版社,2002.
10. 金耀基.中国现代化的终极愿景[M].上海:上海人民出版社,2013.
11. 金观涛,刘青峰.观念史研究[M].香港:香港中文大学出版社,2008.
12. 马骏.治国与理财:公共预算与国家建设[M].北京:生活·读书·新知三联书店,2011.
13. 苏力.送法下乡:中国基层司法制度研究[M].北京:中国政法大学出版社,2000.
14. 朱云汉.高思在云:中国兴起与全球秩序重组[M].北京:中国人民大学出版社,2015.
15. 杨伯峻.论语译注[M].北京:中华书局,1980.
16. 俞可平.治理与善治[M].北京:社会科学文献出版社,2000.
17. 竺乾威.公共行政学[M].上海:复旦大学出版社,2008.
18. [古希腊]柏拉图.理想国[M].郭斌和,张竹明,译.北京:商务印书馆,1986.
19. [古希腊]亚里士多德.政治学[M].吴寿彭,译.北京:商务印书馆,1965.
20. [古希腊]修昔底德.伯罗奔尼撒战争史[M].谢德风,译.北京:商务印书馆,2008.
21. [英]亚当·斯密.国民财富的性质和原因的研究[M].郭大力,王亚南,译.北京:商务印书馆,1972.

22. [英]戴维·赫尔德.民主的模式[M].燕继荣,等译.北京:中央编译出版社,2008.

23. [英]克里斯托弗·胡德.国家的艺术:文化、修辞与公共管理[M].彭勃,邵春霞,译.上海:上海人民出版社,2009.

24. [英]约翰·密尔.论自由[M].许宝骙,译.北京:商务印书馆,1959.

25. [英]霍布斯.利维坦[M].黎思复,等译.北京:商务印书馆,1985.

26. [英]约翰·邓恩.民主的历程[M].林猛,等译.长春:吉林人民出版社,1999.

27. [澳]欧文·休斯.公共管理导论[M].张成福,等译.北京:中国人民大学出版社,2007.

28. [法]卢梭.社会契约论[M].何兆武,译.北京:商务印书馆,1980.

29. [法]孟德斯鸠.论法的精神[M].许明龙,译.北京:商务印书馆,2012.

30. [法]托克维尔.论美国的民主[M].董果良,译.北京:商务印书馆,1988.

31. [法]福柯.规训与惩罚[M].刘北成,等译.北京:生活·读书·新知三联书店,2012.

32. [德]斐迪南·滕尼斯.共同体与社会:纯粹社会学的基本概念[M].林荣远,译.北京:商务印书馆,1999.

33. [德]马克斯·韦伯.经济与社会[M].林荣远,译.北京:商务印书馆,1997.

34. [德]马克斯·韦伯.儒教与道教[M].王容芬,译.北京:商务印书馆,1995.

35. [美]维托·坦茨.政府与市场:变革中的政府职能[M].王宇,等译.北京:商务印书馆,2014.

36. [美]埃莉诺·奥斯特罗姆.公共事物的治理之道:集体行动制度的演进[M].余逊达,陈旭东,译.上海:上海译文出版社,2012.

37. [美]戴维·奥斯本,特德·盖布勒.改革政府:企业家精神如何改革着公共部门[M].周敦仁,等译.上海:上海译文出版社,2006.

38. [美]塞缪尔·P.亨廷顿.变化社会中的政治秩序[M].王冠华,等译.北京:生活·读书·新知三联书店,1989.

39. [美]理查德·斯蒂尔曼二世.公共行政学:概念与案例.竺乾威,等译.北京:中国人民大学出版社,2004.

40. [美]约瑟夫·熊彼特.资本主义、社会主义与民主[M].吴良健,译.北京:商务印书馆,1999.

41. [美]赫伯特·西蒙.管理行为[M].詹正茂,译.北京:机械工业出版社,2004.

42. [美]罗伯特·登哈特.公共组织理论[M].扶松茂,丁力,译.北京:中国人民大学出版社,2011.

43. [美]哈耶克.通往奴役之路[M].王明毅,等译.北京:中国社会科学出版社,1997.

44.[美]道格拉斯·诺思.经济史上的结构和变革[M].厉以平,译.北京:商务印书馆,1992.

45.[美]道格拉斯·诺思.制度、制度变迁与经济绩效[M].杭行,译.上海:上海人民出版社,2008.

46.[美]戴维·约翰·法默尔.公共行政的语言:官僚制、现代性和后现代性[M].吴琼,译.北京:中国人民大学出版社,2005.

47.[美]戴维·罗森布鲁姆.公共行政学[M].张成福,等译.北京:中国人民大学出版社,2002.

48.[美]加布里埃尔·阿尔蒙德,西德尼·维巴.公民文化:五个国家的政治态度和民主制度[M].张明澍,译.北京:商务印书馆,2014.

49.[美]乔治·弗雷德里克森.公共行政的精神[M].张成福,等译.北京:中国人民大学出版社,2003.

50.[美]尼古拉斯·亨利.公共行政与公共事务[M].项龙,译.北京:华夏出版社,2002.

51.[美]弗雷德里克·泰勒.科学管理原理[M].朱碧云,译.北京:北京大学出版社,2013.

52.[美]文森特·奥斯特罗姆.美国公共行政的思想危机[M].毛寿龙,译.上海:上海三联书店,1999.

53.[美]斯蒂芬·戈德史密斯,威廉·埃格斯.网络化治理:公共部门的新形态[M].孙迎春,译.北京:北京大学出版社,2008.

54.[英]卡尔·波兰尼.大转型:我们时代的政治与经济起源[M].冯钢,刘阳,译.杭州:浙江人民出版社,2007.

55.[美]丹尼尔·雷恩.管理思想的演变[M].李柱流,等译.北京:中国社会科学出版社,1997.

56.[美]罗伯特·帕特南.独自打保龄:美国社区的衰落与复兴[M].刘波,等译.北京:北京大学出版社,2011.

57.[美]理查德·霍夫施塔特.美国政治传统及其缔造者[M].崔永禄,王忠和,译.北京:商务印书馆,2010.

58.[美]伯尔曼.法律与宗教[M].梁治平,译.北京:中国政法大学出版社,2003.

59.[美]西奥多·舒尔茨.经济增长与农业[M].郭熙保,译.北京:中国人民大学出版社,2015.

60.[美]黄仁宇.万历十五年[M].北京:中华书局,1982.

61.[美]邹谠.二十世纪中国政治:从宏观历史与微观行动的角度看[M].香港:牛

津大学出版社(香港),1994.

62. Douglass C. North. Institutions, Institutional Change and Economic Performance. Cambridge University Press, 1990.

63. Everett Carll Ladd. The American Polity: The People and Their Government. W.W. Norton & Company, 1987.

64. Herbert Simon. Public Administration in Today's World of Organizations and Markets. Political Science & Politics, 2000,33(4).

65. Herbert J. Storing. Leonard D. White and the Study of Public Administration. Public Administration Review, 1965,25(1).

66. Jay M. Shafritz, Karen S. Layne, Christopher P. Borick. Classics of Public Policy. Pearson Education, 2002.

67. Perri 6. Holistic Government. Demos, 1997.

68. Thomas S. Kuhn. The Structure of Scientific Revolutions. The University of Chicago Press, 2012.

69. Garret Hardin. The Tragedy of the Commons. Science,1968,162(12).

70. Woodrow Wilson. The Study of Administration. Political Science Quarterly, 1887(2).

后　　记

　　本书的完成,首先需要感谢我在复旦大学的导师竺乾威教授,是他引领我走进公共行政学的研究之门。其次要感谢美国芝加哥大学的杨大力教授、南京大学的李良玉教授、南京师范大学的谢世诚教授,他们分别是我在学术研究不同阶段的导师,让我领略了学术研究的乐趣。我还要感谢南京师范大学的赵晖教授、莫少群教授对我提供的帮助;感谢《中国行政管理》《当代中国研究》等杂志曾发表了本书的前期研究成果。同时,我也要深深地感谢本书的责任编辑张春主任提出了极富价值的研究建议,我和她曾面对面多次研讨问题,我想如果没有她的持续督促,本书是不可能完成的。当然,本书文责自负。

　　以赛亚·伯林将柏拉图以降的思想类型分为两类:刺猬型(the hedgehog)与狐狸型(the fox)。前者注重深挖,建构大的理论框架;后者注重多元,探究不同的研究领域。公共行政学的学术研究兼具刺猬型与狐狸型的特点,一方面涵盖的门类众多,另一方面每一门类皆自成体系。也缘于此,公共行政学自产生以来亦一直面临着身份危机(identity crisis),这种缺憾之美也正是吸引我不断探究的学术魅力之所在。

　　最后谨以此书献给我的家人,为了爱!

陈辉于西桥花苑
2016年12月